Synthex
Économie et gestion

Synthèse de cours & exercices corrigés

Les enquêtes par questionnaire avec Sphinx

Stéphane Ganassali
Université de Savoie

Directeur de collection : Roland GILLET,
université Paris 1 Panthéon-Sorbonne

PEARSON
Education

ISBN : 978-2-7440-7412-7
ISSN : 1768-7616

Mise en page : edito.biz

Sommaire

Préface de Jean Moscarola
Professeur des universités

L'ouvrage de Stéphane Ganassali vient à point nommé. Dans tous les secteurs, les enquêtes de satisfaction, baromètres, audits et tableaux de bord se généralisent. Les enquêtes et la statistique sont plus que jamais nécessaires pour bien connaître les clients, les usagers, les personnels et pour bien communiquer ou éclairer les décisions. Ces méthodes ont enfin largement bénéficié du progrès des logiciels et, dans les dernières années, de la généralisation des usages professionnels ou privés de l'Internet. Dans ce contexte, Stéphane Ganassali apporte une contribution originale en s'appuyant sur le logiciel Sphinx et en renouvelant ainsi brillamment mon livre d'il y a quinze ans.

Les logiciels facilitent la tâche des utilisateurs et généralisent l'accès à des méthodes sophistiquées. De nouveaux utilisateurs non spécialistes sont ainsi amenés à devenir apprentis chargés d'études ou statisticiens. Cette banalisation crée de nouveaux besoins de formation :

- développer les savoir-faire et l'usage des technologies qui constituent désormais l'environnement naturel du poste de travail ;
- réussir ces enseignements avec des volumes horaires et des publics hétérogènes qui souvent n'ont pas les traditionnels prérequis conceptuels ou mathématiques, sans pour autant renoncer à l'exigence méthodologique.

Mais ces mêmes outils, qui facilitent l'accès aux méthodes d'enquête et d'analyse pour le plus grand nombre, offrent également aux spécialistes de nouvelles opportunités :

- usage de l'Internet, du multimédia, de l'image et de l'interactivité pour la collecte de données ;
- possibilité de coupler analyse quantitative et qualitative, test d'hypothèses et exploration ;
- communication et partage d'une information actualisée en temps réel.

Ce manuel est parfaitement adapté à tous ces publics experts ou néophytes, auxquels il apporte les moyens de la compétence dans une conception très actuelle et ouverte des métiers d'étude.

- Les **élèves de lycées, BTS, IUT, premiers cycles** y trouveront tous les accompagnements méthodologiques de leurs projets tutorés, mémoires, travaux pratiques ou autres. La progression de l'ouvrage et la posture pédagogique de Stéphane Ganassali fondent la compréhension autant sur l'exemple que sur l'explication rigoureuse. Enfin, la référence au logiciel et la progression de l'ouvrage suivant les étapes d'une étude conduisent naturellement à un enseignement par l'action. Les **enseignants** y trouveront matière abondante à asseoir leur pédagogie (exemples, séquences, exercices…).
- Les **étudiants en master ou écoles de commerce ou d'ingénieurs** bénéficieront grâce à cet ouvrage de l'accompagnement nécessaire pour rapidement s'approprier les méthodes et savoir-faire, y compris les techniques les plus avancées de l'analyse quantitative ou qualitative.
- Pour les **chercheurs** néophytes, voilà une très efficace introduction au métier de la recherche de terrain. Pour les autres, ils y trouveront de quoi distinguer leur travaux en bénéficiant des avancées récentes dans les protocoles de collecte de données (Internet et multimédia) et d'analyse (exploration de données, analyse lexicale).
- Pour les **professionnels de tous les secteurs et de tous les niveaux**, qu'ils soient ou non utilisateurs du logiciel Sphinx, ce livre est autant un guide pour l'action qu'un ouvrage de

réflexion. Il développe une conception pluraliste et éclairée du métier de chargé d'études. Il apporte au lecteur la compétence et l'exigence méthodologique, mais aussi la conscience d'une responsabilité d'acteur engagé soumis aux contraintes des moyens et à celles de la communication, de la décision et de l'action. Les nombreux cas et exemples présentés dans cet ouvrage permettent à Stéphane Ganassali de transmettre cette culture professionnelle ouverte à laquelle conduit naturellement l'usage des logiciels Sphinx.

Préface de Yves Baulac

Directeur de Sphinx Développement

Depuis quinze ans qu'elle développe les logiciels Sphinx, notre équipe a toujours essayé de préserver ces deux fils conducteurs que sont « l'ergonomie avant tout » et « la statistique pour tous ». L'ergonomie des logiciels, c'est l'art et la manière de présenter les fonctions convivialement, de satisfaire simultanément l'utilisateur occasionnel et le chargé d'études chevronné, de proposer un environnement de travail indulgent, réactif, simple et efficace. Au fil des années et des versions, le nombre de fonctionnalités a décuplé, les options prolifèrent.

Le logiciel Sphinx répond maintenant à un plus grand nombre de contextes de collecte de données (Internet, téléphone, PDA…), propose un éventail toujours enrichi de fonctions d'analyse de données et s'appuie sur toutes les nouvelles technologies pour la communication des résultats. L'utilisateur averti est ravi, nous répondons à (presque) toutes ses attentes, mais il faut bien avouer que la conséquence de cette propension au « toujours plus de fonctions » nuit à la convivialité de l'outil. Certains menus sont à rallonge et il y a parfois des dédales dans les dialogues. Il suffit de relire le manuel… Non, c'est trop difficile à lire, trop touffu pour trouver facilement ce que l'on cherche. Il suffit de regarder les menus et les icônes... Non, c'est trop elliptique, cela demande trop de mémorisation. Ce qu'il faudrait, c'est un ouvrage qui décrive à bon escient les modes opératoires du logiciel en les replaçant dans la problématique du chargé d'études, qui donne les clés pour enchaîner les opérations, qui illustre la mise en œuvre des tâches principales…

C'est ici que le livre de Stéphane Ganassali apporte une pierre essentielle à l'édifice.

L'ère du tout-numérique dont nous vivons les débuts ne concerne pas uniquement les appareils que nous utilisons ; c'est notre manière d'appréhender le monde qui passe désormais par les chiffres, nous comptons tout. Les enquêtes, les sondages, les évaluations, les mesures se multiplient. Le grand public se met aux statistiques, et des termes comme médiane, carte factorielle, intervalle de confiance ou analyse lexicale ne sont plus l'apanage des seuls spécialistes. Les rapports d'études se doivent donc d'être plus pertinents, plus explicatifs dans l'interprétation des résultats. Le logiciel Sphinx permet de mettre en œuvre très simplement les procédures, mais attention, trop de statistiques peuvent trahir la statistique.

Comment concilier la rigueur mathématique de la théorie, la subjectivité de l'aide à la décision, la réalité du terrain, l'hétérogénéité des compétences en statistique des chargés d'études ? Ce qu'il faudrait, c'est un ouvrage qui explique les bonnes manières statistiques, qui détaille les méthodes pour mesurer et améliorer la qualité des données, qui aide à l'interprétation des résultats chiffrés…

C'est là encore que le livre de Stéphane Ganassali apporte une pierre essentielle à l'édifice.

Mais n'oublions pas que le logiciel Sphinx n'est qu'un outil, que c'est le chargé d'études, l'étudiant ou le chercheur qui en possède les clés !

Introduction

La réalisation d'une enquête est un projet d'envergure qui mobilise des moyens humains et financiers, avec des enjeux souvent stratégiques. Comme outil d'aide à la décision, elle est mise en œuvre pour fournir des éclairages fiables à l'organisation qui la pilote, en vue d'agir plus efficacement.

Coordinateur du projet, le chargé d'études est amené à prendre une série de décisions importantes à chaque étape de la réalisation de l'enquête. Les choix qu'il va opérer vont directement influencer la qualité de l'information qui va être générée et, donc, sa capacité à constituer une aide précieuse pour les décideurs. À ce titre, il est indispensable pour lui de bien identifier les phases clés du projet, tout en maîtrisant les connaissances et les méthodes essentielles qui devront être mobilisées.

Les décisions clés que doit prendre le chargé d'études sont schématiquement au nombre de cinq :

1. Il devra concevoir et rédiger avec clarté et précision l'instrument de recueil de l'information, en l'occurrence le **questionnaire**, afin que celui-ci constitue un outil d'observation fiable.
2. Il lui faudra déterminer la **méthode de diffusion de l'enquête et de collecte** des réponses la mieux adaptée à sa population cible, à ses moyens et au sujet de son étude,
3. Il sera amené à sélectionner la **population à interroger**, afin que celle-ci lui permette d'obtenir des informations crédibles et, si possible, généralisables,
4. Parmi les nombreuses méthodes à sa disposition, il devra mobiliser les **techniques d'analyse** les plus pertinentes afin de tirer parti au mieux des données qu'il a recueillies.
5. Enfin, ses résultats établis, il devra concevoir les **supports de communication** les plus efficaces et les plus parlants pour éclairer le décideur.

Les choix à opérer par le chargé d'études vont se nourrir tout d'abord d'un ensemble de connaissances et de méthodes que cet ouvrage va rappeler tout au long de ses huit chapitres. Il s'agit notamment des consignes rédactionnelles, des techniques d'échantillonnage, des indicateurs de qualité des réponses et des nombreuses analyses statistiques.

Il est également orienté par l'objectif de l'enquête tel qu'il a été formulé par le commanditaire : explorer un sujet, valider une hypothèse, identifier une information importante… Le coordinateur du projet agit évidemment en fonction de l'ensemble de ressources humaines, logistiques et financières dont il dispose. Ainsi, les décisions précédemment évoquées s'opèrent en fonction d'un contexte que le chargé d'études doit clairement délimiter et qui va orienter naturellement certains de ses choix.

Enfin, le travail du responsable de l'enquête ne se concrétise que grâce aux outils, généralement des logiciels, qu'il va utiliser. Connaître les méthodes est vain si l'on n'intègre pas le contexte dans lequel il convient de les utiliser et si l'on ne maîtrise pas les outils qui peuvent nous aider à les mettre en œuvre.

L'objectif de cet ouvrage consiste à énoncer au coordinateur de l'enquête les différentes possibilités qui s'offrent à lui, au moment de prendre les cinq décisions clés qui relèvent de sa responsabilité.

Dans cette optique, les deux premiers chapitres sont dédiés aux règles de conception et de rédaction du questionnaire. Le troisième chapitre est consacré à la qualité des réponses, qui est un des objectifs centraux d'une enquête, dans la mesure où celle-ci va souvent piloter une importante prise de décision. Nous y évoquerons notamment la sélection de la population à interroger (échantillonnage). Le chapitre 4 présente les différentes méthodes de collecte des réponses. Il se concentre notamment sur deux techniques spécifiques parmi les plus répandues actuellement : les enquêtes par téléphone et *via* l'Internet. Les chapitres suivants sont dédiés aux différentes méthodes de traitement et d'analyse des réponses, des plus élémentaires – les tris à plat et croisés (chapitre 5) – aux plus avancées – les analyses multivariées (chapitre 7). Le chapitre 6 aborde l'analyse des réponses aux questions ouvertes, qui permet souvent d'ajouter une plus-value distinctive aux conclusions d'une enquête. Enfin, le dernier chapitre présente des conseils et des recommandations pour la réalisation des supports de communication des résultats.

En complément de ces rappels méthodologiques, l'ouvrage indique comment réaliser ces différentes opérations avec **Sphinx**, le logiciel de référence pour la gestion des enquêtes et l'analyse de données. Un CD-Rom est joint au livre. Il permet d'utiliser le logiciel Sphinx dans le cadre des nombreux exercices proposés à chaque fin de chapitre, afin de s'exercer concrètement à rédiger, collecter et analyser des données.

La lecture de ce livre se déroule donc selon une série d'allers-retours entre la théorie et la pratique, à travers de nombreux exemples d'application et, bien entendu, un grand nombre d'exercices. Nous l'avons voulu illustré, utile et pédagogique, en équilibre entre la rigueur nécessaire des méthodes statistiques et le réalisme pragmatique de l'action de terrain.

L'auteur

Stéphane Ganassali est titulaire d'un doctorat de l'université de Grenoble 2 et maître de conférences en sciences de gestion à l'institut de management de l'université de Savoie. Il y enseigne le marketing et les techniques d'enquête au niveau master. Il coordonne par ailleurs plusieurs programmes pédagogiques et de recherche au niveau européen. Il est l'auteur de plusieurs articles scientifiques et professionnels dans les domaines de la méthodologie des enquêtes et du comportement du consommateur.

Il est également consultant pour la société Sphinx Développement, conceptrice du logiciel, dans les domaines du marketing, de la recherche-développement et des contenus pédagogiques.

Chapitre 1

La conception du questionnaire

Parmi les différentes interrogations qui se posent au moment de la mise en place d'une enquête, la conception du questionnaire est sans doute l'une des plus délicates à traiter. Même si tous les experts considèrent cette tâche comme l'une des plus sensibles dans le déroulement de l'étude, elle demeure pourtant pratiquée d'une manière encore relativement « artisanale », n'exigeant finalement qu'un peu d'expérience et de « tour de main ». Dans la réalité, on passe parfois un temps insuffisant et on consacre des moyens limités à la rédaction de l'outil de collecte alors qu'il est à la base de toute la chaîne de l'étude.
Au moment de la conception du formulaire, les questions que se posent les initiateurs d'une enquête sont nombreuses. Dans les deux premiers chapitres de cet ouvrage, nous allons faire le point sur les connaissances établies dans ce domaine avec l'objectif d'apporter des réponses précises et complètes aux concepteurs de questionnaires.

1 La structuration du questionnaire

Un questionnaire bien structuré est le gage d'un processus d'interrogation fluide et agréable pour le répondant. Il constitue également la garantie d'un bon taux de retour et d'une meilleure qualité des réponses.

1.1 Le champ d'investigation

Afin de mieux concevoir son questionnaire, le chargé d'études aura préalablement rédigé en quelques phrases l'ensemble du « champ d'investigation ». Il s'agit de lister clairement et explicitement les questions principales que l'on se pose et qui justifient la réalisation de l'enquête. Que veut-on savoir ? Attention, quand on rédige le champ d'investigation, il n'est pas nécessaire d'entrer dans les détails. En revanche, en choisissant les mots adéquats, on délimite déjà bien le périmètre de l'enquête et les différents sujets qui seront abordés. Ce faisant, on évitera d'oublier une partie importante de l'étude ou au contraire de traiter d'une question inutile ou hors sujet. Cette phase est particulièrement importante et demande donc plusieurs étapes de validations successives entre le chargé d'études et son « client », collaborateur interne ou commanditaire externe.

Exemple

Prenons le cas de la marque Equatoria, acteur important du marché des boissons aux fruits non gazeuses. Cette marque distribuée principalement en grandes surfaces dispose d'une gamme plutôt qualitative, au succès incontestable, mais qui vieillit quelque peu et est attaquée par de nouveaux entrants. Elle souhaite donc développer une nouvelle boisson à base de pur jus d'orange (100 % pur jus pressé), qui consisterait en un « cocktail » mélangeant plusieurs saveurs et serait plutôt ciblée sur une consommation quotidienne au petit déjeuner. Les responsables marketing d'Equatoria souhaitent à travers une enquête préliminaire auprès du grand public disposer d'informations utiles pour le lancement de ce nouveau produit. De façon un peu désordonnée pour l'instant, voici les questions qui mériteraient une réponse :

- Pour les non-consommateurs de jus d'orange au petit déjeuner, quels sont les freins ?
- Pour les consommateurs, quelles sont les habitudes de consommation : fréquence, type de jus d'orange, autres produits consommés ?
- Quel est le niveau de satisfaction des consommateurs vis-à-vis des produits consommés ?
- Quelles sont les autres saveurs attendues en association avec le jus d'orange (autres fruits, produits laitiers – lesquels ?), dans un contexte de petit déjeuner ? Selon quelles proportions ?
- Quelle est l'image de la marque Equatoria ? Les clients sont-ils disposés à accepter cette « innovation », sachant que la marque est très fortement associée au jus d'orange pur ?
- Les consommateurs accepteraient-ils de payer un peu plus pour ce nouveau produit, sachant que les jus d'orange de la marque sont déjà placés à un niveau de prix assez élevé ?

1.2 Le questionnaire comme une arborescence

À partir du « champ d'investigation » formulé précédemment par le commanditaire de l'étude, la phase suivante consiste à construire une **arborescence** générale du formulaire d'entretien. Il s'agit d'identifier tout d'abord les grandes parties du questionnaire telles qu'elles nous apparaissent à la lecture du champ d'investigation. On peut s'appuyer en parallèle sur les quatre grands thèmes que l'on retrouve habituellement dans une enquête (voir section 2).

Pour concrétiser l'arborescence d'un questionnaire, le chargé d'études pourra utiliser différents outils :

- des logiciels spécialisés dans la gestion de projets simples, Mind Manager par exemple ;
- la fonction « organigramme » de Microsoft Powerpoint ;
- la rédaction du questionnaire dans Sphinx, en choisissant une rédaction par parties.

On peut confier cette mission à un « comité de pilotage » qui se réunira pour valider chaque phase importante du déroulement de l'enquête.

Focus 1 **Comité de pilotage**

Comme pour tout processus de construction ou de création, il est souvent utile de constituer un comité de pilotage pour contribuer à l'élaboration du questionnaire, en particulier quand l'enquête revêt une importance stratégique pour l'institution qui la réalise. Celui-ci sera composé en principe de six à dix personnes, dont un coordinateur qui jouera également le rôle d'animateur. Le chef de projet se sera assuré de la participation des représentants des différents services ou unités intéressés par l'enquête. Cela permettra sans doute de faire émerger plus d'idées, mais aussi de renforcer l'adhésion de tous les acteurs concernés à l'enquête.

Le champ d'investigation est validé par le commanditaire de l'étude et présenté comme point de départ de la première réunion du comité de pilotage. L'une de ses premières tâches consistera à construire la structure générale du questionnaire, *sans entrer dans une phase de formulation détaillée des questions.* Cette opération sera réalisée ultérieurement en comité plus restreint de deux ou trois personnes, afin d'éviter des débats stériles sur le choix d'un mot plutôt qu'un autre… De même, le choix du type de questions (ouvertes, fermées, ordonnées, etc.) appartient plutôt au chargé d'études.

Pendant cette première réunion, le chef de projet (le chargé d'études souvent) soumettra aux participants la méthodologie qu'il a choisie (arborescence par exemple) et fournira quelques points de repère, comme les différents thèmes d'une enquête – comportements, opinions, motifs, identité – ou bien la liste des erreurs à ne pas commettre…

Plus tard, le comité de pilotage se verra soumettre la première version rédigée du questionnaire qu'il amendera et il interviendra également dans les autres étapes du déroulement de l'étude : validation de la méthode de collecte, du plan d'échantillonnage, rédaction du rapport et du support de présentation des résultats. Il sera consulté, mis à contribution le cas échéant, et validera chacune des décisions clés dans le processus de l'enquête.

Quel que soit l'outil utilisé, en fonction du champ d'investigation rédigé pour l'exemple Equatoria, on va tout d'abord repérer les grandes familles thématiques suivantes :

- habitudes de consommation de boissons au petit déjeuner ;
- le cas échéant, mode de consommation du jus d'orange ;
- satisfaction vis-à-vis des produits consommés ;
- motivations et freins pour la consommation de jus d'orange au petit déjeuner ;
- associations acceptées et préférées avec le jus d'orange au petit déjeuner ;
- image et territoire de la marque Equatoria ;
- prix psychologique d'un nouveau produit ;
- identité du répondant.

Il apparaît ici assez clairement que le questionnaire sera composé d'une partie commune (image de la marque, identité, etc.) et d'une partie spécifique au profil du répondant – selon qu'il est consommateur ou non de jus d'orange au petit déjeuner. Les deux branches du questionnaire suivront néanmoins la même trame générale, comme on le voit ci-après.

Figure 1.1

Arborescence du questionnaire Equatoria, construit à partir du champ d'investigation.

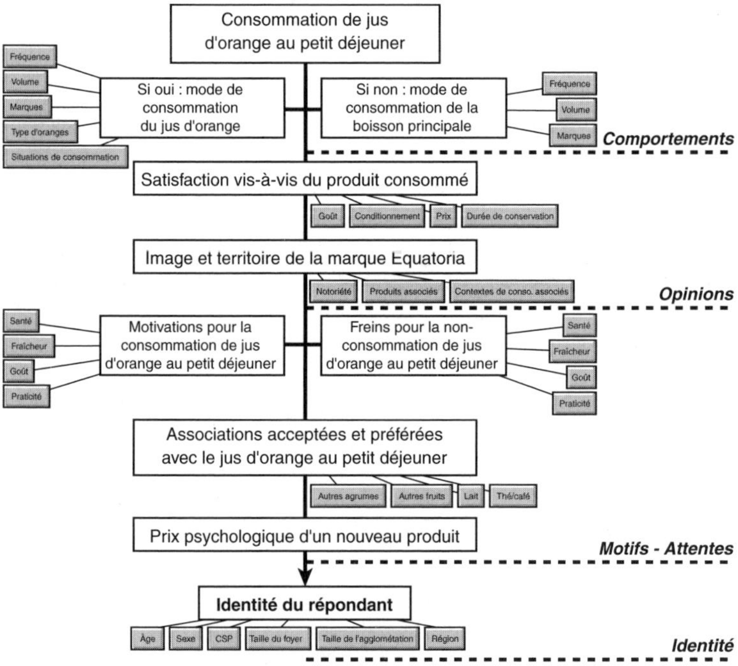

1.3 Les renvois (ou sauts)

La méthode de l'arborescence permet de mettre clairement en évidence les éventuels « renvois » à insérer dans le questionnaire. Les renvois sont en quelque sorte des bifurcations dans le cheminement du questionnaire, qui vont conduire le répondant vers une partie de l'enquête qui le concerne et le dispenser de questions qui ne le concernent pas. Dans le questionnaire Equatoria par exemple, on voit qu'en fonction d'une question filtre, « Consommez-vous du jus d'orange au petit déjeuner ? », et en cas de réponse négative, l'interviewé sera emmené vers une partie portant sur les freins de non-consommation de cette boisson. Bien entendu, il « sautera » les questions sur les motivations de consommation du jus d'orange au petit déjeuner. Selon la complexité de l'enquête, il est possible qu'un questionnaire contienne plusieurs renvois. Attention à ne pas dépasser le nombre de quatre ou cinq renvois. Atteindre un tel degré de sophistication signifie que le questionnaire est mal conçu ; peut-être faut-il en rédiger plusieurs, destinés à des cibles différentes. Trop de renvois risquent de nuire à la fluidité de l'entretien. L'agrément et la bonne compréhension de l'enquête pourraient en souffrir fortement. Contrairement aux idées reçues, un questionnaire complexe n'apportera pas forcément des réponses plus nombreuses ou plus pertinentes au décideur ou au chercheur – bien au contraire.

Définir un renvoi (ou saut)

Les renvois sont utilisés pour sauter des questions et aller plus loin dans le questionnaire en fonction de la réponse à une question filtre. Pour les programmer, on utilise la fonction Organiser, Définir des renvois depuis le stade Elaboration du questionnaire et l'on procède comme suit :

- On choisit d'abord la question filtre dans le menu Après la question...
- On fixe les conditions du renvoi en cliquant sur Définir le profil… en indiquant les modalités ou la plage de valeurs qui déclenchent le renvoi. Un renvoi peut être simple ou multiple. Dans ce dernier cas, on introduira plusieurs conditions en cliquant sur le bouton Ajouter.
- On indique la cible dans Aller à la question... ou Terminer le questionnaire.

Figure 1.2

La définition des renvois dans Sphinx.

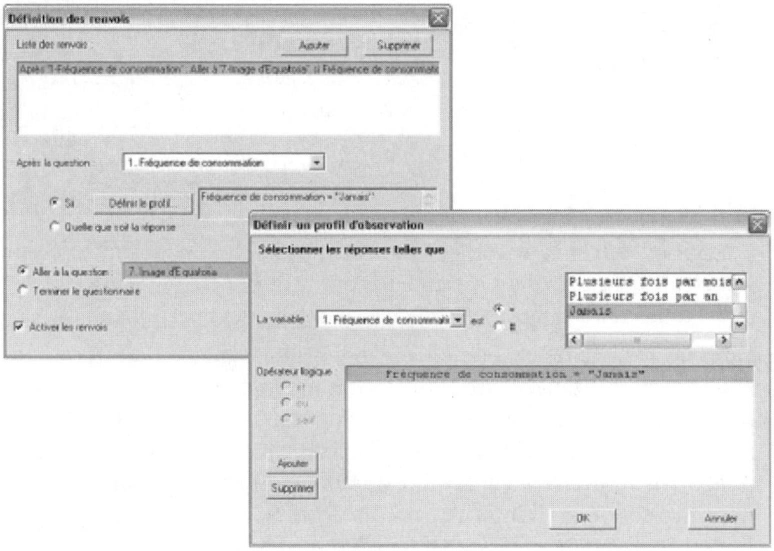

Dans la liste des questions, désormais, de petits crochets rouges, à gauche, indiquent les deux questions concernées, qui constituent la source et la destination du renvoi.

1.4 Des variables aux indicateurs, des indicateurs aux questions

Quelle que soit la méthode de construction préalablement sélectionnée, la phase suivante consiste à définir les « **indicateurs** » pertinents pour mesurer les **variables** que l'on a choisies, puis à formuler correctement les **questions**. Cela est facile pour l'âge. Son indicateur est le nombre d'années et la question ne suscite aucune ambiguïté possible : « Quel âge avez-vous ? »

Mais la plupart des autres thèmes ou variables ne sont pas si simples à concrétiser. Il existe en général plusieurs indicateurs possibles pour la même variable. C'est le cas de la profession par exemple. La profession est une variable. Pour la mesurer, on a le choix entre plusieurs « nomenclatures » qui constituent autant d'indicateurs potentiels :

- la nomenclature des professions et catégories sociales (couramment appelées PCS – anciennement CSP) de l'INSEE, qui s'est imposée comme un standard dans la profession des études de marché ;
- la classification des métiers, dénommée ROME (répertoire opérationnel des métiers et des emplois), développée par l'ANPE ;
- la nomenclature des familles d'activités professionnelles dénommées FAP, proposée par la DARES (Direction de l'animation de la recherche, des études et des statistiques).

À partir d'une recherche dite documentaire, le chargé d'études utilisera l'indicateur le plus répandu ou le plus pertinent en fonction des réalités de son métier, des enquêtes précédemment réalisées ou des données de référence dont il dispose. Une fois l'indicateur choisi, il pourra rédiger la question correspondante.

Figure 1.3

De la variable à la question, en passant par l'indicateur.

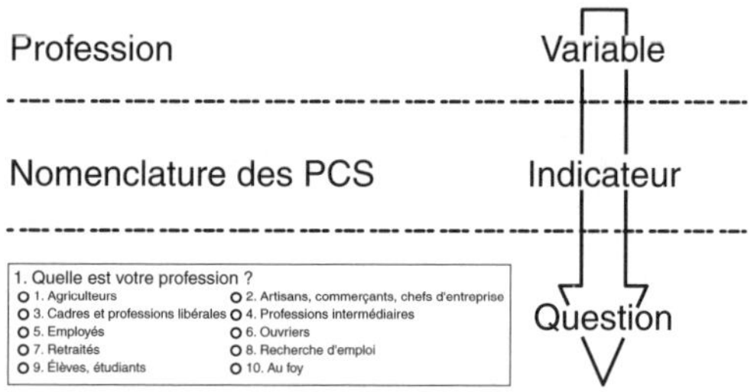

On voit que le choix de certains indicateurs clés de l'enquête peut donner lieu à discussion. Celle-ci se déroulera dans le cadre du comité de pilotage (voir focus 1) et débouchera sur des choix importants qui présideront à la rédaction des questions.

Dans les recherches académiques, on considère même qu'une variable, pour être mesurée correctement, nécessite la mise en œuvre de plusieurs indicateurs. Dans cet environnement plus scientifique et plus contrôlé, on considère que les différentes dimensions que recouvre une variable sont difficilement « réductibles » à une seule question. C'est pourquoi, on utilise un ensemble d'items qui mesurent conjointement le concept et forment un ensemble d'indicateurs convergents. Plusieurs ouvrages détaillent cette procédure de construction et de validation d'une échelle de mesure (voir *Marketing Research*, par A. Jolibert et P. Jourdan). Cette méthode conduit à la mise en place de questionnaires très longs, très complexes, dont les libellés sont souvent redondants, et qui sont peu opérationnels dans la réalité des enquêtes professionnelles.

2 Les grands thèmes dans une enquête

Un questionnaire contient généralement quatre grandes thématiques décrites ci-après, qui selon le modèle de l'« entonnoir » doivent être théoriquement présentées dans un ordre établi. Le questionnaire d'enquête est un acte de communication. En cela, il pourrait s'apparenter par exemple à un entretien de vente. Ainsi, on commence le questionnaire par les éléments les plus simples à collecter, les plus généraux, ceux qui sont les moins implicants et qui demandent le moins de réflexion de la part du répondant : les **comportements**. Que faites-vous ? Que consommez-vous ? Selon quelle fréquence ? Dans quelles conditions ? Auprès de quels points de vente ? Etc.

Viennent ensuite les **opinions** où l'on demande aux interviewés de donner leur avis sur leurs expériences. Il s'agit par exemple d'évaluer leur satisfaction ou l'image qu'ils associent à un produit ou à une entreprise.

Dans une troisième partie, et seulement à ce moment-là, on pourra questionner la personne sur ses **motivations**, ses besoins et/ou ses **attentes**. Ces questions sont plus délicates à aborder, elles demandent plus d'implication personnelle et de réflexion de la part du répondant. Il est donc pertinent de les présenter plus tardivement, une fois que l'interviewé sera imprégné du sujet, qu'il aura bien compris le thème de l'enquête et qu'il se sentira plus en confiance.

Enfin, on enregistrera dans le questionnaire toutes les informations utiles sur l'**identité** du répondant : âge, sexe, catégorie socioprofessionnelle notamment quand il s'agit d'un particulier ; secteur d'activité, effectifs par exemple quand il s'agit d'une entreprise. Ceci sera essentiel afin de contrôler la composition de l'échantillon d'une part et de préparer des analyses comparatives, des tris croisés, d'autre part.

Figure 1.4

Les quatre grands thèmes dans une enquête.

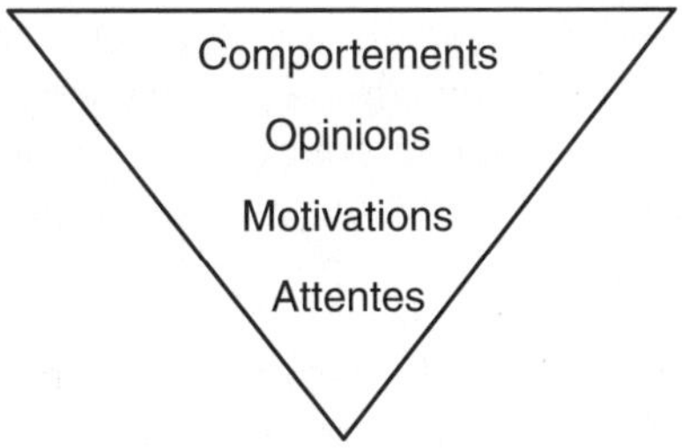

Une enquête, en fonction de son objectif, ne couvre pas forcément la totalité des quatre thèmes. Une étude visant à identifier de nouveaux besoins se concentrera sans doute sur les comportements et les motivations. De même, selon le sujet de l'enquête, on n'accordera pas forcément la même place à chacun des thèmes. Une enquête de satisfaction, bien entendu, traitera majoritairement des opinions.

3 Les différents formats de réponses

Le choix du format des réponses est fondamental, car il conditionne la nature de l'information que l'on va recueillir. Ce choix est intimement lié à l'avancement de notre connaissance sur les sujets que l'on va aborder. En ce sens, les **questions fermées** se prêtent bien aux sujets que l'on maîtrise, dont on connaît déjà les différentes options : il y a deux candidats au second tour de l'élection présidentielle qui a lieu dimanche prochain. On veut savoir lequel (ou laquelle…) a le plus de chances d'être élu(e). En revanche, si l'on veut connaître les thèmes de préoccupation des électeurs, un an avant cette élection, une **question ouverte** permettra de « ratisser large », de ne pas trop influencer les opinions, de ne pas voir émerger des réponses convenues et de découvrir peut-être des thèmes de campagne que l'on n'avait pas encore imaginés.

Un questionnaire constitué majoritairement de questions fermées correspond à une démarche plus « **confirmatoire** ». Les questions sont claires, les hypothèses bien définies et l'on veut simplement dénombrer des réponses connues avec des mesures les plus scientifiques possibles. Un questionnaire dominé par les questions ouvertes traduit une démarche plus « **exploratoire** » ; on ne connaît pas précisément toutes les facettes du sujet, on n'a pas d'idées préconçues sur la nature des réponses que l'on va obtenir, on veut les découvrir. En cela, un tel questionnaire ressemble plutôt à un « guide d'entretien », employé dans les études dites qualitatives. Souvent, selon la tradition, la phase exploratoire « qualitative » précède le questionnaire « quantitatif » composé majoritairement de questions fermées.

La même question posée selon un protocole ouvert ou fermé n'obtiendra pas exactement les mêmes réponses. Cela a été démontré par plusieurs recherches et notamment un travail récent de Robert Revat qui relate les résultats comparés d'un sondage sur les inquiétudes des Français. Que constate-t-on ? Le nombre moyen de réponses enregistrées est largement inférieur pour la question ouverte : seulement trois contre sept réponses à la question fermée pour laquelle dix modalités étaient proposées. Plus gênant encore, le classement des thèmes d'inquiétude est nettement différent. Le chômage, par exemple, arrive en tête des préoccupations pour la question ouverte, alors qu'il est seulement quatrième dans le protocole fermé, où la pollution est choisie le plus souvent. On parle d'effet de « légitimation sociale » : proposer des réponses dans une liste leur confère un statut d'objet pouvant être choisi sans risque. Une modalité ainsi proposée autorise les répondants à la choisir et lui donne une importance qu'elle n'aurait pas eu si le répondant devait faire l'effort de la retranscrire lui-même. Cette méthode est bien connue (voir l'ouvrage de Patrick Champagne à ce sujet) par ceux qui veulent « faire l'opinion » en exploitant l'avis majoritaire issu des sondages.

De toute évidence, on ne mesure pas exactement le même phénomène en choisissant, sur une question donnée, une formulation ouverte ou fermée. En communication publicitaire, on fait ainsi la différence entre notoriété « assistée » et notoriété « spontanée ».

Aujourd'hui, toutefois, la traditionnelle opposition « quali/quanti » est fortement remise en cause et l'on préfère un certain pluralisme pragmatique, avec un recours fréquent au mélange de ces deux types de méthodes. Comme le souligne le sociologue Jacques Jenny, dans la réalité, les choix méthodologiques dépendent des thèmes de la recherche mais aussi des compétences acquises et des prédispositions personnelles, des traditions locales et du montant des crédits alloués. Mais la plupart du temps, la variété des instruments de mesure est une richesse.

Alterner les protocoles de questionnement au sein d'un même questionnaire permet de valider les résultats, de varier le rythme de l'entretien et d'aller plus loin.

Les tableaux suivants rappellent les principes des différents formats de réponses, présentent des exemples et des recommandations pour chaque catégorie de question.

Créer un groupe de questions

Au stade Élaboration du questionnaire, on crée directement un groupe de questions dans Sphinx avec la séquence suivante : Rédiger, Nouveau groupe de questions. Un menu spécifique est alors disponible pour saisir le titre du groupe (libellé commun à toutes les questions du groupe), son nom abrégé, les différentes questions du groupe (pour lesquelles on indique le libellé et le nom de variable) et, enfin, les modalités communes de réponses.

Figure 1.5

La création d'un groupe de questions dans Sphinx.

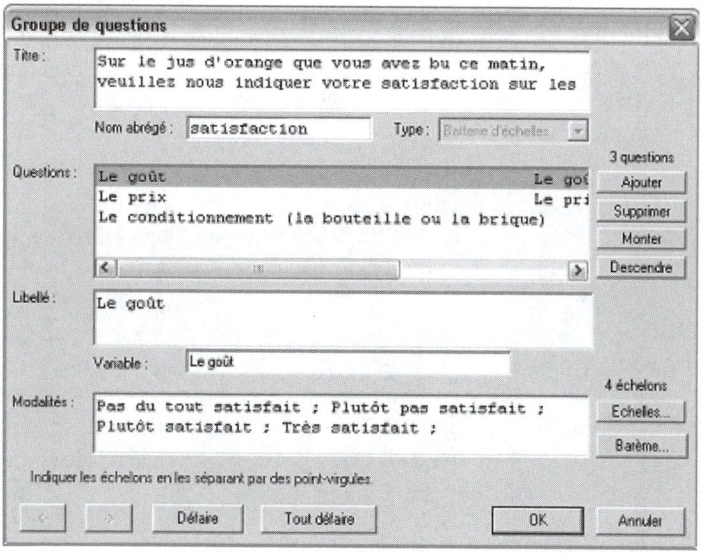

Le menu Rédiger, Modifier les groupes ouvre de nouveau la fenêtre de définition des groupes, et permet d'opérer éventuellement des modifications par la suite. En bas à gauche, les flèches permettent de parcourir les groupes déjà créés et de les modifier en ajoutant, supprimant ou déplaçant une ou plusieurs questions.

Au moment de l'édition du questionnaire, à la saisie, puis au dépouillement, les questions reliées dans un groupe seront automatiquement présentées sous la forme d'un tableau, avec plusieurs options de présentation qui seront abordées ultérieurement.

3.1 Les questions fermées

Tableau 1.1 : Les différentes questions fermées : principes, exemples et recommandations

Principe	Exemple	Recommandations
Fermées uniques : c'est le cas le plus simple. Une seule modalité doit être choisie parmi une liste de réponses proposées.	**Parmi la liste suivante, quel est votre jus de fruits préféré ?** 1. Orange ; 2. Citron ; 3. Pomme ; 4. Poire ; 5. Fruits tropicaux ; 6. Pamplemousse ; 7. Pêche ; 8. Abricot ; 9. Fruits rouges ; 10. Autre	Dans le cas d'un questionnaire classique, il faut veiller à ne pas proposer plus d'une dizaine de possibilités de réponse. Un répondant ordinaire ne peut décemment pas intégrer une trop grande quantité d'informations dans son ensemble évoqué. D'ailleurs, pour les questions fermées, le nombre moyen de modalités se situe à 5 et moins de 5 % des enquêtes dépassent le seuil de **dix possibilités de réponse**. Dans les sondages, attention à ne pas proposer trop de modalités sur de petits échantillons. Selon les règles statistiques usuelles, on peut considérer que le nombre idéal de répondants par modalité doit être au moins égal à 30, ce qui garantit une strate d'effectif suffisant pour chaque modalité, pour faire des analyses par « sous-populations ». Pour recueillir les réponses rares ou imprévues, on prévoit d'insérer une question ouverte : « *Si autre, précisez.* »
Fermées multiples : dans ce cas, on propose également une liste de modalités qui ne devra pas dépasser la douzaine.	**Parmi la liste suivante, quels sont vos trois jus de fruits préférés ?** 1. Orange ; 2. Citron ; 3. Pomme ; 4. Poire ; 5. Fruits tropicaux ; 6. Pamplemousse ; 7. Pêche ; 8. Abricot ; 9. Fruits rouges ; 10. Autre	Le répondant peut choisir une ou plusieurs réponses. Deux cas se présentent. Soit on limite le nombre de réponses possibles et on l'annonce au répondant dans l'intitulé de la question : « Dans la liste suivante, quels sont vos trois jus de fruits préférés ? » Soit on ne limite pas le nombre de réponses possibles car, compte tenu de la question posée, on envisage que dans certains cas extrêmes le répondant puisse choisir toutes les modalités proposées : « Dans la liste suivante, quels sont les jus de fruits que vous aimez ? » …/…

Tableau 1.1 : Les différentes questions fermées : principes, exemples et recommandations (...)

Principe	Exemple	Recommandations
Fermées multiples : dans ce cas, on propose également une liste de modalités qui ne devra pas dépasser la douzaine. *(Suite)*	**Parmi la liste suivante, quels sont vos trois jus de fruits préférés ?** 1. Orange ; 2. Citron ; 3. Pomme ; 4. Poire ; 5. Fruits tropicaux ; 6. Pamplemousse ; 7. Pêche ; 8. Abricot ; 9. Fruits rouges ; 10. Autre	Là encore, on peut insérer une question ouverte, « Si autre, précisez », pour les réponses rares ou inattendues. Par ailleurs, pour les enquêtes en CATI et CAPI (sur écran) ou CAWI (via l'Internet), on préconisera une rotation aléatoire des modalités, afin d'éviter les effets d'ancrage. (Voir focus 2 du chapitre 4).
Fermées ordonnées : il s'agit d'une question fermée multiple où, en plus, on demande au répondant de classer les modalités qu'il a choisies. Il faut bien entendu préciser cette consigne dans l'intitulé de la question.	**Parmi la liste suivante, veuillez classer vos trois jus de fruits préférés.** 1. Orange ; 2. Citron ; 3. Pomme ; 4. Poire ; 5. Fruits tropicaux ; 6. Pamplemousse ; 7. Pêche ; 8. Abricot ; 9. Fruits rouges ; 10. Autre	Attention à ne pas demander l'impossible à vos interlocuteurs : classer sérieusement plus de cinq réponses par ordre d'importance ou de préférence relève de l'exploit pour la plupart d'entre nous. Généralement, évitez d'aller au-delà d'un classement en trois positions.
Fermées échelles : les questions échelles ordinales sont très fréquemment utilisées dans les enquêtes par questionnaire. On utilise ce type de questions pour mesurer une opinion, une préférence, une satisfaction, une fréquence ou toute énumération ordonnée.	**Pour le jus d'orange que vous avez bu ce matin, veuillez nous indiquer votre satisfaction sur les points suivants :** — Pas du tout satisfait / Plutôt pas satisfait / Plutôt satisfait / Tout à fait satisfait Goût ❍ ❍ ❍ ❍ Prix ❍ ❍ ❍ ❍ Condition-nement ❍ ❍ ❍ ❍	Elles se présentent souvent en groupes ou en « batterie », où l'on propose au répondant une série de critères sur lesquels ils devra se positionner de « pas du tout ...» à « tout à fait... ». Il existe un grand nombre de familles d'échelles. Le focus 2 traite des différents types d'échelles, des avantages et des inconvénients de chaque formule. Ce type de questions est équivalent à une question fermée unique, dont chaque modalité est affectée d'une « note » correspondant au rang de l'échelon. En cela, au stade des traitements, *on pourra la considérer également comme une question numérique.* C'est cette raison qui explique le succès des questions échelles.

3.2 Les questions ouvertes

Tableau 1.2 : Les questions ouvertes : principes, exemples et recommandations

Principe	Exemple	Recommandations
Ouvertes numériques : ces variables donnent lieu à un questionnement ouvert qui conduit à une réponse libre sous la forme d'un nombre. Ce type de questions est profondément différent des questions fermées, car les valeurs mesurées sont continues, c'est-à-dire non délimitées clairement par des catégories. On pourra ainsi réaliser des opérations spécifiques sur ces variables : calculs de moyenne, médiane, écart type, somme, etc.	**Quel est vôtre âge ?**	Dans certains cas, il faut préciser l'unité et définir des limites minimales et maximales dans le logiciel d'enquête, afin d'éviter des erreurs de saisie. Ces questions numériques peuvent être également formulées en questions fermées échelles. On propose alors des tranches ou des classes comme modalités de réponse. « *Quel est votre âge ? Moins de 18 ans ; 18-24 ans ; 25-34 ans ; 35-49 ans ; 50-64 ans ; 65 ans ou plus.* » Dans certains cas, sur des sujets « sensibles » comme l'âge, le revenu ou l'activité d'une entreprise, les classes favoriseront un meilleur taux de réponse grâce à leur discrétion. En revanche, il est évident que l'on perd de la finesse d'information et de la richesse d'exploitation. Le recours aux classes est fréquent, mais c'est bien entendu au chargé d'études d'arbitrer en fonction du type d'analyses envisagées.
Ouvertes texte : c'est le prototype même de la question ouverte. Aucune modalité de réponse n'est proposée. On attend du texte libre en guise de réponse. De la question « Si autre, précisez » à la demande de suggestions ou de remarques, en passant par des adjectifs à associer (voir ci-contre), le champ des réponses possibles peut être plus ou moins large et, donc, plus ou moins complexe à analyser par la suite.	**Citez trois adjectifs que vous associez à la marque Equatoria.**	N'hésitons pas à introduire des questions ouvertes. Mises en évidence, en nombre adapté, bien formulées, elles peuvent produire des résultats à très forte valeur ajoutée. Elles nécessitent néanmoins une bonne maîtrise des méthodes de traitement spécifiques aux données textuelles, que nous aborderons dans un chapitre qui leur est consacré (chapitre 6).

Figure 1.6

Les différents formats de réponses.

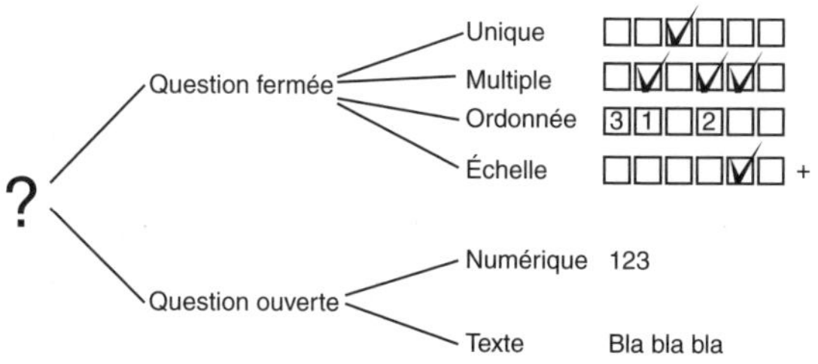

Rédiger une question dans Sphinx et spécifier le type de réponse attendue

Au stade Élaboration du questionnaire, choisissez Rédiger le questionnaire. Dans Sphinx, le menu de définition d'une question est composé principalement :

- du **libellé** : il s'agit de l'intitulé complet de la question. Ce texte doit être clair et compréhensible, la qualité des informations recueillies en dépend.
- du nom de la **variable** : c'est le nom abrégé de la question. Il doit être court et explicite. Il permettra de repérer la question dans les listes et dans les autres stades du logiciel.
- du **type** de la question : celui-ci doit être sélectionné parmi les sept catégories disponibles.
- d'un espace consacré aux **modalités** de réponses possibles pour les questions fermées.
- d'un bouton Contrôles pour spécifier des options comme les limites minimales et maximales, pour désigner une variable dont la saisie sera obligatoire.

Figure 1.7

Le menu de rédaction des questions dans Sphinx.

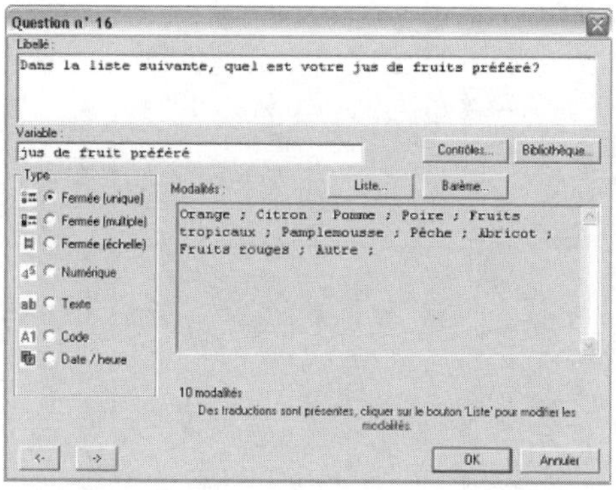

On passe à la question suivante en cliquant sur le bouton Nouvelle question. Les questions sont introduites dans la liste les unes après les autres. Choisissez le menu Rédiger, Nouvelle question ou double-cliquez dans l'espace vide en bas de la liste.

Figure 1.8

La liste des questions dans Sphinx.

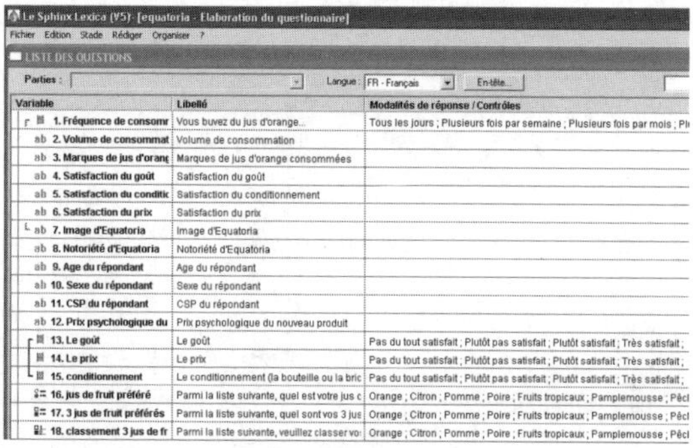

Le Sphinx Lexica (V5) - [equatoria - Elaboration du questionnaire]

Fichier Edition Stade Rédiger Organiser ?

LISTE DES QUESTIONS

Parties : Langue : FR - Français En-tête...

Variable	Libellé	Modalités de réponse / Contrôles
1. Fréquence de consomr	Vous buvez du jus d'orange...	Tous les jours ; Plusieurs fois par semaine ; Plusieurs fois par mois ; Pl
2. Volume de consommat	Volume de consommation	
3. Marques de jus d'oranç	Marques de jus d'orange consommées	
4. Satisfaction du goût	Satisfaction du goût	
5. Satisfaction du conditic	Satisfaction du conditionnement	
6. Satisfaction du prix	Satisfaction du prix	
7. Image d'Equatoria	Image d'Equatoria	
8. Notoriété d'Equatoria	Notoriété d'Equatoria	
9. Age du répondant	Age du répondant	
10. Sexe du répondant	Sexe du répondant	
11. CSP du répondant	CSP du répondant	
12. Prix psychologique du	Prix psychologique du nouveau produit	
13. Le goût	Le goût	Pas du tout satisfait ; Plutôt pas satisfait ; Plutôt satisfait ; Très satisfait ;
14. Le prix	Le prix	Pas du tout satisfait ; Plutôt pas satisfait ; Plutôt satisfait ; Très satisfait ;
15. conditionnement	Le conditionnement (la bouteille ou la bric	Pas du tout satisfait ; Plutôt pas satisfait ; Plutôt satisfait ; Très satisfait ;
16. jus de fruit préféré	Parmi la liste suivante, quel est votre jus c	Orange ; Citron ; Pomme ; Poire ; Fruits tropicaux ; Pamplemousse ; Pêcl
17. 3 jus de fruit préférés	Parmi la liste suivante, quel sont vos 3 jus	Orange ; Citron ; Pomme ; Poire ; Fruits tropicaux ; Pamplemousse ; Pêcl
18. classement 3 jus de fr	Parmi la liste suivante, veuillez classer vo:	Orange ; Citron ; Pomme ; Poire ; Fruits tropicaux ; Pamplemousse ; Pêcl

Tableau 1.3 : Les différents types d'échelles de mesure : principes, avantages et inconvénients

Types d'échelles	Principe	Avantages et inconvénients
Likert paire	Aujourd'hui la plus utilisée. On fait évaluer chaque critère au moyen d'une série de propositions régulièrement espacées. On utilise souvent des modalités de « pas du tout… » à « tout à fait… ». Le nombre d'échelons est compris entre quatre et sept.	Avec quatre ou six échelons, on « force » le répondant à faire l'effort de se situer d'un côté ou de l'autre de la position centrale, qui est parfois choisie comme une valeur refuge. Les praticiens préfèrent plutôt les échelles à quatre points. Il est démontré que, en fait, le répondant classique n'utilise que très rarement plus de trois ou quatre échelons différents au sein d'un même questionnaire. Là encore, le pragmatisme doit l'emporter. Au-delà de cinq échelons, l'intitulé des modalités proposées n'a plus de sens. Que peut-on proposer entre « plutôt d'accord » et « tout à fait d'accord » ? De plus, dans des méthodes d'interviews assistées, au téléphone par exemple, il est impossible pour un interviewé de mémoriser correctement une échelle trop sophistiquée.
Likert impaire		Avec un échelon central de type « ni l'un, ni l'autre », on introduit un peu plus de variété dans les réponses. C'est pourquoi, les échelles en cinq points sont utilisées. Pour les enquêtes académiques comme les recherches universitaires, on préconise un nombre d'échelons égal à 7.
Osgood (ou échelle sémantique différentielle)	Sur les dimensions que l'on souhaite apprécier, on place aux extrémités de l'échelle deux expressions ou adjectifs contraires.	Le fait de se référer directement aux qualités ou aux défauts évalués permet de rendre le questionnement plus concret et sans doute moins monotone pour le répondant. De ce point de vue, on sait un peu mieux ce que l'on mesure… Il est toutefois difficile de bien choisir les expressions et les adjectifs adé-quats. La rédaction d'une échelle sémantique différentielle est un exercice délicat, qui nécessite une sérieuse phase de test (section 4 du chapitre 2).
Pictogrammes	Les échelons sont remplacés ou complétés par des pictogrammes qui représentent le degré de satisfaction ou d'accord. Ce sont généralement des smileys (voir ci-dessous).	On utilise en général les smileys pour des études internationales où la traduction des échelons ne peut garantir une réelle équivalence des opinions, ou encore pour certaines populations comme les enfants.

Tableau 1.3 : Les différents types d'échelles de mesure : principes, avantages et inconvénients

Échelles de notation	On demande au répondant d'évaluer son accord, sa satisfaction ou toute autre dimension attitudinale en donnant une note sur une échelle de 0 à 10 par exemple. On précisera bien entendu ce que représentent 0 et 10.	Pour les études nationales, cette technique de mesure un peu « scolaire » présente de nombreux intérêts : – Le répondant comprendra facilement ce qu'on lui demande. En France, en tous les cas, on a tous été confronté à ce système d'évaluation et on le manie aisément. – Le fait d'avoir une dizaine d'échelons introduit plus de variance dans les réponses. – Sa simplicité est particulièrement bien adaptée aux méthodes assistées, et notamment aux enquêtes téléphoniques. – Elle est enfin plus souple que les échelles de Likert dans l'analyse et la communication des résultats. Quand on dit que « la satisfaction de la clientèle sur la disponibilité du personnel est de 8,5 sur 10 », c'est beaucoup plus parlant que de présenter les pourcentages de « très satisfaits », de « plutôt satisfaits », etc.
Dichotomique	L'interviewé répond aux différentes propositions sur deux niveaux seulement : « oui/non » ; « satisfait/insatisfait » ; « d'accord/pas d'accord ».	C'est une méthode très simple pour la collecte des réponses, mais relativement limitée pour des analyses plus en profondeur.

Focus 2 — Questions échelles

Depuis des dizaines d'années, de nombreux ouvrages ou articles académiques ont débattu et débattent encore de l'échelle de mesure qu'il convient d'utiliser, afin d'obtenir les meilleures réponses. Nous n'avons pas la prétention de départager en quelques lignes tous ces experts, mais simplement d'éclairer le chargé d'études qui recherche une réponse pragmatique aux questions qu'il se pose au moment de la conception de son enquête. Parmi les échelles les plus utilisées, nous présenterons rapidement les possibilités qui concernent en particulier les enquêtes de satisfaction.

Figure 1.9

Exemple d'échelle de Likert paire.

1. Indiquez votre niveau de satisfaction actuel vis à vis de l'action du Gouvernement :
○ 1. Pas du tout satisfait ○ 2. Plutôt pas satisfait ○ 3. Plutôt satisfait ○ 4. Tout à fait satisfait

Figure 1.10

Exemple d'échelle de Likert impaire.

2. Comment jugez-vous l'action du Premier Ministre actuel (Mr X) par rapport à celle de son prédécesseur (Mr Y) ?
○ 1. Nettement moins bonne ○ 2. Plutôt moins bonne ○ 3. Comparable ○ 4. Plutôt meilleure ○ 5. Nettement meilleure

Figure 1.11

Exemple d'échelle d'Osgood.

3. Le prix d'une bouteille de 1 litre de la marque Equatoria vous semble
Bon marché —————————————— Cher

Figure 1.12

Exemple d'échelle avec pictogrammes.

Votre opinion sur la facilité à joindre la centrale de réservation

Figure 1.13

Exemple d'échelle de notation.

4. Veuillez indiquer votre satisfaction vis-à-vis du Gouvernement par une note de 0 (très mauvaise) à 10 (excellent)
○0 ○1 ○2 ○3 ○4 ○5 ○6 ○7 ○8 ○9 ○10

Figure 1.14

Exemple d'échelle dichotomique.

5. Etes-vous actuellement satisfait de l'action du Premier Ministre (Mr X) ?
○ Oui ○ Non

Options des questions fermées échelles

Quand on définit une question fermée échelle, on dispose dans Sphinx de quelques options très utiles. À partir du menu de définition d'une question, en choisissant le type Fermée échelle, on peut :

- Cliquer sur le bouton Échelles. Celui-ci met à notre disposition une série d'échelles prédéfinies, parmi les plus couramment utilisées dans les enquêtes. Si l'on crée soi-même une nouvelle échelle, celle-ci sera enregistrée et disponible ultérieurement dans la liste.
- Cliquer sur Barème pour associer éventuellement des valeurs numériques aux différents échelons (voir chapitre 2, focus 1).

Figure 1.15

Les questions fermées échelles dans Sphinx.

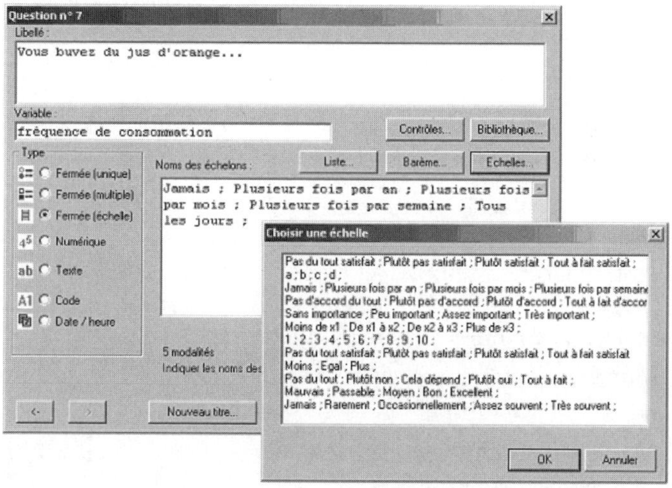

Résumé

Contrairement aux idées reçues, une grande majorité de personnes considère la réponse à une enquête comme un exercice potentiellement intéressant et agréable. Le chargé d'études se trouve donc *a priori* dans une situation favorable pour obtenir les informations dont il a besoin. Pour cela, il devra respecter quelques règles précises, en commençant par une bonne délimitation de son travail, une bonne structuration de son interview et un bon formatage des questions.

Exercices

Exercice 1. Consommation de chocolat

Élaborez dans Sphinx un questionnaire portant sur la consommation de chocolat et comprenant, dans l'ordre que vous souhaitez :

a. une question fermée unique ;

b. une question fermée multiple ou une question fermée ordonnée ;

c. un groupe de quatre questions fermées échelles ;

d. une question ouverte numérique, et une question ouverte texte.

Solution

a. Question fermée unique : « Aimez-vous le chocolat ? » Modalités de réponses : « Oui » ; « Non ».

b. Question fermée multiple : « Quel(s) type(s) de chocolat(s) aimez-vous ? » Modalités de réponses : « Noir » ; « Au lait » ; « Aux noisettes » ; « Blanc » ; « Aux amandes » ; « Au riz » ; « Praliné » ; « Fourré(s) aux fruits », etc.

c. Groupe de quatre questions fermées échelles : « Veuillez nous indiquer si vous êtes d'accord sur les affirmations suivantes » :

   1. Le chocolat, c'est bon pour la santé.
   2. Le chocolat fait grossir.
   3. Le chocolat est cher.
   4. Offrir du chocolat, c'est un beau cadeau.

   Modalités de réponses : « Pas du tout d'accord » ; « Plutôt pas d'accord » ; « Plutôt d'accord » ; « Tout à fait d'accord ».

d. Question ouverte numérique : « Combien de plaques de chocolat consommez-vous chaque mois ? »

   La version complète du corrigé est disponible sur le lien suivant : **www.suristat.fr/rubrique29.html**.

Exercice 2. Image de la télévision française

Imprimez le questionnaire de l'enquête « télé », présente dans le dossier du même nom sur le CD-Rom joint à l'ouvrage.

a. Dans le questionnaire, indiquez pour chaque question : le grand thème auquel elle appartient (comportements, opinions, motifs, identité) ; le format des réponses (fermées uniques, multiples, ouvertes numériques, etc).

b. Hormis la mise en forme, critiquez le questionnaire et proposez des ajustements que vous justifierez. Cette enquête est réalisée en face en face par un cabinet spécialisé dans l'étude des médias. Rappelons qu'il vise à mesurer l'image de la télévision française du point de vue des téléspectateurs, afin de proposer aux chaînes du service public des pistes pour une amélioration des programmes.

Solution

a. Tableau 1.4 : Thème et format des questions portant sur l'image de la télévision française

Questions	Thèmes	Format
1	Comportement	Fermée échelle
2	Comportement	Fermée multiple
3	Motifs	Fermée multiple
4	Comportement	Fermée échelle
5	Comportement	Fermée échelle
6	Opinion	Fermée ordonnée
7	Opinion	Ouverte texte
…	…	…

La version complète du corrigé est disponible sur le lien suivant : **www.suristat.org/libro/c12.htm**.

b. En ce qui concerne la structure, celle-ci pourrait être légèrement améliorée :

Par rapport à l'objectif de l'étude, un peu trop de questions sont probablement liées aux comportements, d'autant que ces informations sont sans doute disponibles facilement dans des sondages publiés récemment (voir par exemple le sondage du CSA : **http://nan.tv.free.fr/spip/IMG/pdf/sondage.pdf**).

Q3 : Il s'agit typiquement d'un « motif » : elle apparaît trop tôt dans le questionnaire, au milieu des comportements ; il faut la placer plus loin.

Q11 à Q30 : Attention à ces batteries d'échelles trop lourdes, qui risquent de lasser ou de produire des réponses trop systématiques ; il conviendrait de les alléger ou au pire de les scinder en quatre groupes plutôt que deux.

Q9 : Demandez soit deux, soit trois adjectifs mais pas « deux ou trois »...

Q32 : En ce qui concerne l'âge, il faut introduire plus de tranches d'âge, notamment pour les personnes âgées de plus de 50 ans.

Q34 : Il est inutile de différencier bac + 4 et bac + 5.

Sur le fond :

- Il n'y a pas assez de questions sur le type de programmes regardés et surtout sur ceux qui – du point de vue des téléspectateurs – sont insuffisamment proposés et qui pourraient donc être développés par les commanditaires de l'étude.
- Il manque une question sur le niveau de revenus.
- Aux questions 6 et 8, la liste des chaînes n'est pas à jour. Il faut la compléter.

Exercice 3. Fair Brand

L'organisme Fair Brand est une association basée aux Pays-Bas, qui œuvre pour le développement du commerce équitable en Europe. Elle diffuse des produits conçus et fabriqués dans les pays du tiers-monde sur les marchés occidentaux, par l'intermédiaire de la grande distribution mais aussi dans des boutiques spécialisées en nom propre. Elle vous contacte, car elle cherche à implanter ses produits en France où, pour l'instant, ils sont quasiment absents. Mais avant d'entreprendre une quelconque démarche commerciale auprès des distributeurs français, Fair Brand souhaite connaître l'attitude des consommateurs français à l'égard du commerce équitable. On se concentrera sur le cœur de cible en Europe, qui est constitué de foyers âgés de 25 à 50 ans, vivant plutôt dans des centres urbains, avec un niveau d'éducation élevé. Les premiers résultats disponibles dans des enquêtes précédentes montrent que, en France, cette clientèle est très sensible au thème du commerce équitable mais elle franchit rarement le pas, n'achetant ce type de produits (café surtout) que très occasionnellement. Fair Brand vous confie une enquête pour identifier sur sa cible potentielle **les motivations et les freins à l'achat de produits du commerce équitable**.

a. Rédigez le champ d'investigation.

b. Représentez le questionnaire sous la forme d'une arborescence.

Solution

a. **Champ d'investigation.** L'enquête vise tout d'abord à mesurer la notoriété du commerce équitable et des acteurs du secteur. On étudiera ensuite la consommation des produits issus du commerce équitable (fréquence, types de produits, points de vente, etc.). L'opinion des consommateurs sur le sujet est ensuite évaluée : comment jugent-ils les produits du commerce équitable ? Puis, on aborde les motivations ou les freins pour acheter ce type de produits. Enfin, les attentes des consommateurs sont analysées afin d'identifier d'éventuelles pistes pour le développement de cette forme de consommation.

b. **Arborescence du questionnaire.** À partir du champ d'investigation tel qu'il a été rédigé ci-dessus, l'arborescence du questionnaire se présente comme suit. On s'est limité dans la figure 1.16 au premier niveau. Il convient de le compléter.

Figure 1.16

Arborescence du questionnaire sur le commerce équitable.

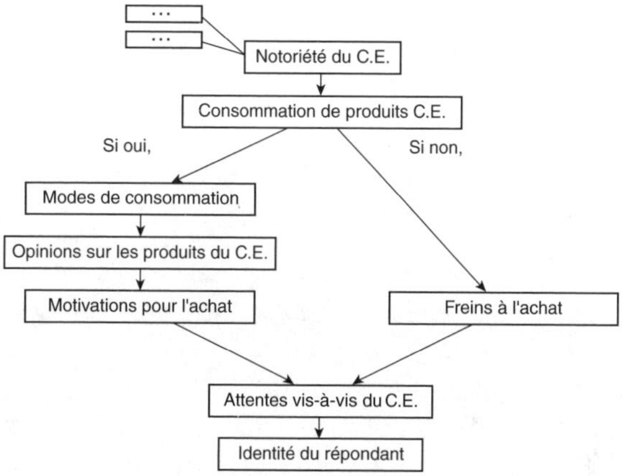

La version complète de l'arborescence du questionnaire s'obtient sur le lien suivant : **www.suristat.fr/rubrique29.html**.

Exercice 4. Cas Valibest

Valibest est une société de distribution de produits alimentaires en gros. Elle distribue sur l'ensemble du territoire national des fruits et légumes et des produits de la mer à une clientèle de professionnels composée principalement de grandes surfaces, de collectivités et de restaurateurs. Au cours de l'année 2005, la société réalise un chiffre d'affaires de 335 millions d'euros, établi sur un ensemble de 30 agences régionales qui servent en totalité plus de 26 700 comptes clients.

L'activité se scinde en deux grandes familles de produits : les fruits et légumes (FL) d'une part et les produits de la mer (PDM) d'autre part. Les fruits et légumes représentent environ 80 % de l'activité contre 20 % pour les produits de la mer ; certaines succursales régionales ne proposent d'ailleurs pas cette dernière famille de produits.

Les clients peuvent être séparés en deux grands segments : les grandes surfaces (hypermarchés, supermarchés, supérettes, etc.) et la restauration hors domicile (hôtels-restaurants, brasseries, cantines, etc.). La GMS pèse pour environ 2/3 du chiffre d'affaires contre 1/3 pour la RHD. La répartition précise du chiffre d'affaires de Valibest est présentée dans le fichier joint (dossier Valibert du CD-Rom). En GMS, il est assez fréquent qu'un client soit comptabilisé deux fois – une fois en FL et une autre fois en PDM –, mais les deux interlocuteurs, souvent les chefs de rayon, sont systématiquement différents. La base de données des clients n'est pas tout à fait complète et ne peut donc constituer une base de sondage exhaustive. **L**

Le baromètre de satisfaction clientèle

La direction qualité nationale s'apprête à mettre en place pour 2006 un baromètre de satisfaction clientèle. Ce baromètre entre dans une démarche générale de certification qualité. Le principe est de mesurer deux fois dans l'année, au printemps et à l'automne, la satisfaction des clients à partir d'un questionnaire assez court, dont les thèmes ont été définis et choisis par un comité de pilotage interne. Le comité de pilotage a isolé 20 thèmes, allant du prix à la sécurité alimentaire, qui devront être évalués par chaque client interrogé. Il est également fondamental d'appréhender les critères les plus importants aux yeux des clients ainsi qu'une satisfaction globale. Chaque semestre, on veut obtenir une photographie complète de la perception de la clientèle, dans chaque agence, pour les deux familles de produits et pour tous les segments de clientèle.

En plus d'un élément clé de la démarche qualité, ce baromètre est avant tout un outil de suivi et d'animation locale, dont les résultats seront adressés aux directeurs d'agence chaque semestre afin de leur permettre d'évaluer synthétiquement la perception de leur clientèle sur une période donnée, mais aussi de juger de son évolution dans le temps. Le baromètre doit permettre également à chaque agence de se situer par rapport aux autres agences du pays.

Une consolidation sera effectuée au niveau national pour permettre au responsable qualité national d'effectuer des analyses plus fines et d'assurer un suivi global en vue de piloter certaines actions correctives au niveau local.

a. Critiquez et complétez le questionnaire dont la trame vous est proposée ci-après, en vous prononçant notamment sur l'échelle de mesure la plus pertinente, afin d'évaluer chacun des critères : échelle de satisfaction à plusieurs échelons, nombre d'échelons, note sur 10 ou sur 20, autre méthode ?

b. En parallèle, proposez la méthode de collecte de données qui vous semble la plus appropriée. Justifiez vos choix.

Questions d'identité du client	– Nom de la société – Nom du contact – Gamme : FL ou PDM – Segment : GMS ou RHD
Fruits et légumes	– Choix proposé en fruits – Qualité des fruits – Choix proposé en légumes – Qualité des légumes – Prix
Produits préemballés	– Étendue de la gamme – Qualité – Date limite de consommation – Délai de commande des produits – Prix
Produits de la mer	– Choix proposé – Qualité des produits – Prix
Relation commerciale	– Disponibilité de l'équipe commerciale au téléphone – Respect des engagements pris lors de la commande – Réactivité de l'équipe commerciale
Livraison	– Respect des conditions de livraison – Professionnalisme du chauffeur
Sécurité alimentaire	– Sécurité industrielle– Traçabilité

Solution

a. Pour compléter le questionnaire, il est nécessaire d'y ajouter certaines questions importantes, notamment :

- L'évaluation globale de la satisfaction du client.
- Un classement des critères les plus importants à ses yeux, par exemple les trois plus importants ; ces deux questions seront utiles pour mettre en perspective satisfaction et importance (voir section 1.2 du chapitre 7).
- Une question ouverte finale pour recueillir les remarques ou suggestions particulières.
- Dans l'identité du client interrogé, il faut enregistrer l'agence dont il dépend, ce qui simplifie ensuite le croisement ou le filtrage des résultats par agences.
- Nous recommandons de demander une note sur 10 aux clients pour les raisons évoquées au focus 2 de ce chapitre : le répondant comprend facilement ce qu'on lui demande, ce qui induit plus de variance dans les réponses et une pertinence accrue dans la communication des résultats.

b. Compte tenu de la cible de l'enquête, notamment les chefs de rayon, restaurateurs et chefs de cuisine, le téléphone semble un support efficace. En effet, ces professionnels travaillent beaucoup au téléphone, pour les prises de commande par exemple. L'enquête étant assez courte et peu complexe, elle peut se déployer sans difficulté en CATI (voir section 3 du chapitre 4). Cet élément constitue une raison supplémentaire pour proposer des échelles avec une notation sur 10, car elles sont bien adaptées aux enquêtes téléphoniques.

Chapitre 2

La rédaction et la mise en forme du questionnaire

La première phase de la mise en place d'une enquête requiert des qualités d'organisation, afin de bien structurer le questionnaire en fonction des objectifs de l'étude. La deuxième étape met en jeu les compétences rédactionnelles du chargé d'études et ses qualités de communication. Quel que soit le support utilisé pour déployer l'étude, il faudra trouver les mots justes pour motiver la population cible à participer à l'enquête, dans un contexte difficile où les sollicitations sont de plus en plus nombreuses. Une fois ce premier écueil franchi, il reste à rédiger pertinemment les questions, avec le souci permanent d'allier la précision à la clarté, puis à mettre en forme le questionnaire afin que celui-ci soit attractif pour le répondant ou confortable pour l'enquêteur.
Nous fournissons dans ce chapitre quelques points de repère pour mieux réussir ces exercices périlleux de rédaction et de présentation.

1 La nature du contact avec la population cible

De nombreuses recherches ont démontré que la nature du contact avec la population cible avait une grande influence sur le taux de réponse et même sur la qualité des réponses produites par les répondants.

1.1 La prise en compte des motivations du répondant

Sudman et Bradburn ont établi que la principale récompense d'un participant à une enquête était le « bien-être psychologique ». Selon eux, de nombreuses personnes répondent aux questionnaires pour la simple opportunité de donner leur opinion, de relater leurs expériences, de contribuer à la connaissance publique ou scientifique, ou même tout simplement pour éprouver le sentiment positif d'avoir aidé l'enquêteur. Concrètement, cela signifie que le promoteur de l'enquête doit prendre en compte la signification que sa population cible associe au fait de répondre ou non à l'enquête. Selon le cas, on pourra utiliser l'autorité de l'institution qui réalise l'enquête, telle qu'un organisme financier ou un ministère. On peut également jouer la carte de la solidarité ou de l'entraide, par exemple vis-à-vis des chercheurs. On n'hésitera pas à valoriser l'importance et la réelle prise en compte des réponses données. On insistera souvent sur l'attrait du questionnaire, sur le faible niveau d'effort à consentir ; ainsi, il est nécessaire de toujours indiquer une durée et de s'y conformer.

De même, pour les enquêtes autoadministrées, il convient de rédiger avec le plus grand soin le courrier ou l'e-mail d'accompagnement invitant la personne ciblée à répondre à l'enquête. Bien conçu, il peut augmenter le taux de réponse de plus de dix points.

Quelques règles :

- Les répondants apprécient tout d'abord que l'utilité de l'étude soit présentée. Il ne s'agit pas bien entendu de dévoiler l'objectif stratégique de l'enquête, mais tout simplement de préciser l'initiateur, le thème et le contexte de celle-ci.
- On expliquera éventuellement comment ou pourquoi la personne a été choisie pour répondre à l'enquête.
- Il est important d'estimer le temps nécessaire pour répondre, puis d'informer le répondant au fil de l'enquête sur le temps restant ou sur sa situation par rapport au déroulement du questionnaire. Sur l'Internet, on prévoira un indicateur de position.
- On n'hésitera pas à rassurer éventuellement sur la simplicité, voire l'agrément, du questionnaire ainsi que sur la confidentialité des réponses.
- On insistera sur l'importance de la contribution du répondant à l'enquête et l'on précisera que son avis sera réellement pris en compte.
- On indiquera si possible le nom et les coordonnées d'une personne à contacter en cas de question ou de problème particulier.
- On donnera un délai de réponse.
- On proposera enfin, autant que faire se peut, une rétribution.

Figure 2.1

Exemple d'e-mail d'invitation pour l'enquête « Blue Télécom » réalisée par Care Kids sur les besoins de garde des enfants.

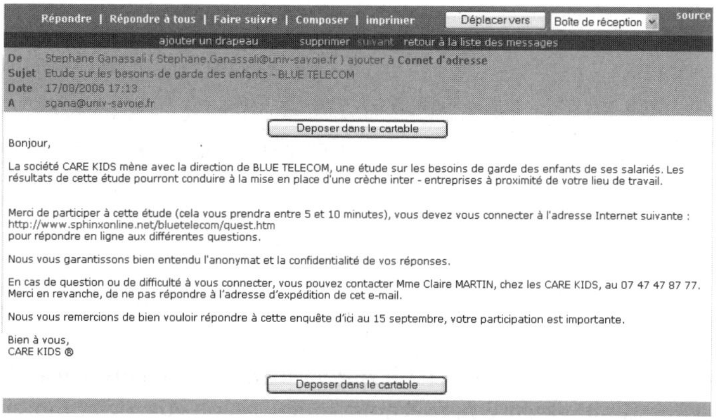
Répondre | Répondre à tous | Faire suivre | Composer | imprimer Déplacer vers Boîte de réception source
ajouter un drapeau supprimer suivant retour à la liste des messages
De Stephane Ganassali (Stephane.Ganassali@univ-savoie.fr) ajouter à Cornet d'adresse
Sujet Etude sur les besoins de garde des enfants - BLUE TELECOM
Date 17/08/2006 17:13
A sgana@univ-savoie.fr

Deposer dans le cartable

Bonjour,

La société CARE KIDS mène avec la direction de BLUE TELECOM, une étude sur les besoins de garde des enfants de ses salariés. Les résultats de cette étude pourront conduire à la mise en place d'une crèche inter - entreprises à proximité de votre lieu de travail.

Merci de participer à cette étude (cela vous prendra entre 5 et 10 minutes), vous devez vous connecter à l'adresse Internet suivante : http://www.sphinxonline.net/bluetelecom/quest.htm
pour répondre en ligne aux différentes questions.

Nous vous garantissons bien entendu l'anonymat et la confidentialité de vos réponses.

En cas de question ou de difficulté à vous connecter, vous pouvez contacter Mme Claire MARTIN, chez les CARE KIDS, au 07 47 47 87 77.
Merci en revanche, de ne pas répondre à l'adresse d'expédition de cet e-mail.

Nous vous remercions de bien vouloir répondre à cette enquête d'ici au 15 septembre, votre participation est importante.

Bien à vous,
CARE KIDS ®

Deposer dans le cartable

Pour les enquêtes dites assistées, les enquêteurs en face en face ou au téléphone se réunissent toujours préalablement lors d'une réunion de présentation et de préparation de l'étude : le briefing. On leur présente le sujet et le client de l'étude, ainsi que les objectifs quantitatifs (nombre de réponses à atteindre) et qualitatifs (composition de l'échantillon).

On commente la structure du questionnaire (questions filtres, renvois éventuels) ainsi que son contenu détaillé, afin que chaque question soit claire et bien maîtrisée. On les informe d'un certain nombre de consignes propres à l'enquête qui va commencer : les mots clés, les pièges à éviter, le comportement à tenir en cas de problème avec le répondant.

On insiste en particulier sur la présentation de l'enquête qui a été rédigée par le superviseur de l'étude. Celle-ci constitue l'entrée en matière ou « l'accroche » de la conversation et sera un facteur décisif pour inciter la personne pressentie à accepter de répondre à l'enquête. Elle permet de bien vérifier qu'on a affaire au bon interlocuteur. Sur cette base scrupuleusement prédéfinie, les enquêteurs expérimentés seront capables de personnaliser quelque peu le message d'introduction afin de s'adapter au mieux à leur auditoire et de maximiser les chances d'acceptation.

Exemple d'introduction et de recrutement pour une enquête par téléphone

Société Blue Télécom – clients de l'offre « Téléphonie illimitée »

Bonjour madame/monsieur. Je suis ..., enquêteur (trice) (à) Blue Télécom. Je réalise actuellement une étude au sujet de l'offre « Téléphonie illimitée ». Je voudrais parler à la personne qui a souscrit cette offre au sein de votre foyer. Est-ce bien vous madame/monsieur... ?

Oui, c'est moi → CONTINUER

Oui, plus tard → FIXER UN RDV

Non, refus → STOP INTERVIEW

Non, ce n'est pas moi → DEMANDER À PARLER À LA PERSONNE QUI A SOUSCRIT L'OFFRE « Téléphonie illimitée

Notre entretien devrait durer entre 15 et 20 minutes ; êtes-vous disponible maintenant (en ce moment) ?

Oui → CONTINUER

Non → FIXER UN RDV

Exemple d'introduction et de recrutement pour une enquête par téléphone

> **Je vous remercie à l'avance de me consacrer une partie de votre temps. Tout d'abord, nous allons parler de ce qui a précédé la souscription à cette offre.**
>
> **Q1. Lorsque vous vous êtes informé(e), cette offre vous a-t-elle globalement semblé… ?**
>
> *Très simple ; Simple ; Peu simple ; Pas du tout simple ; Ne sait pas.*
>
> Etc.

1.2 Les rétributions ou *incentives*

Il est désormais certain que les rétributions proposées ont un effet très positif sur le taux de réponse et plus largement sur la qualité des réponses. Cet effet a été quantifié, et les nombreuses recherches menées à ce sujet indiquent qu'il augmente la probabilité de réponse d'une personne de 20 à 30 %. Si l'on exclut celles qui sont mises en place dans le cadre de panels, les différentes rétributions possibles sont :

- les résultats de l'enquête en retour ;
- la participation à un tirage au sort pour gagner un ou plusieurs lots ;
- un bon d'achat ;
- le versement d'une somme à une association caritative ;
- une rétribution financière directe.

2 La formulation des questions

Une fois le thème de chaque question défini (grâce à une arborescence ou un graphe), il s'agit d'aborder la formulation des questions proprement dite. Cette phase est particulièrement délicate, car elle requiert de la part du chargé d'études une série de qualités rares : clarté, concision, esprit de synthèse, empathie, mesure et richesse du vocabulaire. Par ailleurs, comme pour toutes les règles édictées dans ce chapitre, il faut tenir compte du mode d'administration du questionnaire : est-il assisté ou non ? Est-il lu ou entendu par le répondant ? D'une manière générale, un questionnaire lu par un enquêteur requiert un effort supplémentaire de clarté et de concision, afin que les questions et les consignes se suffisent à elles-mêmes et que l'enquêteur ne soit pas contraint d'apporter précisions et développements qui risqueraient de trop influencer la réponse.

2.1 La concision et l'esprit de synthèse

Ces qualités sont essentielles car il a été prouvé qu'une formulation trop longue ou trop complexe pouvait induire des effets négatifs : abandon du questionnaire, non-réponse à certaines questions ou mauvaise compréhension notamment. Mécaniquement, plus les mots sont nombreux dans une question, plus abondantes sont les sources de confusion pour le répondant.

La longueur moyenne des questionnaires se situe légèrement en deçà de *30 questions*. Cette longueur varie en fonction des contextes de l'enquête :

- Les enquêtes téléphoniques sont beaucoup plus courtes, alors que les méthodes en face en face et par courrier conduisent à des longueurs moyennes ; les études *via* l'Internet sont légèrement plus longues.
- Les enquêtes s'adressant à des panélistes ou à des collaborateurs sont plus fournies, alors qu'on sollicite les clients d'une manière plus légère.
- Les recherches et les observatoires nécessitent des questionnaires plus longs.
- Les grands échantillons autorisent plus de précision dans l'observation et, donc, de plus longs questionnaires.

En ce qui concerne la rédaction des questions, en 1951 déjà, Stanley Payne recommandait une **longueur maximum de 20 mots**. Cette longueur peut être supérieure pour les questions relatives aux comportements, qui nécessitent souvent un peu plus de précision. Dans les pays francophones, la longueur moyenne des libellés de questions étudiées est proche de *huit mots*. Peu de questions dépassent la limite de 20 mots proposée par Payne. Les grands échantillons autorisent une plus grande finesse de mesure. Selon les règles statistiques usuelles, on peut considérer que le nombre idéal de répondants par modalité doit être au moins égal à 30, ce qui garantit une strate d'effectif suffisant pour chaque modalité.

2.2 La simplicité

Il est fondamental de **se placer du point de vue des répondants**. Se posent-ils autant de questions que nous au sujet de l'étude ? Un questionnaire trop compliqué ou trop détaillé décourage le répondant et compromet une partie de la qualité des réponses, car il fera peut-être abstraction de certaines questions. On risque surtout de mesurer une réalité sous un angle beaucoup plus compliqué qu'elle ne l'est véritablement.

Exemple

Combien de critères de sélection nous viennent spontanément à l'esprit quand *on se décide* pour l'achat d'un vêtement ? Le prix ? La marque ? La couleur ? Le style ? L'avis de notre partenaire ? Pas plus de cinq ou six dans tous les cas. Rappelons que dans la pratique, le nombre moyen de modalités se situe à 5 et que très peu d'enquêtes dépassent le seuil de dix possibilités de réponse.

Que penser du chargé d'études qui réalise un questionnaire sur le comportement d'achat vestimentaire, en proposant une batterie d'échelles comprenant une trentaine de critères, sur lesquels on demande au répondant de se positionner sur une échelle en sept points – de « pas du tout important » à « très important », en passant par « plutôt pas important »… ? Et encore, nous avons pris volontairement l'exemple de l'habillement, un sujet souvent impliquant pour le grand public. Que dire d'une enquête sur les filtres à café, sur les allumettes ? Moins de choses encore, sans doute.

Alors aux formulaires alambiqués, apprêtés et verbeux, préférons des questionnaires pragmatiques, réalistes et opérationnels. Pour chaque question, interrogeons-nous : comment pourrais-je dire cela plus simplement ?

2.3 L'unicité

Il s'agit de veiller ici à ce qu'une question ne mesure **qu'une et seule variable**. Parfois, on est amené, par une formulation trop longue et trop complexe, à poser plusieurs questions en une. Du coup, la réponse ne pourra pas être correctement interprétée. Concrètement, pour nous assurer qu'un formulaire d'enquête ne contient pas de « double questionnement », vérifions qu'il ne comprend aucune conjonction de coordination (les fameuses mais, ou, et, donc, or, ni, car). Par ailleurs, un seul verbe par question est suffisant. Sphinx, depuis sa version 5, le vérifie pour vous dans sa fonction Évaluation du jeu de données, au stade Collecte des réponses (voir figure 2.2).

2.4 La spécificité

Il est primordial que la question que l'on formule mesure parfaitement la variable que l'on souhaite étudier. C'est sans doute l'aspect le plus difficile dans la rédaction du questionnaire. Plus on a été précis et sérieux dans la définition du champ d'investigation puis dans la constitution d'une arborescence, plus cette phase sera réalisée avec fluidité (voir chapitre 1). Reprenons l'exemple de l'enquête Equatoria. Le chargé d'études souhaite connaître la « fréquence de consommation » de jus d'orange dans sa population cible. Selon l'indicateur choisi, selon la formulation de sa question, il n'obtiendra pas la même qualité d'information. Pour les comportements, il est important de préciser la période de temps à prendre en compte, en restant réaliste, ou même parfois l'espace dans lequel on se situe. On évitera ainsi les adverbes trop généraux comme « habituellement » ou « souvent », qui donnent lieu à des interprétations différentes de la part des répondants. On proposera plutôt au répondant de se situer sur une échelle contenant des périodes objectives : tous les jours, une fois par semaine, une fois par mois etc.

2.5 La neutralité

« On fait dire aux sondages ce qu'on veut », dit l'adage. Il est vrai que, selon la tonalité de la question, on peut induire plus ou moins fortement une réponse. Il convient de rester impartial dans l'intitulé de la question afin de ne pas « orienter » les réponses. Ce phénomène peut être accentué en présence d'un enquêteur qui manifesterait une attitude particulière à l'énoncé d'une interrogation ou à l'annonce d'une réponse. On sait que l'effet de « désirabilité sociale » joue dans les enquêtes assistées et que certains répondants peuvent être tentés d'apporter une réponse jugée convenable ou valorisante. Il faudra rédiger le questionnaire en évitant cet écueil et donner des consignes aux enquêteurs dans ce sens.

2.6 La variété

Le recours à différents types de réponses introduit de la variété dans le processus d'interrogation. Les questionnaires qui ne présentent par exemple qu'une succession massive et monotone de plusieurs batteries d'échelles entraîneront plus de refus de répondre, plus de réponses manquantes et plus de réponses systématiques. Le questionnaire étant un acte de communication, introduisons de l'agrément par la variété, n'oublions pas que le **plaisir de répondre** est fortement présent parmi les motivations des personnes à qui nous nous adressons. C'est une des fonctions des questions ouvertes : varier le rythme, laisser un peu de liberté après une série de questions fermées, stimuler en déclenchant un niveau de réflexion un peu supérieur. Dans les enquêtes d'image ou de satisfaction, par exemple, le « portrait chinois » est très efficace, car il peut introduire un aspect ludique tout en apportant un angle de vue complémentaire. Le portrait chinois consiste à demander au répondant d'associer à la marque ou à l'entreprise un animal, un sport, un titre de film ou une couleur. Les questions se formulent de la manière suivante : « Si Equatoria était un animal, ce serait… ».

Évaluation du questionnaire

Au stade Élaboration du questionnaire, vous avez accès à l'Évaluation du questionnaire. Sphinx vous demande tout d'abord de spécifier le contexte de votre travail, afin de vous renvoyer les conseils les mieux adaptés aux caractéristiques de votre enquête :

- le **contexte de l'étude** : son objectif, le mode de collecte, la cible et le nombre de réponses attendues ;
- le **contexte de la collecte** : le nombre de questionnaires diffusés ou de contacts pris, la nature de l'enquête (sondage ou enquête exhaustive), les éventuels quotas à respecter ;
- le **contexte de l'analyse** : les questions clés qui seront particulièrement importantes dans les analyses à effectuer.

En fonction des éléments que vous aurez déclarés, le logiciel propose un diagnostic (voir figure 2.2) portant sur :

- le nombre de questions, leurs types et leur formulation ;
- la complexité du questionnaire ;
- le temps estimé de saisie.

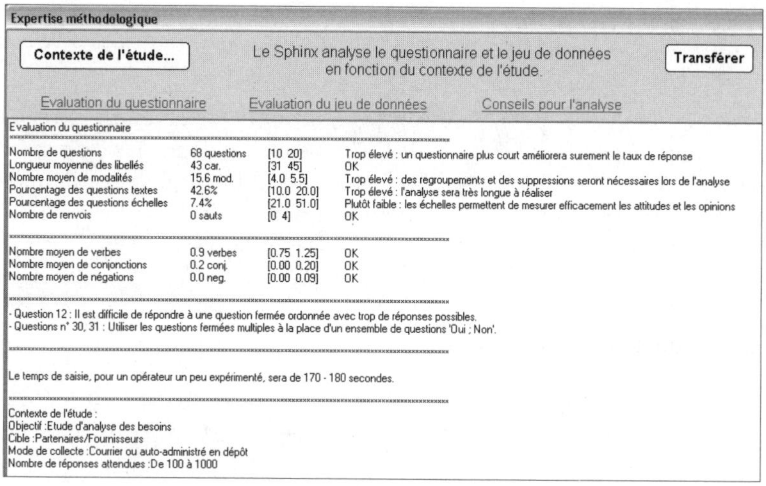

Figure 2.2

Exemple de résultats pour l'évaluation du questionnaire.

Bibliothèque de questions

À partir du menu de définition d'une question, grâce au bouton Bibliothèque, on accède à des questions qui peuvent être choisies et introduites dans le questionnaire en cours d'élaboration avec le bouton Remplir. Celles-ci sont classées par thèmes : identité, comportement, opinion, etc. Ce sont des questions très classiques que l'on retrouve fréquemment dans les enquêtes. Une fois chargée dans le questionnaire en cours d'élaboration, on peut bien entendu la modifier et l'adapter au contexte de son enquête. Inversement, le bouton Enrichir permet d'ajouter à la bibliothèque une question de votre questionnaire en cours d'élaboration.

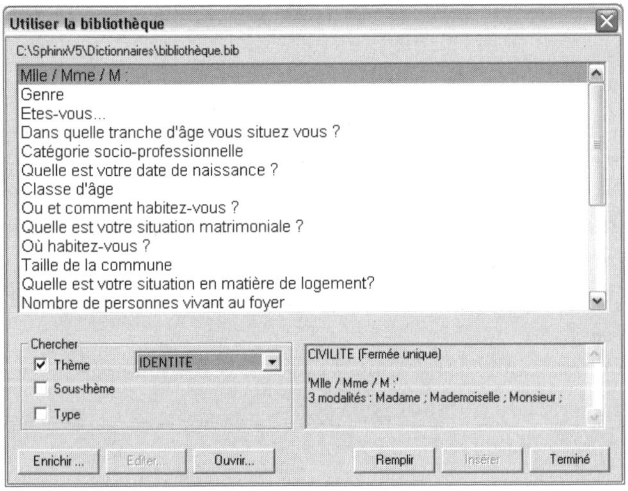

Figure 2.3

Utilisation de la bibliothèque de questions dans Sphinx.

Focus 1 — **Définir un « barème »**

Définir un « barème » consiste à associer à chaque modalité d'une question fermée une **valeur numérique** (ou un **poids**), qui sera ensuite prise en compte au moment du dépouillement. Cette technique s'utilise typiquement dans le cas d'un QCM d'évaluation ou d'un *scoring*. On pourra ainsi calculer un **score** en fonction des réponses enregistrées, l'évaluation de prospects par exemple, ou produire automatiquement le résultat d'un test de connaissances.

Dans le cas des questions échelles, la même fonction permet d'associer aux échelons les valeurs de notre choix. Au dépouillement, on utilisera ces valeurs pour calculer la valeur moyenne de l'échelle. Ce sont elles qui seront également prises en compte pour tous les traitements numériques.

À partir d'une échelle de Likert, on peut ainsi associer un barème pour obtenir une restitution des résultats sous forme d'une note sur 10. Dans l'exemple ci-après (voir figure 2.5), le point de vue des chercheurs interrogés sur l'ultraspécialisation de leur discipline est retranscrit par une moyenne sur 10. Avec une note de 5,16 sur 10, on voit clairement que les avis sont assez partagés sur la question.

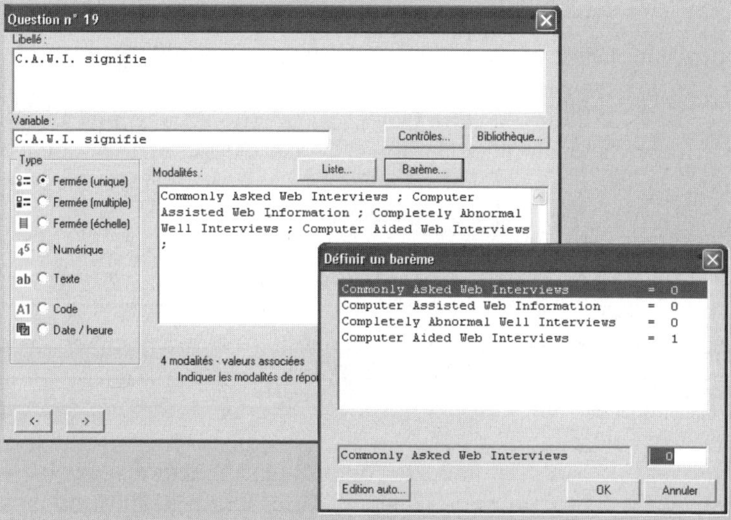

Figure 2.4

La définition d'un barème dans Sphinx.

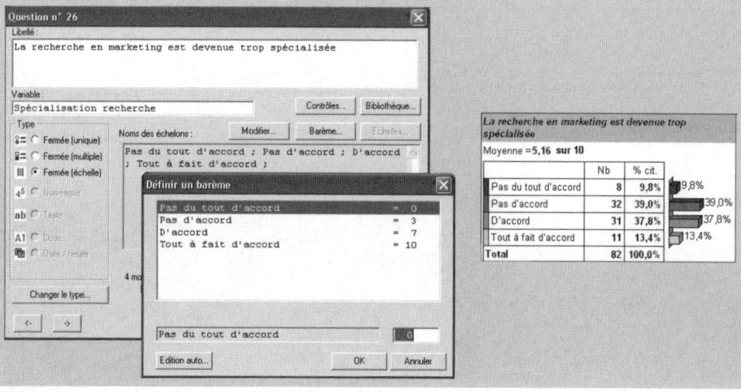

Figure 2.5

Résultats issus d'une question soumise à un barème.

3 La mise en forme du questionnaire

Comme pour tous les documents, le soin apporté à la présentation du questionnaire contribue positivement à son impact. Là aussi, sa conception est guidée par son contexte d'utilisation et notamment par la méthode d'administration. Quels sont les différents publics qui seront confrontés au questionnaire et quelles sont leurs attentes respectives ?

3.1 Les enquêteurs en face en face

Ce sont la lisibilité des questions et des consignes qui constituent l'élément le plus important dans ce cas. Peu d'éléments décoratifs seront ajoutés, afin de permettre une certaine concentration des questions sur un nombre limité de pages : une ou deux pages A4.

3.2 Les enquêteurs par téléphone

Ils peuvent utiliser un questionnaire papier ou écran. Dans le second cas, l'ergonomie du questionnaire constitue un élément important pour l'efficacité de leur travail. On conseillera d'inclure entre trois et six questions par écran. L'utilisation de quelques couleurs permet de faciliter la mise en évidence des consignes, des questions plus importantes, des relances, etc. Nous consacrons dans cet ouvrage une section spécifique aux enquêtes par téléphone (voir section 3 du chapitre 4).

3.3 Les répondants pour les enquêtes postales

Ils sont sensibles à la présentation du questionnaire, à commencer par sa lettre ou son paragraphe d'introduction. Les consignes et instructions relatives au format des réponses attendues doivent être clairement spécifiées (nombre de réponses possibles, classement demandé, etc.). Si le budget le permet, on éditera un questionnaire en couleurs, en respectant la charte graphique de l'organisme émetteur. On évitera les polices de caractère trop classiques comme le Times ou l'Arial. Quelques illustrations augmenteront sans conteste l'attrait du document. Il est évident que, au-delà de deux pages, la perception de longueur nuit à la motivation de votre contact.

Figure 2.6

Extrait d'un questionnaire de satisfaction destiné aux clients d'un camping.

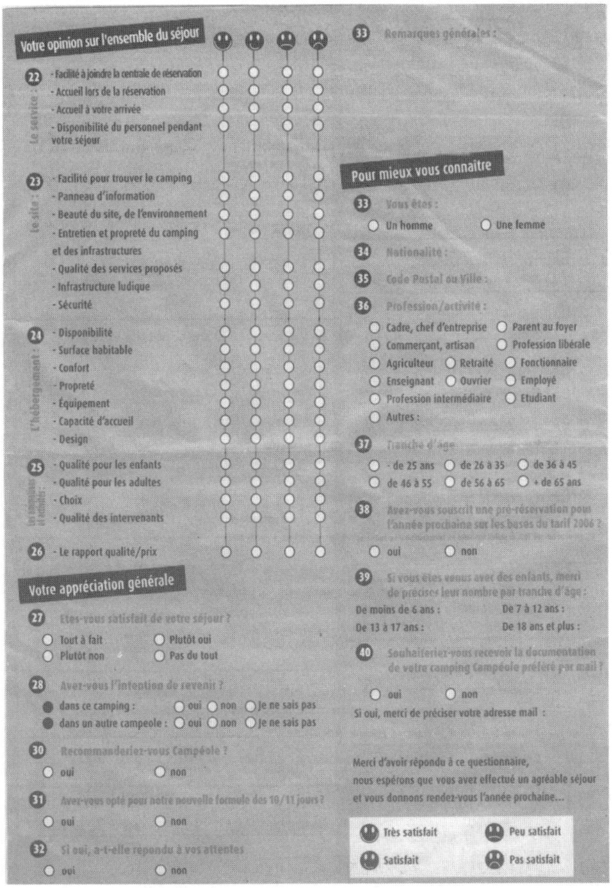

Votre opinion sur l'ensemble du séjour

Le service :
22 - Facilité à joindre la centrale de réservation
- Accueil lors de la réservation
- Accueil à votre arrivée
- Disponibilité du personnel pendant votre séjour

Le site :
23 - Facilité pour trouver le camping
- Panneau d'information
- Beauté du site, de l'environnement
- Entretien et propreté du camping et des infrastructures
- Qualité des services proposés
- Infrastructure ludique
- Sécurité

L'hébergement :
24 - Disponibilité
- Surface habitable
- Confort
- Propreté
- Équipement
- Capacité d'accueil
- Design

25 - Qualité pour les enfants
- Qualité pour les adultes
- Choix
- Qualité des intervenants

26 - Le rapport qualité/prix

Votre appréciation générale

27 Etes-vous satisfait de votre séjour ?
Tout à fait — Plutôt oui
Plutôt non — Pas du tout

28 Avez-vous l'intention de revenir ?
dans ce camping : oui non Je ne sais pas
dans un autre campeole : oui non Je ne sais pas

30 Recommanderiez-vous Campéole ?
oui — non

31 Avez-vous opté pour notre nouvelle formule des 10/11 jours ?
oui — non

32 Si oui, a-t-elle répondu à vos attentes
oui — non

33 Remarques générales :

Pour mieux vous connaitre

33 Vous êtes :
Un homme — Une femme

34 Nationalité :

35 Code Postal ou Ville :

36 Profession/activité :
Cadre, chef d'entreprise — Parent au foyer
Commerçant, artisan — Profession libérale
Agriculteur — Retraité — Fonctionnaire
Enseignant — Ouvrier — Employé
Profession intermédiaire — Etudiant
Autres :

37 Tranche d'âge
- de 25 ans — de 26 à 35 — de 36 à 45
de 46 à 55 — de 56 à 65 — + de 65 ans

38 Avez-vous souscrit une pré-réservation pour l'année prochaine sur les bases du tarif 2006 ?
oui — non

39 Si vous êtes venus avec des enfants, merci de préciser leur nombre par tranche d'âge :
De moins de 6 ans : — De 7 à 12 ans :
De 13 à 17 ans : — De 18 ans et plus :

40 Souhaiteriez-vous recevoir la documentation de votre camping Campéole préféré par mail ?
oui — non
Si oui, merci de préciser votre adresse mail :

Merci d'avoir répondu à ce questionnaire,
nous espérons que vous avez effectué un agréable séjour
et vous donnons rendez-vous l'année prochaine...

Très satisfait — Peu satisfait
Satisfait — Pas satisfait

3.4 Les répondants sur l'Internet

Les formulaires disponibles sur l'Internet offrent désormais de nombreuses possibilités de mise en forme qui permettent d'être plus pertinent dans le scénario du questionnaire : notamment renvois, présentation conditionnelle de certaines questions, interactivité. On aura la possibilité d'inclure des consignes, des relances, des rappels, mais aussi des illustrations afin d'optimiser l'agrément du formulaire. Nous consacrons dans cet ouvrage une section spécifique aux enquêtes par l'Internet (voir section 2 du chapitre 4).

Mise en forme du questionnaire

Deux types de mises en forme sont disponibles dans Sphinx. La première est réservée à une édition simple et rapide, qui peut convenir pour une version de travail ou pour une administration en face en face par des enquêteurs. La seconde est adaptée pour les enquêtes *via* l'Internet, par scanner ou par téléphone. Elle permet également une mise en forme riche et personnalisée pour les questionnaires papier.

1. Au stade Élaboration du questionnaire, choisissez Impression rapide.

Cette séquence lance la mise en forme du questionnaire qui s'affiche dans la fenêtre Impression des questionnaires.

À l'aide du bouton Mise en page, vous modifierez les règles de mise en forme : disposition sur une ou plusieurs colonnes, contenu de l'en-tête, numérotation et présentation des questions, choix des polices, type d'affichage des réponses. Les options paramétrables dans les différents onglets offrent de nombreuses possibilités et permettent d'obtenir un document opérationnel très rapidement.

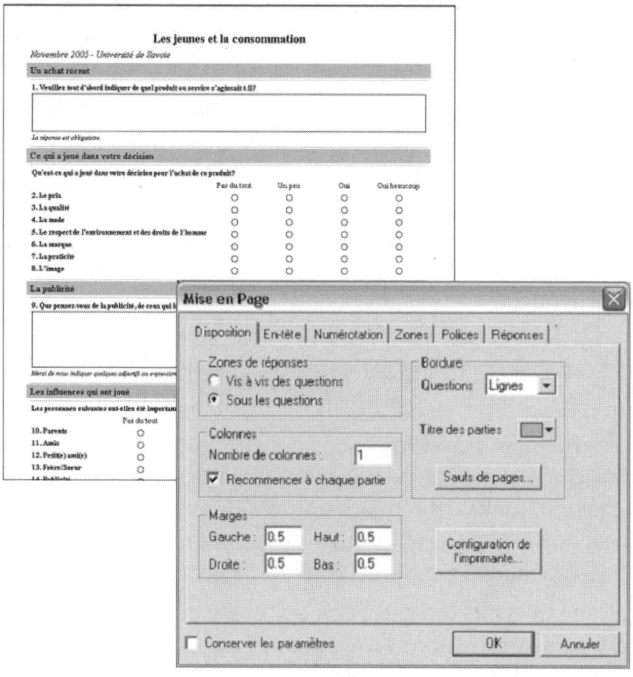

Figure 2.7

Mise en forme rapide du questionnaire dans Sphinx.

L'option Conserver les paramètres assure l'enregistrement de vos modifications et leur restitution à la prochaine mise en page automatique. Le bouton Imprimer lance l'impression.

Attention : l'orientation du papier se définit dans le dialogue avec l'imprimante en choisissant Configuration de l'imprimante.

Fichier, Inclure dans le rapport lance Word dans lequel votre questionnaire est copié conformément aux options de mise en forme choisies dans la fonction Mise en page.

2. Il existe aussi une mise en forme riche et personnalisée : depuis le stade Élaboration du questionnaire du panneau de commandes central, choisissez Formulaires multimédia, Formulaire, Nouveau formulaire, puis Papier – pour un questionnaire papier par exemple.

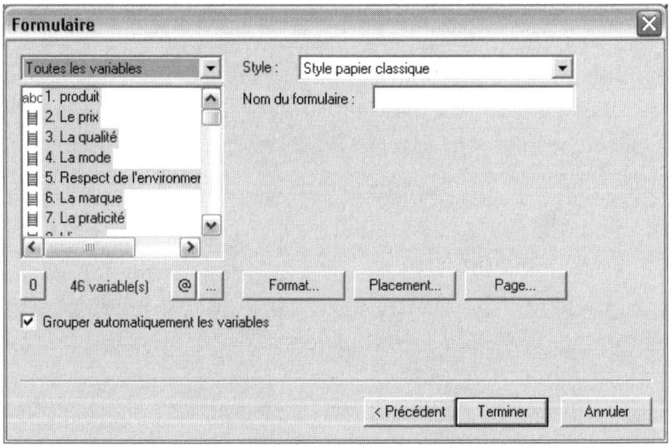

Figure 2.8

Réalisation d'un formulaire multimédia.

On crée un nouveau formulaire : en sélectionnant toutes les variables de l'enquête (bouton @) ; en choisissant un **style** de présentation dans le menu déroulant en haut à droite ; puis en cliquant sur Terminer**.**

On est ensuite dans un nouvel environnement de travail de type « WYSIWYG » (*What You See Is What You Get*), où chaque question, groupe de questions, légende ou illustration constitue un objet indépendant. On peut pour chaque objet : modifier ses propriétés d'un clic droit, puis en sélectionnant Modifier le format ou en double-cliquant sur l'objet ; le déplacer dans la page ou sur une autre page ; appliquer ses propriétés à un objet similaire : en cliquant droit, en sélectionnant Copier le format puis Coller le format sur un autre objet.

Dans les **propriétés des questions**, on peut notamment : changer les différentes couleurs ou polices de caractère ; afficher ou non les numéros de questions et de modalités ; définir la disposition et l'alignement des zones de saisie.

Dans les formulaires multimédias, on peut placer tous les objets souhaités : en cliquant dans la liste des **variables**, pour ajouter une question (cliquez-glissez ou double cliquez) ; en cliquant dans la liste des **images** pour ajouter une illustration ; à partir du menu Insertion, pour une question, un groupe de questions ou toutes les questions d'une partie ; à partir du même menu Insertion, pour une légende, une image ou une forme graphique.

Le questionnaire peut être imprimé ou transféré dans Office avec les commandes suivantes : Fichier, Imprimer pour l'imprimer ; Fichier, Enregistrer dans Office pour reproduire le formulaire dans Word ou PowerPoint.

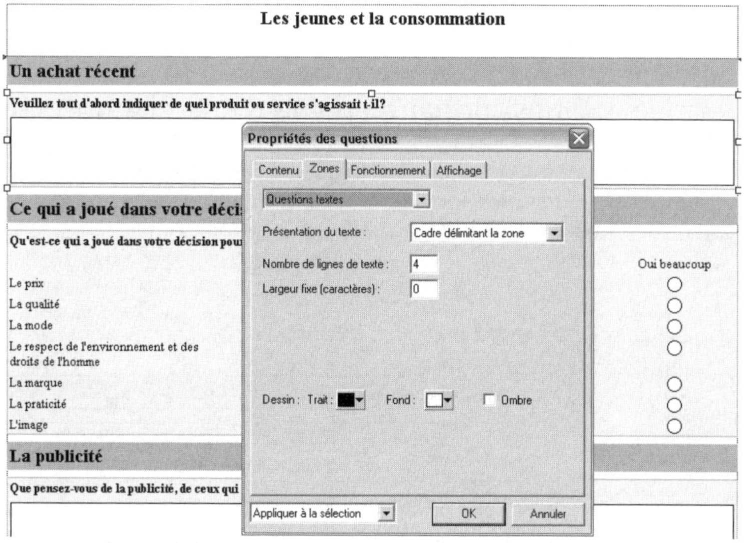

Figure 2.9

Les propriétés des questions dans les formulaires multimédias.

4 Le prétest du questionnaire

Finalement, une fois le questionnaire rédigé, la meilleure manière d'en apprécier la qualité reste le test en grandeur nature. Quand le temps et le budget le permettent, prétester le questionnaire s'avère indispensable. On organisera ce test sur un échantillon de 15 à 30 répondants, en conditions réelles. À l'issue du questionnaire, on prévoira d'interroger les interviewés sur la perception qu'ils en ont eue : la durée, la clarté des questions, la difficulté éventuelle pour répondre à certaines interrogations notamment. Pour les études assistées, en face en face ou au téléphone, on organisera un débriefing très utile avec les enquêteurs afin de recueillir leurs impressions sur le déroulement des interviews. Les résultats du prétest présideront à la rédaction de la version définitive du questionnaire.

Résumé

La rédaction d'un questionnaire est un exercice difficile. On doit simultanément prendre en compte des contraintes divergentes qu'il est difficile de concilier harmonieusement. De son côté, le commanditaire de l'étude veut profiter de l'opportunité d'une enquête pour aborder un maximum de thèmes différents. L'analyste – quant à lui – cherche à obtenir des données dans le format le mieux adapté à ses possibilités de traitements statistiques. Le répondant enfin cherche à minimiser l'effort qu'il va consentir pour l'enquête.

Le chargé d'études devra trouver le juste milieu entre ces « forces » antagonistes. Il lui faudra être ferme avec son commanditaire pour lui imposer un périmètre d'étude le plus spécifique possible. Il devra faire preuve d'empathie pour choisir la bonne approche qui motivera au mieux les répondants. Enfin, il sera rigoureux au plan méthodologique pour que le questionnaire soit cohérent avec les dépouillements envisagés.

Exercices

Exercice 1. Questionnaire en vue d'une élection présidentielle

Les questions suivantes sont issues d'un sondage visant à recueillir l'avis des Français sur la campagne de l'élection présidentielle. Critiquez leur formulation. Quel(s) principe(s) de rédaction n'est (ne sont) pas respecté(s) ? Proposez une meilleure formulation de ces questions.

a. **Estimez-vous normal que les chaînes de TV accordent peu de place aux personnalités suivantes tant qu'on n'est pas sûr qu'elles obtiendront les 500 signatures nécessaires pour être candidates à la présidentielle ?**

	C'est normal	Ce n'est pas normal	Sans opinion
Karine Lafeuille			
Éric Nihil			
Colas Durand-Onion			

b. **M. Varsovy doit-il, selon vous, être considéré comme comptable du bilan de l'action de la majorité au pouvoir depuis 5 ans… ?**

Oui ; Non ; Sans opinion.

c. **Parmi les trois Premiers ministres du président sortant, lequel, selon vous, a porté le diagnostic le plus juste sur la société française ?**

A ; B ; C ; Sans opinion.

d. Les chiffres du chômage depuis un an vous paraissent-ils refléter une baisse qui correspond à la réalité ?

Oui, tout à fait ; Oui, plutôt ; Non, plutôt pas ; Non, vraiment pas ; Sans opinion.

e. À vos yeux, les formules suivantes réunissent-elles deux notions…

	… complémentaires ?	… ou contradictoires ?	Sans opinion
La rupture tranquille			
L'ordre juste			
Le libéralisme régulé			

Solution

a. **Tableau 2.1 : Critiques de la formulation des questions de l'enquête sur la campagne électorale**

Critiques	Principes non respectés	Reformulation
Question a		
La formulation est beaucoup trop longue. Du coup, que doit-on évaluer ? La place trop faible accordée à certains candidats ? La nécessité d'attendre qu'ils aient recueilli les 500 signatures pour laisser du temps d'antenne ? Par ailleurs, l'expression « tant qu'on n'est pas sûr » n'est pas neutre.	Concision Simplicité Unicité Neutralité	Les médias doivent-ils attendre que les candidats recueillent leurs 500 signatures pour leur donner la parole ?
Question b		
« … doit-il être considéré comme comptable du bilan… » est trop complexe. Le niveau de langue est trop relevé, non adapté au grand public. « Doit-on considérer »… est trop indirect.	Simplicité	Selon vous, M. Varsovy est-il responsable du bilan du gouver-nement depuis 2002 ?

Le principe est le même pour les réponses aux questions c, d et e. La version complète du corrigé de cet exercice s'obtient à l'adresse : **www.suristat.fr/rubrique29.html**.

Exercice 2. Observatoire de la vie étudiante

L'observatoire national de la vie étudiante souhaite étudier les « valeurs » importantes aux yeux des étudiants français aujourd'hui. On envisage une enquête par l'Internet.

1. Parmi les quatre versions du questionnaire qui vous sont proposées, choisissez celle qui vous semble la plus pertinente et justifiez votre choix :
   a. lien vers version 1 : **http://www.sphinxonline.com/infos/site_internet/coursenligne/Questionnaires/valeurs1/questionnaire_n°1.htm** ;
   b. lien vers version 2 : **http://www.sphinxonline.com/infos/site_internet/coursenligne/Questionnaires/valeurs2/questionnaire_n°2.htm ;**
   c. lien vers version 3 : **http://www.sphinxonline.com/infos/site_internet/coursenligne/Questionnaires/valeurs3/questionnaire_n°3.htm** ;
   d. lien vers version 4 : **http://www.sphinxonline.com/infos/site_internet/coursenligne/Questionnaires/valeurs4/questionnaire_n°4.htm**.
2. Quelles sont les questions d'identité qui vous apparaissent comme les plus intéressantes à poser dans ce questionnaire ?
3. À partir du formulaire n° 4, déterminez si les questions 1, 15, 25, 34, 44 et 46 sont des questions de comportement, d'opinion, de motifs ou d'identité.

Solution

1. a. Le formulaire n° 1 (jaune) n'est pas suffisamment bien rédigé. Le libellé des questions est trop conceptuel. Par exemple : « Sentiment d'appartenance » au lieu de « Pendant mon passage dans l'établissement, je souhaite apporter ma pierre à l'édifice… ».

   b. Le formulaire n° 2 (vert) est mal structuré. Il commence par des questions d'identité, trop personnelles, notamment le salaire attendu. Les questions d'identité sont d'ailleurs dispersées dans le questionnaire – questions 2 à 4 puis 37 à 39…

   c. Le formulaire n° 3 (noir et blanc) n'utilise pas toutes les possibilités de présentation d'un formulaire de ce type : photos, couleurs, échelles de réponse, etc.

   d. Le questionnaire le plus pertinent est donc le n° 4 (le bleu).

   – Il respecte une structure cohérente : comportement universitaire, comportement dans la vie professionnelle, loisirs et vie associative, valeurs privilégiées, qualités jugées importantes, identité.

   – Il respecte l'ordre théorique préconisé : comportement, opinion, motifs, identité.

   – De plus, la rédaction des questions est bien adaptée aux étudiants qui vont y répondre, et sa présentation utilise les différentes possibilités de mise en page.

2. Il faut raisonner en fonction des hypothèses que l'on a à l'esprit. Qu'est-ce qui peut « théoriquement » influencer les valeurs et les comportements des étudiants ? On pensera par exemple à l'âge, au genre, à l'origine géographique, à la filière d'origine, aux revenus disponibles, à la situation en matière de logement. Ces questions d'identité serviront ensuite à établir des tris croisés, afin de tester nos hypothèses de départ pour déterminer si, par exemple, l'âge influence le sentiment d'autonomie.

3. Le tableau 2.2 illustre le thème associé à chaque numéro de question :

Tableau 2.2 : Thèmes associés aux questions de l'observatoire de la vie étudiante

Questions	Thèmes
1	Comportement
15	Comportement
25	Opinion
34	Opinion
44	Identité
46	Identité

Exercice 3. Enquête Fair Brand (suite)

Reprenez l'étude de cas Fair Brand présentée à l'exercice 3 du chapitre 1.

a. Considérons que cette enquête soit gérée par un groupe d'étudiants de l'ESC Monaco. Elle serait déployée par l'Internet auprès d'une liste de contacts e-mail obtenus auprès de différentes associations françaises, écologistes ou altermondialistes.

Rédigez l'e-mail d'invitation pour participer à l'étude.

b. À partir du champ d'investigation et de l'arborescence que vous avez préalablement définis, proposez à cette entreprise un projet de questionnaire qui comprendra entre 20 et 40 questions.

c. Mettez en forme ce questionnaire dans les formulaires multimédias du logiciel Sphinx, dans le but de le publier sur l'Internet. Choisissez dans un premier temps une présentation plutôt sobre dominée par deux couleurs, bleu et orange, avec quelques illustrations.

Solution

a. E-mail d'invitation

Bonjour,

Nous sommes étudiants à l'ESC Monaco et, dans le cadre d'un de nos cours, nous réalisons une enquête sur le commerce équitable.

Nous vous serions reconnaissants de bien vouloir répondre à notre questionnaire ; pour ce faire, vous devez cliquez sur le lien **www.sphinxonline.net/public/comeq/quest.htm**. La session durera sept ou huit minutes.

Vos coordonnées nous ont été communiquées par une association dont vous êtes membre. Bien entendu, nous nous engageons à les utiliser uniquement pour cette étude. Par ailleurs, vos réponses demeurent anonymes et confidentielles.

Pour tout renseignement sur cette enquête, n'hésitez pas à contacter Claire Michel par téléphone au 09 50 09 24 09 ou par mail : **claire.michel@escmonaco.mc**.

Nous vous remercions par avance de votre aide qui nous sera fort précieuse et nous vous prions de recevoir nos meilleures salutations.

Les étudiants de 2e année de l'ESC Monaco et leur professeur Stéphane Grimaldi

P.S. : Si vous souhaitez recevoir les résultats de ce sondage, merci de nous le signaler par retour de mail.

b. Questionnaire

Votre connaissance du commerce équitable

1. **Nous allons parler de « commerce équitable ». Pensez-vous savoir de quoi il s'agit ?**

   Exactement ; Assez bien ; Assez mal ; Très mal.

   Voici une définition précise du commerce équitable :

   « Le commerce équitable garantit au producteur un tarif de vente minimal, au prix d'un surcoût volontairement accepté par le consommateur. Concrètement, les principales idées ou règles du commerce équitable sont … »

2. **Comment avez-vous entendu parler du commerce équitable ?**

   Jamais entendu parler ; Télévision ; Radio ; Presse ; Bouche-à-oreille ; Magasins ; L'Internet ; Conférence-séminaire ; Autre.

3. D'après l'idée que vous vous en faites, trouvez-vous cela :

   Très négatif ? Assez négatif ? Assez positif ? Très positif ?

4. **Connaissez-vous des marques ou des labels de commerce équitable ? Pourriez-vous nous en citer ?**

5. **Êtes-vous suffisamment informé(e) sur les produits du commerce équitable ?**

   Pas du tout ; Plutôt non ; Plutôt oui ; Tout à fait.

6. **Achetez-vous des produits issus du commerce équitable ?**

   Oui ; Non.

Votre consommation de produits issus du commerce équitable

7. **Vous achetez ce type de produits...**

   Toutes les semaines ; Tous les 15 jours ; Tous les mois ; Plusieurs fois dans l'année ; J'en ai acheté une fois ou deux seulement.

8. **Trouvez-vous facilement des produits de commerce équitable ?**

   Pas du tout ; Plutôt non ; Plutôt oui ; Tout à fait.

9. **Quels sont les produits issus du commerce équitable que vous achetez RÉGULIÈREMENT ?**

   Café ; Jus de fruits ; Vin ; Riz ; Pâtes ; Sucre ; Confiture ; Fruits secs ; Fruits frais ; Textile ; Cosmétiques ; Produits artisanaux ; Autres.

10. Pour « Autres », précisez :

11. **Référons-nous maintenant AU DERNIER PRODUIT que vous avez acheté, issu du commerce équitable... De quoi s'agissait-il ?**

    Café ; Jus de fruits ; Vin ; Riz ; Pâtes ; Sucre ; Confiture ; Fruits secs ; Fruits frais ; Textile ; Cosmétiques ; Produits artisanaux ; Autre.

12. **Où l'avez-vous acheté ?**

    Grande surface ; Supérette ; Magasin spécialisé commerce équitable ; Magasin bio ; Commerçant non spécialisé en commerce équitable ; L'Internet ; Marché ; Comité d'entreprise ; Autre.

À compléter…

La version complète du questionnaire, qui permet également de visualiser sa mise en forme (question 3), s'obtient à l'adresse : **www.suristat.fr/rubrique29.html**.

Chapitre 3

La qualité des réponses

Recueillir des réponses de bonne qualité constitue sans nul doute l'une des préoccupations centrales du chargé d'études. Reste à préciser ce que l'on entend par réponses « de bonne qualité ». Quand on diffuse une enquête par questionnaire, intuitivement et sans connaissance théorique préalable, on a le sentiment d'être soumis à des risques d'erreur potentiels. Si certaines phases de l'enquête se déroulent mal (rédaction du questionnaire, choix des interviewés ou collecte des données par exemple), les réponses ne seront pas réellement exploitables. Tantôt ami, tantôt ennemi du chargé d'études, le statisticien vigilant est toujours présent pour rappeler à l'homme d'études qu'il doit se munir d'un maximum de précautions avant de partir sur le « terrain ». Voyons tout d'abord quels sont les indicateurs de la qualité des réponses, avant de présenter les règles et les techniques qui permettent de les atténuer – voire de les éviter.

1 Les indicateurs de qualité des réponses

Quels indicateurs utiliser pour apprécier la qualité des réponses recueillies ? Quels sont les standards de la profession, qui permettront de situer ses résultats à des valeurs de référence et, donc, de savoir si les réponses atteignent une qualité suffisante ? Que peut-on faire pour corriger des réponses dont la qualité se révélerait insuffisante ? En amont, avant de lancer l'enquête, on souhaite connaître les facteurs qui influencent la qualité des réponses ou qui permettront de l'optimiser lors de la prochaine session. Au-delà des mesures habituellement utilisées, le taux de réponse notamment, il existe d'autres indicateurs pertinents qui offrent un point de vue plus qualitatif sur la valeur des réponses recueillies.

1.1 Le taux de retour ou taux de réponse

Définition et standards

Le taux de réponse mesure le pourcentage d'individus ayant répondu au questionnaire par rapport à l'ensemble des individus contactés. Les valeurs de référence varient énormément en fonction du médium utilisé et de la population interrogée. Une étude comparative portant sur une centaine d'articles spécialisés a permis d'estimer les moyennes de taux de réponse à 80 % pour les enquêtes en face en face et à 70 % pour celles par téléphone. Pour les enquêtes par courrier ou par l'Internet, en excluant les mauvaises adresses, on peut être satisfait d'un taux de réponse supérieur à 10 ou 15 % auprès d'une population non captive. Pour une étude diffusée auprès des collaborateurs d'une entreprise ou des étudiants d'un établissement – un public dit captif –, le seuil de 50 % représente un objectif réaliste.

Leviers pour l'optimisation

De nombreuses techniques sont disponibles pour favoriser le taux de réponse. Rappelons celles qui ont nettement démontré leur impact positif :

- **Des contacts multiples.** L'une des méthodes les plus efficaces est sans doute la mise en œuvre de **contacts multiples**. Les experts préconisent notamment l'envoi d'un message de *prénotification* ; ce dernier informera les personnes cibles qu'on les contactera prochainement pour répondre à un questionnaire sur un thème donné. Elle prévoit également une ou deux *relances* auprès des non-répondants.
- **Un message d'invitation bien rédigé.** Quelle que soit la méthode de collecte, la décision de participer ou non à l'enquête se joue généralement dans les toutes premières secondes, d'où l'importance du **message d'invitation** (voir chapitre 2). Le réalisateur de l'enquête insistera sur l'utilité de l'étude et sur l'importance d'y contribuer. Il expliquera comment et pourquoi la personne a été choisie. Il informera sur le temps nécessaire pour répondre et il rassurera sur la simplicité et l'agrément du questionnaire.
- **Une incitation concrète à répondre.** Il est désormais acquis que les ***incentives*** proposés ont un effet très positif sur le taux de réponse. La probabilité de réponse est en effet augmentée de 20 à 30 %. Les principales rétributions envisageables sont les résultats de l'enquête en retour, la participation à un tirage au sort, un bon d'achat ou une rétribution financière directe ou enfin le versement d'une somme à une association caritative.

1.2 Le taux d'achèvement

Définition et standards

Le taux d'achèvement mesure le pourcentage d'individus ayant répondu à la totalité du questionnaire par rapport à l'ensemble des individus qui l'ont commencé. Ses valeurs de référence varient également en fonction du mode de collecte et de la nature de la population interrogée. Bien entendu, le taux d'achèvement est bien meilleur pour les enquêtes assistées, où l'enquêteur peut maintenir l'interaction et prévenir toute tentative d'abandon. Pour les enquêtes autoadministrées, sans enquêteur, le taux d'achèvement est logiquement moins élevé. On dispose par exemple de données fiables et nombreuses sur le comportement des répondants sur l'Internet, grâce aux enregistrements de requêtes fournis par les serveurs. On estime entre 75 et 80 % le taux d'achèvement moyen.

Leviers pour l'optimisation

Comme pour la participation à l'enquête, la décision d'abandonner se prend dans les premiers instants du processus de réponse. Il est donc fondamental dans ces premiers moments (premières questions, premiers écrans) de faire en sorte que le répondant perçoive le questionnaire comme simple, clair et intéressant. Dans les enquêtes Web par exemple, on pourra inclure un indicateur de progression qui situe le répondant par rapport à l'état d'avancement du questionnaire.

Indicateurs de progression

Dans Sphinx, les indicateurs de progression s'activent à partir des propriétés du formulaire multimédia, dans l'onglet Taille. On y définit notamment l'emplacement de la barre de navigation et le type d'indicateur utilisé : on édite soit une barre de progression, soit les numéros de pages.

Figure 3.1

Paramétrage de l'indicateur de progression dans Sphinx.

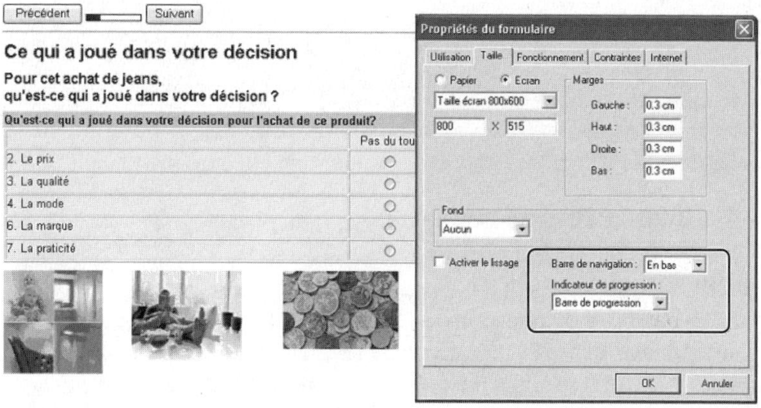

1.3 Le taux de remplissage

Définition et standards

Le taux de remplissage permet d'évaluer le poids, en pourcentage, des questions auxquelles l'interviewé a réellement répondu par rapport à l'ensemble des questions proposées dans l'enquête. En l'absence de question obligatoire, on peut considérer qu'un taux de remplissage global supérieur à 75 % est satisfaisant pour les enquêtes autoadministrées. Le seuil de référence est bien entendu plus haut pour les enquêtes assistées, où l'on peut s'attendre à un taux de remplissage supérieur à 85 ou 90 %, grâce à la présence de l'enquêteur. Naturellement, le nombre de questions ouvertes du questionnaire influence l'objectif que l'on s'est fixé : on considère qu'un taux de remplissage de 50 % est convenable pour les questions ouvertes.

Leviers pour l'optimisation

Pour inciter les personnes interrogées à répondre à chaque question, sans aller jusqu'à les forcer, au téléphone ou en face en face, l'enquêteur n'hésitera pas à formuler des **relances** en cas de difficulté. Le protocole d'interrogation peut prévoir de poser la question une seconde fois en reformulant ou en fournissant des précisions. Dans le même ordre d'idée, sur l'Internet, on pourra programmer des **alertes**, des **consignes** ou tout autre élément interactif pour définir une réponse comme obligatoire. Dans ce cas, le répondant ne sera pas autorisé à poursuivre en cas de non-réponse à une question donnée ; cette option est à utiliser avec modération.

Figure 3.2

Alerte pour signaler une réponse obligatoire en ligne.

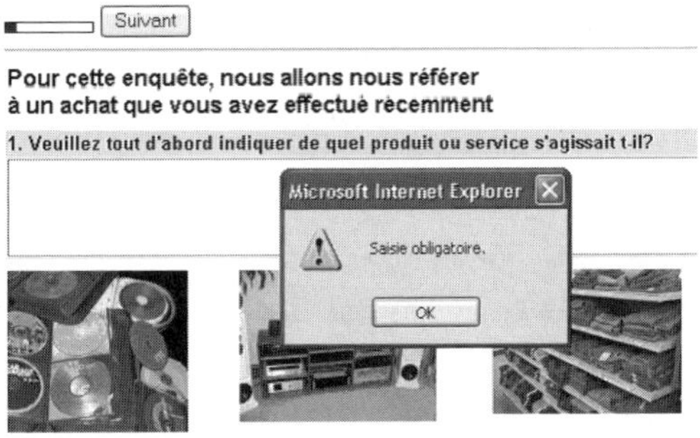

1.4 La variété des réponses

Définition et standards

Dans les batteries de questions échelles notamment (voir chapitre 1), un répondant peut avoir tendance à choisir toujours *les mêmes modalités*. On dit alors qu'il utilise des « sous-échelles » ou qu'il produit une « **non-différenciation** ». Ce comportement traduit clairement un manque d'intérêt ou un faible degré d'effort dans le processus de réponse. Il peut donc être pertinent d'identifier les individus « non différenciateurs » qui donnent des réponses un peu trop systématiques, afin de les isoler des analyses ou de les supprimer. On considère qu'un individu produit des évaluations suffisamment variées quand il utilise plus de 50 % de l'ensemble des possibilités de réponse qui lui sont proposées.

Leviers pour l'optimisation

Si les individus n'utilisent pas toute la palette des réponses possibles, cela peut signifier que les échelles sont trop détaillées. Par ailleurs, il est recommandé d'éviter les batteries d'échelles contenant plus de dix questions qui se succèdent sans répit pour le répondant. Le bon sens dicte de proposer des questions variées… pour obtenir des réponses variées.

1.5 L'abondance des textes

Définition et standards

Cet indicateur permet d'évaluer la *longueur totale* (en nombre de mots) des réponses aux questions ouvertes textuelles. Une cinquantaine de caractères en moyenne (espaces compris), soit environ huit mots par question ouverte, est un résultat qui traduit une bonne implication de la part du répondant. En dessous de 25 à 30 caractères en moyenne (quatre mots), les réponses textuelles sont faiblement documentées.

Leviers pour l'optimisation

On favorisera des réponses riches aux questions ouvertes textuelles grâce à :

- un espace suffisant laissé à la disposition du répondant : l'équivalent de trois ou quatre lignes au minimum ;
- des illustrations dans le questionnaire ;
- d'éventuelles relances en cas de réponse trop courte, paramétrable dans les enquêtes Web (voir chapitre 4) ;
- une proportion équilibrée de questions ouvertes dans le questionnaire, pas plus de 25 % du total des questions.

Évaluation de la qualité de la base de réponses

Au stade Collecte des réponses, on accède à Évaluation du jeu de données : on obtient ainsi une mesure objective de la qualité des réponses recueillies sur les principaux indicateurs usuels. Sphinx demande tout d'abord de spécifier le contexte de l'étude, afin de retourner les conseils les mieux adaptés aux caractéristiques de l'enquête. En fonction des éléments déclarés, le logiciel propose un diagnostic portant notamment sur :

- le calcul des taux de retour et de remplissage ;
- le repérage des questions insuffisamment documentées, et des individus présentant des valeurs extrêmes ou aberrantes ;
- la caractérisation des données en termes de concentration, dispersion et richesse ;
- le décalage entre les réponses obtenues et d'éventuels quotas ;
- l'erreur d'estimation associée à votre enquête, s'il s'agit d'un sondage.

Figure 3.3

Exemple des résultats d'une évaluation des données dans Sphinx.

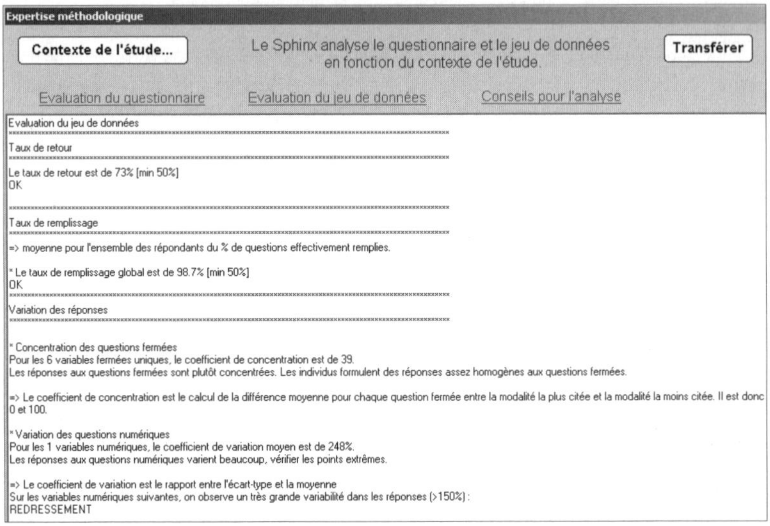

2 La précision de la population interrogée

Lors d'une enquête par questionnaire, on s'adresse à une population d'individus, de foyers, d'entreprises ou autres organismes. Les choix opérés dans la sélection de cette population à interroger vont grandement influencer la qualité des réponses collectées. Alors, combien de personnes doit-on interroger ? Comment les sélectionner ? Quelles doivent être les caractéristiques de ce groupe ?

En fait, le **volume** de cette population interrogée et sa **composition** détermineront respectivement la **précision** et la **représentativité** de l'étude... Autrement dit, on va devoir interroger un nombre suffisant d'individus, correctement représentatifs de l'ensemble de la population qui nous intéresse. Précision *et* représentativité sont nécessaires pour garantir une bonne fiabilité des réponses.

2.1 Recensement ou sondage ?

La précision de la population interrogée dépend principalement de sa taille. Schématiquement, trois situations peuvent se présenter. Curieusement, la littérature actuellement disponible sur les techniques d'échantillonnage ne semble retenir que le recensement ou le sondage. Il existe cependant une troisième situation intermédiaire : le sondage sur échantillon exhaustif.

Le recensement

Le *recensement* consiste à interroger *tous* les individus de la population à étudier, appelée également « population mère ». Il s'agit souvent d'un rêve inaccessible dans les enquêtes auprès du grand public, hormis pour l'INSEE. Dans les enquêtes en milieu professionnel, les recensements sont rares mais parfois possibles. Dans le cas d'un recensement pur, il n'y a pas d'**erreur d'estimation** et les résultats que l'on observe sont naturellement précis et représentatifs.

Le sondage pur

Faute de moyens, de temps ou d'information suffisante, on aura très souvent recours à un *sondage* portant sur un « échantillon ». L'*échantillon* est une sous-partie de la population mère, qui se substitue à elle, et qui doit la « représenter » au mieux. Faire appel à un échantillon introduit une « erreur d'estimation » que l'on peut calculer et dont nous fournirons la formule ultérieurement. En fonction de sa taille notamment, il produira une plus ou moins grande erreur et, donc, apportera une plus ou moins grande précision.

Le sondage sur échantillon exhaustif

Tous les sondages sont-ils identiques ? Dans certains cas, l'échantillon représente une part importante de la population mère, alors que dans d'autres il n'en constitue qu'une partie infime. Quelle est la frontière entre recensement et sondage ? En fait, il existe un troisième cas intermédiaire entre recensement pur et sondage pur : le sondage sur échantillon exhaustif, quand la taille de l'échantillon est supérieure à 1/7 (environ 15 %) de la taille de la population mère. Attention, dans ce cas, les règles de calcul de l'erreur et de la taille minimum de l'échantillon sont quelque peu différentes. Nous les préciserons ultérieurement (voir focus 1).

2.2 Calculer la précision d'un échantillon

Dans le cas du sondage « pur », deux conditions doivent être préalablement remplies : La taille de l'échantillon (n) est inférieure à 1/7 de la taille de la population mère (N) ; la taille de l'échantillon (n) est supérieure à 30.

La précision d'un échantillon se caractérise par l'« erreur d'estimation » qu'il introduit. L'erreur d'estimation de notre sondage varie en fonction des formules suivantes, différentes selon qu'on observe une moyenne ou un pourcentage sur l'échantillon.

Tableau 3.1 : Formules pour le calcul des erreurs d'estimation

Paramètres à estimer	Formules	Commentaires	Exemples : cherchez les erreurs !
Une moyenne	$e = 1{,}96 \times (\sigma/\sqrt{n})$	σ est l'écart type et n la taille de l'échantillon	On interroge un échantillon de 500 Français et l'on enregistre un temps moyen passé à regarder la télévision de 200 minutes (par jour !), avec un écart type de 45 minutes Erreur = **1,96 × (45/√500) = 3,94 minutes**
Un pourcentage (ou une proportion)	$e = 1{,}96 \times \sqrt{(p \times 1 - p/n)}$	p est le pourcentage observé sur l'échantillon et n la taille de l'échantillon	On interroge un échantillon de 1 500 Français, dont 30 % d'entre eux sont satisfaits de l'action du gouvernement Erreur = **1,96 × √ (0,3 × 0,7/1500) = 0,023, soit 2,3 points**

2.3 Intervalle de confiance de l'échantillon

À partir de l'erreur d'estimation calculée précédemment, on peut définir l'intervalle de confiance du résultat observé sur l'échantillon. L'intervalle de confiance (I) est une plage de valeurs à l'intérieur de laquelle se situe à coup sûr (à 95 %) le résultat réel, c'est-à-dire celui de la population mère.

Tableau 3.2 : Calculs des intervalles de confiance

Paramètres à estimer	Formules	Commentaires	Exemples : faites-moi confiance !
Une moyenne	I = [*m* – *e* ; *m* + *e*]	*m* = moyenne observée sur l'échantillon	On interroge un échantillon de 500 Français. Le temps moyen passé à regarder la télévision est de 200 minutes par jour, avec un écart type de 45 minutes Erreur = **3,94 minutes, soit 4 minutes** **I = [196 minutes ; 204 minutes]** => Pour l'ensemble des Français, le temps moyen passé à regarder la télévision est compris entre 196 et 204 minutes par jour.
Un pourcentage (ou une proportion)	I = [*p* – *e* ; *p* + *e*]	*p* est le pourcentage observé sur l'échantillon	On interroge un échantillon de 1 500 Français, dont 30 % d'entre eux se disent satisfaits de l'action du gouvernement Erreur = **2,3 points** **I = [27,7 % ; 32,3 %]** => Pour l'ensemble des Français, le pourcentage des personnes satisfaites de l'action du gouvernement est compris entre 27,7 et 32,3 %.

2.4 L'erreur maximum d'un échantillon

D'après ces formules, on constate finalement que la précision de l'échantillon est différente pour chaque résultat enregistré, moyenne ou pourcentage observé par l'enquête. Quelle valeur choisir alors pour traduire globalement le niveau d'erreur du sondage ?

Dans notre sondage politique, réalisé auprès de 1 500 personnes, la question relative à la satisfaction à l'égard du gouvernement enregistre un résultat de 30 % et une erreur de 2,3 points. Dans le même sondage, on a posé bien sûr d'autres questions :

- L'une d'entre elles porte sur l'intention d'aller voter au 1er tour de la prochaine élection présidentielle. Le pourcentage observé dans l'enquête est de 57 % et l'erreur calculée est de 2,5 points.
- Une autre porte sur le candidat préféré. Le score enregistré par Martin Dupont est de 11 % et l'erreur calculée est de 1,6 point.

Un seul sondage, trois résultats observés, trois erreurs différentes… Quelle valeur choisir ou calculer pour estimer l'erreur globale du sondage ? Par prudence, l'usage consiste à utiliser **l'erreur maximum** associée à un échantillon donné (voir figure 3.4). Celle-ci se situe toujours à $p = 0,5$ – c'est-à-dire quand on cherche à estimer l'erreur pour un pourcentage observé de 50 %. Dans notre exemple, l'erreur maximum est 2,53 points. Les résultats observés lors de ce sondage politique, portant sur un échantillon de 1 500 Français, sont à considérer avec une marge d'erreur maximale de 2,53 points.

Figure 3.4
Distribution du niveau d'erreur en fonction du pourcentage observé (échantillon de 1000).

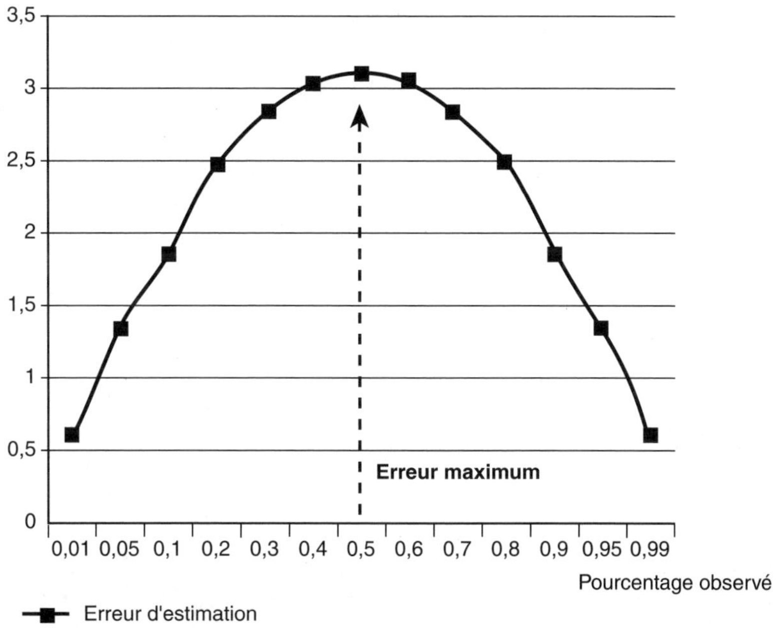

Une animation particulièrement pédagogique est disponible à l'adresse suivante : **http://www.sphinxonline.com/suristat/simu1.htm**. Elle illustre bien l'évolution de l'erreur d'estimation en fonction de la taille de l'échantillon et de la proportion à estimer.

2.5 Définir la taille minimale d'un échantillon

À une taille d'échantillon donnée est associée une erreur d'estimation. Souvent, on veut calculer l'erreur engendrée par un échantillon prédéfini. On peut raisonner également par symétrie et chercher à connaître la taille de l'échantillon à déployer, sachant qu'on a déterminé une erreur souhaitée ou acceptable pour le sondage à venir. Il existe une formule inverse à celle que nous avons présentée précédemment, qui permet de calculer n (taille de l'échantillon) à partir de e (erreur d'estimation) : $n = (p \times 1 - \mathrm{p})/(e/1{,}96)^2$.

Pour les raisons invoquées préalablement, on fixe p à 0,5. La formule est donc :

$$n = 0{,}25/(e/1{,}96)^2$$

Exemple

Je souhaite bientôt mettre en place un sondage politique sur un échantillon de Français. Sachant que l'élection présidentielle à venir s'annonce particulièrement serrée et indécise, je veux travailler avec une erreur maximale de 1 point. Combien de personnes faut-il alors interroger ?

$$n = 0{,}25/(e/1{,}96)^2 = 0{,}25/(0{,}01/1{,}96)^2 = 9\ 604 \text{ personnes}$$

Comme on le voit dans le graphique ci-après (voir figure 3.5), l'erreur n'est pas directement proportionnelle à la taille de l'échantillon. Il ne suffit pas de doubler la taille de l'échantillon pour doubler sa précision. En fait, la précision du sondage est proportionnelle à la racine carrée de l'inverse de la taille de l'échantillon. Schématiquement, pour multiplier par deux sa précision, il faut multiplier par quatre la taille de l'échantillon. Les sondages nationaux portent souvent sur des échantillons d'un millier de personnes. C'est en effet à ce niveau que se situe le meilleur rapport précision/taille, qui équivaut en fait au rapport qualité/prix d'un échantillon pour un institut de sondage.

Figure 3.5

Évolution de l'erreur maximum en fonction de la taille de l'échantillon.

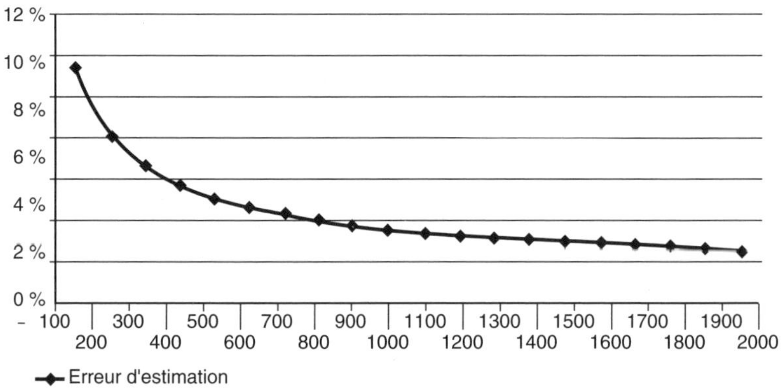

Focus 1 **Cas particulier du sondage sur échantillon exhaustif**

On estime la taille minimale de l'échantillon à déployer (n'), en tenant compte de cette situation quelque peu particulière, selon la formule suivante : $n' = (n \times N)/(n + N)$.

Prenons l'exemple d'un sondage portant sur les 577 députés actuellement en exercice à l'Assemblée nationale. On veut les sonder par exemple sur l'intention qu'ils ont ou non de se porter de nouveau candidats lors des prochaines élections législatives. On accepte une erreur maximale de 5 points. Au départ, on a $n = 0{,}25/(e/1{,}96)^2 = 384$. Or, $384/577 = 0{,}66 > 1/7$. On est typiquement dans le cas d'un sondage sur échantillon exhaustif.

On calcule alors $n' = (n \times N)/(n + N)$.

$= (384 \times 577)/(384 + 577) = 230$.

w Un échantillon de 230 députés, au lieu de 384, est suffisant ici pour une erreur maximum de 5 points.

3 La représentativité de l'échantillon

Au-delà de la taille de l'échantillon qui détermine sa précision, sa capacité à « représenter » correctement la population mère auquel il appartient est primordiale. S'il est une question fondamentale dans les enquêtes par questionnaire, c'est bien celle-là. Alors, comment faire pour que l'échantillon représente au mieux la population mère ? Deux approches sont possibles pour résoudre ce « casse-tête ». La première s'appuie sur la théorie des sondages et sur le pouvoir du **hasard** (qui « fait bien les choses »). La seconde, plus pragmatique, laisse le soin au chargé d'études de construire son échantillon selon des caractéristiques prédéfinies, qu'il (ou elle) tentera de **contrôler,** sans faire confiance au hasard.

3.1 Constituer un échantillon représentatif : méthodes aléatoires ou empiriques ?

De nombreuses méthodes de constitution d'un échantillon représentatif sont disponibles. Dans les sections suivantes, nous nous concentrerons sur les techniques les plus fréquemment utilisées tout en présentant clairement leurs principes et leurs procédés.

Les méthodes aléatoires

Les méthodes aléatoires, ou probabilistes, de constitution d'un échantillon sont théoriquement les plus performantes. En effet, elles s'appuient sur la théorie des sondages. Celle-ci stipule que, avec une méthode de sélection qui garantit à chaque individu de la population mère *la même probabilité d'être interrogé*, l'échantillon ainsi produit sera forcément représentatif. Il subsistera toutefois une erreur d'estimation, que l'on peut calculer et qui dépend principalement de la taille de l'échantillon (voir section précédente).

La question clé est la suivante : comment mettre en place une véritable méthode de sélection aléatoire ? Deux situations se présentent alors : a-t-on oui ou non, à notre disposition, une liste complète des individus de la population mère ? Cette liste est appelée la **base de sondage**.

Le tirage aléatoire simple

Si elle est disponible et exploitable, la base de sondage permet de mettre en œuvre un tirage aléatoire simple, selon une méthode de sélection informatisée si possible, où chaque individu aura exactement **la même chance d'être sélectionné**. Les tableurs et les logiciels d'enquête comme Sphinx proposent généralement ce type de fonctionnalités.

Exemple

La liste complète des députés figure dans un tableur, triés par défaut par ordre alphabétique, avec leurs coordonnées. On définit dans une nouvelle colonne un numéro d'ordre généré aléatoirement par le logiciel selon une fonction de type =ALEA( ). Dans notre cas, on crée une colonne Numéro qui générera un nombre compris entre 0 et 1 000 grâce à la fonction = 1000 * ALEA( ). Cette colonne créée, on trie la base selon ce critère, par ordre croissant. La liste de députés est maintenant présentée selon un ordre aléatoire ; on peut alors sélectionner les 230 premiers afin de leur soumettre le questionnaire. On voit d'ailleurs dans la figure 3.6 que la sélection aléatoire des 230 « heureux élus » restitue assez bien les caractéristiques de la population mère, en ce qui concerne le parti d'appartenance et la « grande région » (Nord, Sud ou DOM-TOM). La théorie des sondages se confirme dans la pratique...

Figure 3.6

Résultats de l'extraction aléatoire.

Parti – Population mère

	Nb	% cit.
App.SOC	8	1,4%
App.UDF	3	0,5%
App.UMP	9	1,6%
CR	22	3,8%
NI	11	1,9%
SOC	142	24,7%
UDF	27	4,7%
UMP	354	61,5%
Total	576	100,0%

Parti – Sélection aléatoire d'un échantillon de 230 députés

	Nb	% cit.
App.SOC	6	2,6%
App.UDF	1	0,4%
App.UMP	3	1,3%
CR	8	3,5%
NI	6	2,6%
SOC	50	21,7%
UDF	8	3,5%
UMP	148	64,3%
Total	230	100,0%

Nord/sud – Population mère

	Nb	% cit.
NORD	360	62,5%
SUD	195	33,9%
DOM-TOM	21	3,6%
Total	576	100,0%

Nord/sud – Sélection aléatoire d'un échantillon de 230 députés

	Nb	% cit.
NORD	144	62,6%
SUD	76	33,0%
DOM-TOM	10	4,3%
Total	230	100,0%

Le sondage aléatoire stratifié

Il s'agit d'améliorer légèrement la procédure du sondage aléatoire simple, afin de mieux s'assurer que les caractéristiques importantes de la population mère seront parfaitement restituées. Ainsi, on constitue des groupes au sein de la base de sondage, selon un critère clé qui distingue les individus. Ces groupes s'appellent des « strates ». Chez les députés, ce pourra être le parti d'appartenance... Le sondage stratifié consiste à sélectionner les individus au sein de leur groupe, toujours selon une méthode aléatoire bien entendu. On connaît au préalable le nombre d'individus à choisir dans chaque strate, proportionnellement au poids de chaque strate dans la population mère.

Exemple

Dans notre exemple parlementaire, nous constituerons deux groupes : les députés de la majorité et les autres, dans l'opposition. Je constitue alors deux fichiers : le premier se compose des 363 députés de la majorité, le second des 213 députés de l'opposition. En fonction des statistiques sur la population mère, que je connais forcément, je sais que la majorité dispose de 63 % des sièges et l'opposition de 37 %. Mon échantillon idéal étant de 230 députés, je vais aller piocher 145 députés majoritaires (63 % de 230) et 85 (37 % de 230) opposants. Pour cela, comme nous l'avons expliqué auparavant, je fais appel à un tableur ou à un logiciel d'enquêtes. Je m'assure ainsi d'une représentativité parfaite de mon échantillon de députés, en ce qui concerne leur appartenance politique. La procédure de sélection aléatoire au sein de chaque strate me garantit une bonne représentativité sur les autres critères importants distinguant les députés, comme la région, le sexe ou l'âge. Il me reste maintenant à trouver une méthode efficace pour les motiver et les convaincre de répondre à mon enquête...

Si l'on ne dispose pas de base de sondage, il sera pratiquement impossible de constituer un échantillon selon une méthode aléatoire. Restons dans la politique et imaginons maintenant que l'on s'intéresse aux prochaines élections municipales dans la ville d'Annecy. M. Porc-Épic est particulièrement motivé pour devenir le prochain maire d'Annecy. Il a constitué une liste en vue de ce scrutin. Quelques mois avant l'échéance, il souhaite connaître les thèmes qui intéressent les Anneciens, en particulier les sujets de mécontentement les plus importants, afin de préparer au mieux sa campagne électorale. Dans ce projet d'enquête, la population mère est la population des habitants de la commune d'Annecy en âge de voter : âgés de 18 ans et plus. M. Porc-Épic étant dans l'opposition, il n'a bien entendu pas accès à la base de sondage. Les listes électorales constitueraient une base de sondage idéale, mais elles ne sont pas légalement utilisables dans ce cadre.

Alors, comment peut-on sélectionner aléatoirement un échantillon de 1 000 Anneciens ? Dans la rue ? On aura seulement des inactifs... Dans l'annuaire téléphonique ? Les abonnés sur liste rouge n'y figurent pas. Par ailleurs, on touchera surtout les retraités et les femmes au foyer. En somme, je ne peux pas glisser les 50 000 Anneciens dans un gros sac, bien mélanger et en extraire 1 000. On devra donc composer autrement et avoir recours à d'autres méthodes dites empiriques ; en l'occurrence, il s'agit souvent de la méthode des « quotas ».

Le sondage stratifié non proportionnel

Cette méthode est particulièrement bien adaptée au domaine du *business-to-business* : quand des entreprises enquêtent auprès de leurs clients ou de leurs prospects, qui sont eux-mêmes des entreprises. Dans ces conditions, on retrouve souvent la fameuse loi des 20/80 : 20 % des clients représentant 80 % du chiffre d'affaires. Alors se pose le dilemme suivant : on souhaite un échantillon représentatif de la clientèle, mais doit-il la représenter « numériquement » ou « économiquement » ? Autrement dit, faut-il donner un poids identique dans l'enquête à un « petit » client occasionnel qui commande une fois par an et à un « gros » client fidèle avec qui l'entreprise échange un volume d'affaires très important depuis toujours ?

Le statisticien répondra peut-être par l'affirmative. Le décideur aura une vue plus pragmatique. Il souhaitera que l'échantillon interrogé donne une photographie fidèle de la réalité économique de son activité. Pour lui, il est clair que l'opinion des clients stratégiques est plus importante que celle des clients occasionnels. Il souhaitera donc qu'on interroge « en priorité » ces gros clients afin que ceux-ci représentent une part importante de l'échantillon, quitte à ce que les plus petits clients soient sous-représentés. L'exemple suivant montre comment réussir ce « grand écart » entre théorie quantitative et réalité économique.

Exemple

L'entreprise Motchall produit des articles de pêche, notamment des moulinets. En France, sa clientèle se divise schématiquement en deux catégories :

- **les spécialistes** : petits magasins traditionnels spécialisés dans les articles de pêche, desservant une clientèle de pratiquants réguliers et plutôt experts. Ils sont nombreux (les 3/4 du fichier des clients, soit 3 000 contacts) et représentent environ 25 % du chiffre d'affaires de l'entreprise.
- **les discounters** : grandes surfaces alimentaires (hypermarchés comme Carrefour ou Auchan) et surtout grandes surfaces généralistes en articles sportifs comme Décathlon ou Intersport. Au nombre de 1 000 dans le portefeuille clients (1/4 des clients), elles représentent toutefois 75 % de l'activité de Motchall.

Le directeur marketing France souhaite mettre en place une enquête de satisfaction auprès de sa clientèle. Vu le budget dont il dispose, il s'apprête à interroger 500 clients. Il souhaite que l'on contacte les grandes surfaces en priorité, afin que leur opinion pèse lourd dans les résultats. Il s'agit également à leur égard d'une bonne opportunité de contact commercial, qui doit valoriser l'entreprise Motchall dans son image d'écoute vis-à-vis de ses clients. La liste exhaustive des clients en format électronique est disponible dans un tableur.

Un tirage aléatoire simple induira un échantillon de 500 clients (comme indiqué), avec environ 125 discounters (1/4 du fichier) et 375 spécialistes (les 3/4 du fichier). Le poids des spécialistes serait trop fort par rapport à leur importance économique. On raisonne alors à deux niveaux, en stratifiant l'échantillon, comme s'il y avait en quelque sorte deux enquêtes au lieu d'une. On traite donc différemment les discounters et les spécialistes :

- Pour les discounters, à l'extrême, dans la mesure où ils représentent les 3/4 du chiffre d'affaires, on considère qu'ils doivent constituer les 3/4 de l'échantillon, soit 375 contacts sur un total de 1 000.
- Pour les spécialistes, selon la même logique, on devra sélectionner 125 contacts sur un total de 3 000.

Il s'agira de constituer deux sous-fichiers de clients, d'en extraire 375 discounters d'un côté et 125 spécialistes de l'autre, selon la méthode aléatoire décrite précédemment.

Aide à l'échantillonnage

Si votre enquête est un sondage pur, vous pouvez évaluer la précision de votre échantillon et obtenir l'intervalle de confiance d'un résultat observé avec Sphinx. Inversement, vous avez la possibilité de déterminer la taille nécessaire de l'échantillon en fonction de l'erreur d'estimation acceptée. Depuis le stade Collecte des réponses, menu Gérer, on accède à ces fonctions d'aide à l'échantillonnage par les fonctions Redresser, Définir des quotas (voir figure 3.7).

Figure 3.7

Le module d'aide à l'échantillonnage dans Sphinx.

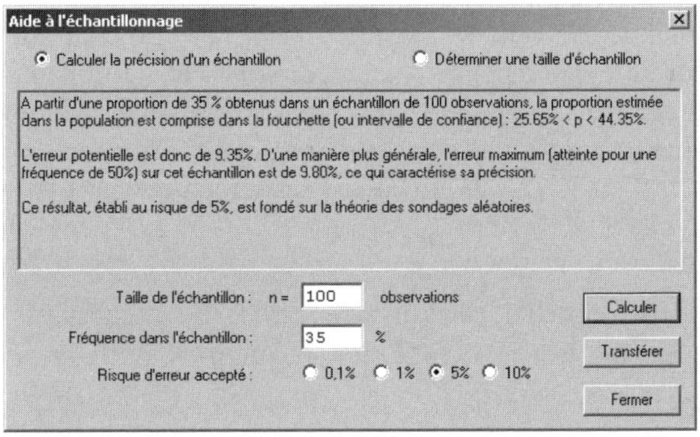

Extraction d'un échantillon aléatoire

Dans un premier temps, on a saisi ou importé dans Sphinx l'ensemble des individus de la population mère. À partir du stade Collecte des réponses, on accède au menu Gérer, Supprimer des observations, puis à une fonction qui permet d'obtenir un échantillon aléatoire, par suppression. On demande au logiciel de supprimer aléatoirement le nombre d'individus qu'on souhaite exclure de l'échantillon (voir figure 3.8). La population restante est bien un échantillon constitué par extraction aléatoire.

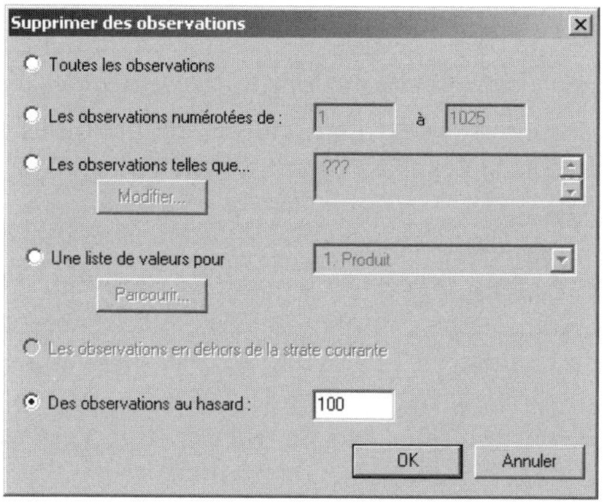

Figure 3.8

La suppression aléatoire des observations dans Sphinx.

Les méthodes empiriques

La méthode des « quotas ». Dans de nombreux cas, le chargé d'études ne dispose malheureusement pas de base de sondage. Par ailleurs, il peut ne pas faire confiance au hasard et souhaite « avoir la main » sur la procédure de sélection des individus de son échantillon. Au préalable, il doit connaître la composition de la population mère. Il constitue donc son échantillon en fixant des « quotas » proportionnels aux poids relatifs de chaque catégorie d'individus : les hommes, les femmes, les jeunes, les vieux, etc. Là encore, il aura le choix entre deux méthodes : les quotas simples et les quotas croisés.

Quotas simples. Les quotas simples consistent à restituer les fréquences sur chaque variable de contrôle, sans se soucier de la répartition à l'intérieur de chaque catégorie.

Reprenons l'exemple des élections municipales à Annecy. Pour ce faire, on dispose des statistiques de l'INSEE, portant sur la population annecienne âgée de 18 ans et plus (voir tableaux 3.3 et 3.4).

Tableau 3.3 : Répartition de la population-cible par tranches d'âge

Tranches d'âge	Effectif	Fréquence
18-29 ans	9 301	22,5 %
30-39 ans	7 661	18,5 %
40-49 ans	6 591	15,9 %
50-59 ans	5 471	13,2 %
60-69 ans	4 643	11,2 %
70 ans et +	7 693	18,6 %
Total	**41 360**	**100 %**

Tableau 3.4 : Répartition de la population-cible par sexes

Sexe	Effectif	Fréquence
Hommes	19 178	46,4 %
Femmes	22 182	53,6 %
Total	**41 360**	**100 %**

Il apparaît par exemple que les femmes représentent 53,6 % de la population mère. L'échantillon devra donc comprendre 53,6 % de femmes, soit 536 parmi les 1 000 personnes que l'on envisage d'interroger. La méthode des quotas simples conduit aux quotas suivants (voir tableaux 3.5 et 3.6). M. Porc-Épic les transmettra aux enquêteurs-militants qui vont travailler dans les rues d'Annecy, la semaine et le week-end, afin de rencontrer actifs et inactifs. Dans cet exemple, on voit que la fréquence de chaque tranche d'âge et de chaque sexe dans l'échantillon est définie par les quotas. En revanche, la répartition à l'intérieur de chaque catégorie n'est pas définie dans le système de quotas simples. À l'extrême, les 225 jeunes âgés de moins de 30 ans peuvent être exclusivement des hommes, ce qui serait regrettable sur le plan méthodologique.

Tableau 3.5 : Composition de l'échantillon par tranches d'âge

Tranches d'âge	Effectif	Fréquence
18-29 ans	225	22,5 %
30-39 ans	185	18,5 %
40-49 ans	159	15,9 %
50-59 ans	132	13,2 %
60-69 ans	112	11,2 %
70 ans et +	187	18,6 %
Total	**1 000**	**100 %**

Tableau 3.6 : Composition de l'échantillon par sexes

Sexe	Effectif	Fréquence
Hommes	464	46,4 %
Femmes	536	53,6 %
Total	**1 000**	**100 %**

Quotas croisés. Les quotas croisés sont un peu plus précis, mais il est nécessaire de disposer du détail de la ventilation des individus à l'intérieur des différentes catégories. Il s'agit alors de respecter les proportions à l'intérieur de chacun des *croisements* entre catégories. Dans notre exemple, les hommes de 18 à 29 ans sont au nombre de 4 825 dans la population mère, soit 11,7 % des Anneciens de 18 ans et plus. Il faudra donc recruter 117 jeunes Anneciens entre 18 et 29 ans.

Tableau 3.7 : Répartition de la population-cible croisée par tranches d'âge et par sexes croisée

Population mère	Hommes	Femmes	%
18-29 ans	11,7 %	10,8 %	22,5 %
30-39 ans	9,4 %	9,1 %	18,5 %
40-49 ans	7,7 %	8,3 %	15,9 %
50-59 ans	6,4 %	6,9 %	13,2 %
60-69 ans	4,7 %	6,6 %	11,2 %
70 ans et plus	6,6 %	12,0 %	18,6 %
%	**46,4 %**	**53,6 %**	**100 %**

Tableau 3.8 : Composition de l'échantillon croisée par tranches d'âge et par sexes

Échantillon	Hommes	Femmes	
18-29 ans	117	108	225
30-39 ans	94	91	185
40-49 ans	77	83	160
50-59 ans	64	69	133
60-69 ans	47	66	113
70 ans et plus	65	119	184
	464	**536**	**1 000**

Échantillon de convenance. Dans le cadre d'une démarche de recherche exploratoire, le chargé d'études peut faire appel à un échantillon dont il sait pertinemment qu'il ne sera pas représentatif. Il n'existe pas de base de sondage, on ne dispose pas des statistiques précises sur la population mère ou l'on ne peut garantir un véritable aléa dans la méthode de sélection… On va solliciter un échantillon, mais l'on sait que les conditions de sélection ne sont guère scientifiques. On va alors mettre en place ce que l'on appelle pudiquement un « échantillon de convenance ». Dans un langage moins technocratique, cela revient à dire que l'on prend les personnes que l'on a « sous la main »... Bien entendu, cette approche se prête à des enquêtes exploratoires dont l'enjeu n'est pas stratégique.

L'erreur d'estimation peut seulement se calculer dans le cas d'une méthode de sélection aléatoire des individus à interroger. Dans le cas d'une méthode empirique, il n'existe aucune garantie théorique que les résultats observés sur l'échantillon soient généralisables à la population mère. Dans la réalité, on sait que les échantillons constitués par quotas sur trois ou quatre critères pertinents fournissent des résultats de qualité souvent comparable, mais jamais supérieure, à une méthode d'extraction aléatoire pure.

Finalement, aléatoire ou quotas …? Si l'on dispose d'une base de sondage et que le mode de collecte le permette (e-mail, courrier ou téléphone), on choisit bien évidemment une sélection aléatoire, plus scientifique. Dans les autres cas, la méthode des quotas croisés est la plus pertinente en prenant soin de spécifier au moins deux, voire trois, critères de sélection.

Quels critères choisir et combien, pour un échantillon constitué par quotas ? En fait, constituer des quotas n'est pas si facile. En effet, une population mère peut se décrire à partir de milliers de caractéristiques. Reprenons l'exemple de notre sondage électoral et de nos Anneciens en âge de voter. Pourquoi prendrait-on uniquement en compte le sexe et la tranche d'âge ? Et si, tout en respectant les quotas sur le sexe et l'âge, j'interrogeais 1 000 personnes de la rue où j'habite ? Mon échantillon serait-il tout de même représentatif ?

On voit bien ici que la sélection des Anneciens pourrait également tenir compte de :

- leur quartier d'habitation : certains sont plus populaires, d'autres plus « chics », certains sont concernés par des problèmes de circulation, de stationnement, d'autres moins… ;
- leur profession ou PCS ;
- leur niveau d'études ;
- le revenu du foyer ;
- le type d'habitat : immeuble, maison, résidence, etc. ;
- le nombre de personnes dans leur foyer ;
- la récence de leur installation dans la ville ;
- et bien d'autres choses encore…

Idéalement, pour garantir un échantillon vraiment représentatif, il faudrait que nos quotas prennent en compte le maximum des critères listés ci-dessus. Dans la pratique, cela n'est pas réaliste. Tout d'abord, il n'est pas évident qu'on puisse disposer de statistiques si précises de la population mère. Par ailleurs, des quotas trop « pointus » rendent la tâche des enquêteurs trop complexe, voire impossible. Peut-on trouver sans problème un homme de 40 ans qui habite dans le quartier du Parmelan, est cadre supérieur, a le niveau bac, habite dans une maison avec deux autres personnes et vit à Annecy depuis moins de deux ans ? L'enquêteur devra s'armer de patience pour dénicher cet oiseau rare… Enfin, il convient de se demander si tous les critères sont pertinents. Ont-ils tous un impact potentiel sur la perception que l'on aura de la ville ?

Dans la majorité des cas, *trois ou quatre critères* sont utilisés pour constituer les quotas. Cela est réaliste et suffisant. On choisira en priorité ceux :

- dont on sait par des études précédentes, ou dont on suppose qu'ils ont le plus d'influence sur le sujet que l'on étudie ;
- pour lesquels on connaît le plus précisément la répartition sur la population mère ;
- que l'on pourra facilement identifier en interrogeant les répondants.

Dans notre exemple, en plus de l'âge et du sexe, on aurait raisonné également en tenant compte de la répartition de la population selon les neuf quartiers de la ville qui correspondent à des réalités sociodémographiques relativement différentes (quartiers populaires, résidentiels, etc.).

Extraction d'un échantillon selon des quotas

Depuis le stade Collecte des réponses, menu Gérer, on peut extraire un échantillon en respectant des quotas à l'aide des fonctions Redresser, Définir des quotas. Bien entendu, la population mère doit être intégrée dans Sphinx. Le processus est le suivant :

- On définit le nombre de quotas à respecter en cliquant sur Quota 1 puis, le cas échéant, Quota 2, etc.

- On spécifie les variables sur lesquelles portent les quotas, en les sélectionnant dans les menus déroulants.
- On fixe les pourcentages à atteindre pour chaque modalité des variables concernées.
- On fixe éventuellement la taille souhaitée de l'échantillon à constituer, sinon Sphinx extrait le nombre maximum d'individus tout en respectant les quotas définis.

Figure 3.9

La définition des quotas dans Sphinx.

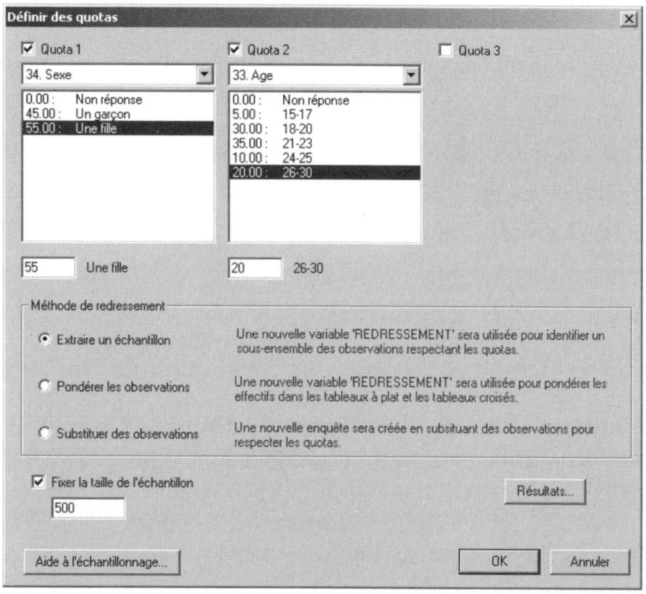

4 Le redressement : corriger un échantillon

Malgré tous les efforts déployés pour sélectionner les individus, on peut parfois obtenir un échantillon « biaisé » dont la composition n'est pas satisfaisante, car elle ne correspond pas aux critères de représentativité préalablement définis.

Exemple

Reprenons l'exemple de nos députés. Malgré les efforts de sélection aléatoire sur la base de sondage, tous les députés contactés n'ont pas répondu. Nous avons donc sélectionné d'autres parlementaires, en suivant dans l'ordre la liste préparée dans le tableur, et ce, jusqu'à obtenir 230 réponses. On attendait une représentation théorique de 145 députés de la majorité (63 %) et 85 opposants (37 %). Or, pour des raisons inconnues, les opposants ont été plus enclins à répondre à notre enquête ; on en compte finalement 110 dans notre échantillon, contre seulement 120 députés de la majorité. L'échantillon n'est pas représentatif, il faut le « redresser ». Pour ce faire, il existe plusieurs méthodes de redressement, dont nous présenterons les plus courantes dans les sections suivantes.

4.1 Le redressement par suppression

Afin de retrouver les proportions attendues, celles de la population mère, on peut supprimer aléatoirement des répondants parmi les catégories surreprésentées. Il faut donc réduire d'autant la taille globale de l'échantillon, ce qui est frustrant compte tenu des efforts réalisés pour motiver les personnes contactées à répondre et des coûts engendrés. Par ailleurs, on perd en précision puisque l'erreur associée augmente.

Tableau 3.9 : Échantillons souhaités, obtenus et redressés dans l'enquête sur les députés français

	Échantillon souhaité	Échantillon obtenu	Échantillon redressé par suppression
Majorité	145 (63 %)	120 (52 %)	120 (63 %)
Opposants	85 (37 %)	110 (48 %)	70 (37 %)
Total	**230**	**230**	**190**
Erreur	5 points	Non significatif	5,82 points

Dans notre exemple, on conserve nos 120 députés de la majorité dont – proportionnellement – le nombre est insuffisant, et l'on supprime (façon de parler…) des opposants afin qu'ils constituent seulement 37 % de l'échantillon redressé. On retrouve d'abord la taille totale de l'échantillon en résolvant l'équation : $120 = 0{,}63\ x$, soit $x = 190$. Il faut donc réduire les opposants aléatoirement à 70 individus. L'erreur passe donc de 5 à près de 6 points.

Extraction d'un échantillon représentatif *a posteriori*

On aura recours à cette même technique pour constituer un échantillon représentatif, à partir d'une grande base de réponses obtenues auprès d'un échantillon de convenance. Typiquement, on peut utiliser cette démarche dans le cadre d'une enquête hébergée sur l'Internet et diffusée par e-mail. Les protocoles de collecte par l'Internet (voir chapitre 4) garantissent très rarement une méthode de sélection aléatoire, car il est assez exceptionnel de disposer des e-mails de la totalité d'une population mère. En revanche, ils permettent de contacter rapidement et à moindre coût un grand nombre d'interlocuteurs. On va ainsi extraire, après coup et selon une méthode aléatoire, un échantillon représentatif selon des quotas prédéfinis.

Exemple

On veut connaître les goûts des jeunes (de 14 à 25 ans) d'une région donnée en matière de musique actuelle et leurs comportements de consommation dans ce domaine culturel : achats, téléchargements de CD, de DVD ou de titres, concerts, festivals, sites Web spécialisés, etc. Pour des raisons de praticité, on décide de collecter des e-mails à partir des élèves et des étudiants d'une série d'établissements scolaires et universitaires de la région, partenaires du projet. On demande à ces jeunes de répondre à l'enquête et de diffuser le lien à d'autres amis : écoliers, étudiants et surtout jeunes chômeurs ou travailleurs. On dispose par ailleurs des statistiques de l'INSEE sur la répartition des jeunes de cette région, âgés de 14 à 25 ans, par sexes, âges et situations professionnelles, sur les huit départements de la région. La population mère ainsi délimitée représente environ 800 000 individus.

La campagne de recrutement des jeunes répondants se déroule bien et l'on récolte en un mois près de 3 500 réponses exploitables. Bien entendu, l'échantillon ainsi constitué n'est pas représentatif de la population mère. On a notamment moins d'actifs que souhaité et plus de représentants des départements comprenant de gros centres urbains et des sites universitaires importants. Qu'à cela ne tienne, on procède à un redressement de l'échantillon « par extraction » à partir des quotas souhaités, issus des statistiques de l'INSEE. Ce procédé revient à extraire, parmi les 3 500 répondants, un groupe qui corresponde aux caractéristiques prédéfinies. On aboutit finalement à un échantillon de 970 personnes, représentatif des jeunes de la région âgés de 14 à 25 ans, sur les critères de l'âge, du sexe, du département et de l'activité professionnelle. On pourra se fier aux résultats issus de cet échantillon redressé.

4.2 Le redressement par pondération

Cette méthode est moins frustrante que la précédente, mais elle n'en est pas plus scientifique… On conserve certes toutes les réponses enregistrées mais, pour le dépouillement, on attribue à chaque répondant un « poids » particulier en fonction de la catégorie à laquelle il appartient. Ce poids est supérieur à 1 si sa catégorie est sous-représentée et inférieur à 1 si celle-ci est surreprésentée. Pour le dépouillement des résultats, l'avis d'un individu pèsera non plus 1 mais ce nouveau poids calculé. Par exemple, si mon échantillon comprend deux fois moins de femmes que prévu, le « poids » d'une femme sera 2 et la réponse de chaque femme comptera double. On peut difficilement mettre en œuvre cette méthode de redressement sans l'aide d'un logiciel. Pour chaque catégorie, il convient de calculer le poids à utiliser en vue du redressement par pondération. Revenons à nos députés. En ce qui concerne les « opposants », on souhaite 37 % alors que l'on a obtenu 47,8 %. Le poids se calcule tout simplement en divisant la fréquence souhaitée par la fréquence obtenue, soit 0,37/0,47826 = 0,7736.

Tableau 3.10 : Exemple d'un redressement par pondération

Catégorie	Effectif obtenu	% obtenu	% souhaité	Poids utilisé par le redressement
Opposants	110	47,826 %	37 %	0,7736
Majorité	120	52,174 %	63 %	1,2075

On applique ensuite les poids à chaque dépouillement envisagé. Pour chaque variable de l'enquête, on multiplie les effectifs obtenus par le poids de redressement de chaque catégorie ; on obtient ainsi de nouvelles fréquences « redressées ». L'exemple suivant (voir tableau 3.11) illustre ce principe de calcul. On a questionné les députés sur leur intention de se présenter pour un nouveau mandat. Sur l'échantillon obtenu (230 députés, dont 120 députés de la majorité et 110 opposants), on observe que 70 % des députés envisagent de conserver leur siège.

Tableau 3.11 : Résultats d'un tri à plat avant redressement par pondération

Avez-vous l'intention de vous présenter de nouveau lors des prochaines élections législatives ?		
	Nombre observé	% observé
Oui	161	70 %
Non	69	30 %
Total	**230**	**100 %**

Parmi les députés ayant répondu « Oui », on note 94 députés de la majorité et 67 opposants. Selon le principe du redressement, à l'intérieur de la catégorie « Oui », on applique les poids de pondération correspondant aux députés de la majorité (1,21) et aux opposants (0,77) afin d'obtenir de nouveaux effectifs « pondérés ». Comme on le constate (voir tableau 3.12), pour les opposants ayant répondu « Oui », l'effectif redressé est maintenant de 67 × 0,7736 = 51,83.

Tableau 3.12 : Résultats d'un tri à plat après redressement par pondération

	Opposants	Majorité	Total	% redressé
Oui	67 × 0,7736 = 51,83	94 × 1,2075 = 113,51	161 => 165,34	71,9 %
Non	43 × 0,7736 = 33,26	26 × 1,2075 = 31,40	69 => 64,66	28,1 %
Total			**230**	**100 %**

Une fois les redressements effectués, la nouvelle fréquence pour les députés qui envisagent de se représenter est 71,9 %, au lieu de 70 % précédemment. C'est bien ce pourcentage qu'il faudra utiliser et communiquer comme résultat de l'enquête.

Redressement d'échantillon

Trois méthodes de redressement sont disponibles dans Sphinx, à partir des quotas souhaités que l'on peut spécifier sur une, deux ou trois variables. On accède à ces fonctionnalités depuis le stade Collecte des réponses, menu Gérer, Redresser, Définir des quotas. Les méthodes par **substitution** et **extraction** créent une nouvelle enquête redressée. Tous les traitements que vous réaliserez alors sur cette nouvelle enquête prendront en compte les quotas définis.

La méthode par **pondération** ne crée pas une nouvelle enquête, mais une nouvelle variable, nommée Redressement, qui s'ajoute à la fin du questionnaire. Dans les tableaux de bord, au stade Traitements et analyses, on obtient les résultats pondérés en activant la variable de redressement depuis les propriétés de la vue en cliquant droit sur la feuille de travail dans l'onglet Calcul.

Figure 3.10

Activation du redressement par pondération dans les tableaux de bord de Sphinx.

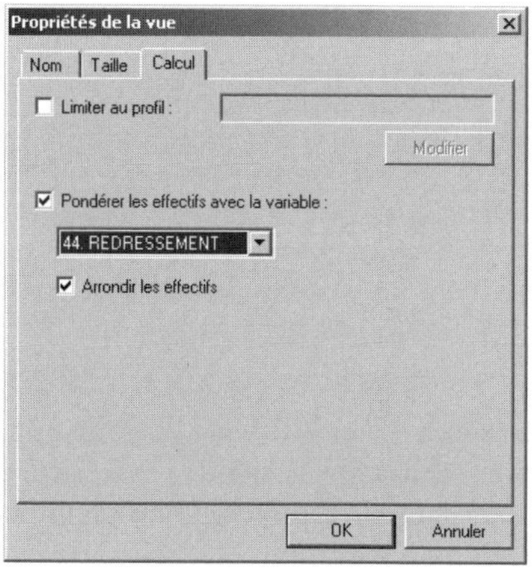

5 Le nettoyage des données

Une fois la collecte et la saisie effectuées, une évaluation de la qualité des réponses et un nettoyage éventuel de celles-ci se révéleront nécessaires, afin que des données incohérentes ne polluent pas les résultats.

5.1 Suppression des réponses incomplètes

On doit exclure de l'analyse les individus dont les réponses sont excessivement incomplètes, sauf bien entendu si cela résulte d'une série de questions filtres. En deçà d'un taux de remplissage de 50 %, voire de 60 %, on peut envisager de supprimer les observations incriminées. Il en est de même pour les questions. Que dire d'une question où plus de la moitié des répondants n'a pas voulu se prononcer ? Mieux vaut souvent ne pas en tenir compte et isoler ces variables de l'analyse.

5.2 Suppression des réponses « singulières »

On peut être confronté également à des données singulières, extrêmes ou aberrantes (*outliers* en anglais). Qu'est-ce qui les caractérise ?

- pour les réponses aux questions fermées : une personne ayant sélectionné une modalité dont la fréquence est inférieure à 1 % peut être « suspectée » d'être un *outlier* ;
- pour les réponses numériques : les observations au-delà ou en deçà de quatre écarts types, ce qui traduit un extrême décalage par rapport à la moyenne.

L'exemple ci-après se réfère à une enquête portant sur des touristes fréquentant la région d'un lac alpin bien connu. Outre leurs pratiques touristiques, leurs opinions sur la région, leurs goûts et leurs attentes, on les a questionnés sur la durée de leur séjour et le montant de leurs dépenses en hébergement, en alimentation et en restauration. Pour la variable « durée du séjour », la moyenne est de 16,9 jours, avec un écart type de 9,9 jours. On considère un individu comme *outlier* si la durée de son séjour excède 56 jours (calcul : 16,9 + (4 × 9,9) = 56,5). C'est le cas du premier individu dans le tableau ci-après (voir figure 3.11). Il reste 60 jours, soit deux mois complets. Est-ce encore un « touriste » ? Selon la même logique, pour les dépenses en restauration, la moyenne est de 780 euros et l'écart type de 1 100 euros, ce qui traduit d'ailleurs une très forte disparité des réponses. Les touristes qui prétendent dépenser plus de 5 180 euros sont des nantis et on pourrait les exclure de notre échantillon de touristes « normaux ». Que faire ? Le chargé d'études en décidera et pourra écarter ces observations de sa base de réponses avant de mener ses analyses.

Figure 3.11

Repérage des observations singulières.

N°	5. Durée du sé...	7. Dépense totale	8. Dépense héberg...	9. Dépense aliment...	10. Dépense restaurant	32. QualitéV...	32. QualitéV...	32. QualitéV...	32. QualitéV...
483	60	15 000	5 000	3 000	3 000	Durée du séj...	Dépense totale	Dépense héb...	Dépense rest...
228	60					Durée du séj...			
348	60	3 000		1 500	300	Durée du séj...			
105	60	15 000	5 000	3 000	3 000	Durée du séj...	Dépense totale	Dépense héb...	Dépense rest...
285	60	10 000			5 000	Durée du séj...	Dépense rest...		
393	60	7 000	2 500	1 500	2 000	Durée du séj...			
224	60					Durée du séj...			
284	60	1 000				Durée du séj...			
183	60					Durée du séj...			
459	60	9 000	5 000	1 000	1 000	Durée du séj...	Dépense héb...		
37	50								
499	45	3 500							
283	45	3 000	500	750	400				
238	45	4 000	500	200	150				
121	45	3 500							
367	45	5 500		4 000	1 000	Dépense alim...			
292	43								
287	42	7 000		3 000	1 000				
319	40								
445	40	5 000		2 500	700				

5.3 Suppression des réponses systématiques

On est confronté quelquefois à des réponses systématiques. Tel individu malveillant choisit toujours la première modalité pour toutes les questions de l'enquête. Dans un groupe de questions échelles, tel autre choisit toujours le même échelon. Ces comportements de réponse traduisent un manque de sérieux dans la tâche accomplie. Il semble cohérent de ne pas prendre en compte ces observations.

Identification et suppression des réponses incohérentes

Pour identifier les réponses incomplètes, il faut choisir le stade Collecte des réponses, le menu Gérer, puis Qualifier les données. Depuis ce module, on peut repérer les observations singulières sur une ou plusieurs variables que l'on indiquera. On peut également identifier les observations insuffisamment documentées qui totalisent plus de 50 % de non-réponses sur l'enquête. Une fois cette opération réalisée, Sphinx crée une nouvelle variable qui qualifie chaque réponse comme « bonne » ou « mauvaise » selon les critères retenus.

On pourra si on le souhaite supprimer toutes les observations identifiées comme « mauvaises » à partir du menu Gérer, Supprimer des observations. On choisira les réponses telles que la variable QualitéObservation = mauvaise.

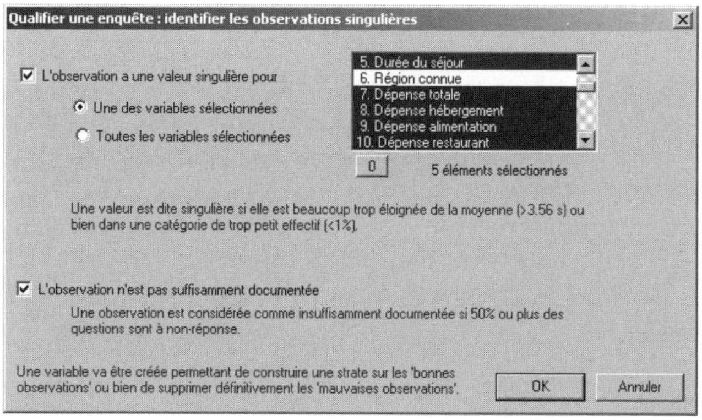

Figure 3.12

La fonction d'identification des observations singulières dans Sphinx.

6 Le traitement des valeurs manquantes

Parmi les indicateurs de qualité des réponses, le taux de remplissage indique le poids des réponses complètes sur l'ensemble de la base de données. Si celui-ci est faible, pour des raisons invoquées plus haut, le chargé d'études peut se trouver en difficulté, en particulier pour certaines analyses bivariées ou surtout multivariées (régression multiple, typologies, etc.) que nous présenterons dans les prochains chapitres. Là encore, le praticien dispose de plusieurs options que nous allons détailler dans les sections ci-après.

6.1 Conserver les non-réponses

Si le volume des non-réponses est globalement acceptable ou si pour certaines questions particulières, elles reflètent une opinion intéressante à prendre en compte, on conservera la base de réponses intacte. Dans les tableaux de synthèse des résultats, on fera apparaître le nombre de non-réponses et/ou le taux de réponse de chaque question. On pourra calculer les pourcentages sur les observations (tous les individus interrogés) ou sur les citations (les seuls individus ayant formulé une réponse) (voir section 3.1 du chapitre 5).

6.2 Remplacer par la moyenne ou le mode

La solution de remplacement la plus simple consiste à remplacer les non-réponses par : la moyenne, pour les valeurs numériques ; le mode (modalité la plus citée), pour les questions fermées.

Par conséquent, pour les personnes n'ayant pas répondu, il est très probable qu'elles aient en réalité répondu comme la majorité, c'est-à-dire la moyenne ou la modalité la plus fréquente. Dans l'exemple ci-dessus (voir figure 3.13), sur le mode d'hébergement des touristes, on remplacerait les 16 non-réponses par la modalité « Famille-amis ».

6.3 La méthode du « plus proche voisin »

Cette solution est beaucoup plus complète et somme toute plus logique. En effet, pour identifier le plus précisément possible la réponse manquante d'un individu, il suffit de s'appuyer sur la réponse de celui qui lui ressemble le plus. C'est la notion de « plus proche voisin ». Pour un non-répondant donné, à la question 1 par exemple, on recherche dans la base de données l'individu qui a formulé pour les autres questions, 2 à 10 par exemple, les réponses qui se rapprochent le plus des siennes. Une fois ce « plus proche voisin » identifié, on affectera logiquement au non-répondant la réponse choisie à la question 1 par son « sosie ».

Exemple

Dans l'enquête portant sur les touristes, il s'agit de remplacer la valeur manquante pour l'individu n° 122 qui a refusé d'indiquer son mode d'hébergement. Parmi les 536 personnes ayant répondu à cette question, on va identifier celle dont les réponses aux 13 autres questions de l'enquête se rapprochent le plus des siennes. Un calcul de distance indique que le plus proche voisin est l'individu n° 51. En effet, on observe dans le tableau 3.13 que les deux personnes ont en commun six réponses sur les 13 possibles ainsi que des réponses très proches pour les autres questions. On affecte au non-répondant n° 122 la réponse de son plus proche voisin, le n° 51, pour le mode d'hébergement ; par déduction, le voilà à l'hôtel…

La proximité se calcule grâce à un indicateur de distance qui apprécie le décalage entre les réponses de deux individus. Plus celui-ci est proche de 0, plus les répondants sont « jumeaux » ; plus celui-ci est élevé, plus les répondants sont différents. En principe, pour calculer cette distance, on prend en compte toutes les autres questions disponibles de l'enquête : celles sur lesquelles il n'y a pas de non-réponses. On peut toutefois choisir de limiter le calcul de distance à quelques questions particulières, susceptibles de mieux prédire la valeur manquante : le sexe, l'âge, la profession par exemple.

Tableau 3.13 : Illustration de la méthode du plus proche voisin

NON-RÉPONDANT Individu n° 122		PLUS PROCHE VOISIN Individu n° 51	
Question	**Réponse**	**Question**	**Réponse**
Mode d'hébergement	–	Mode d'hébergement	Hôtel
Activités	Farniente ; promenade à pied ; gastronomie	Activités	Farniente ; promenade à pied ; gastronomie
Importance du soleil	Plutôt d'accord	Importance du soleil	Plutôt d'accord
Importance du sport	Plutôt pas d'accord	Importance du sport	Cela dépend
Importance des contacts	Cela dépend	Importance des contacts	Cela dépend
Importance du club	Plutôt pas d'accord	Importance du club	Plutôt pas d'accord
Importance du monde	Plutôt pas d'accord	Importance du monde	Plutôt pas d'accord
Importance du confort	Plutôt d'accord	Importance du confort	Tout à fait d'accord
Importance de la nature	Tout à fait d'accord	Importance de la nature	Plutôt d'accord
Importance du tout-compris	Cela dépend	Importance du tout-compris	Plutôt d'accord
Importance du repos, du calme	Plutôt d'accord	Importance du repos, du calme	Tout à fait d'accord
Importance de la famille	Cela dépend	Importance de la famille	Pas d'accord du tout
Satisfaction (note sur 10)	6	Satisfaction (note sur 10)	11
Sexe	Homme	Sexe	Homme

Remplacement des valeurs manquantes

Pour remplacer les valeurs manquantes, il faut se rendre au stade Collecte des réponses, puis dans le menu Gérer, Qualifier les données et enfin Remplacer les non-réponses.

Figure 3.13

Le remplacement des non-réponses dans Sphinx.

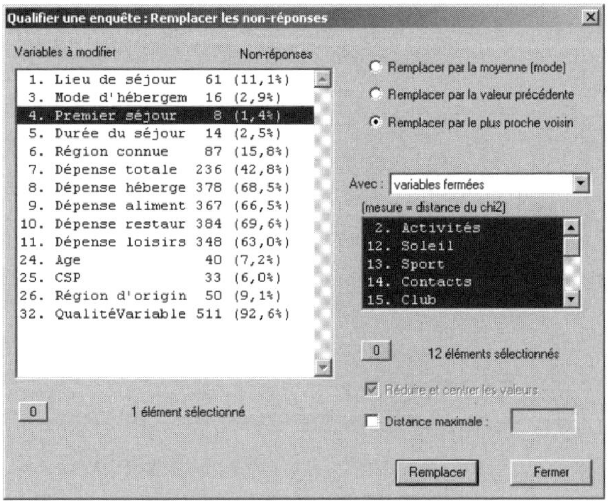

Dans ce menu spécifique, on peut voir les questions où l'on a observé des non-réponses et choisir, dans la liste, celle sur laquelle on veut effectuer des remplacements. On choisit ensuite la méthode de remplacement souhaitée : par la moyenne ou le mode (la plus simple) ; par la valeur précédente ; par le « plus proche voisin » (la plus riche). Pour cette dernière technique, il faut spécifier les variables que l'on devra prendre en compte pour calculer les plus proches voisins.

Résumé

Comme nous l'avons vu, de gros efforts sont nécessaires en amont pour obtenir des données fiables, représentatives et en nombre suffisant pour permettre une généralisation des résultats de notre enquête sur l'ensemble de la population-cible. Une fois ces données collectées, il est indispensable de les vérifier et de les nettoyer avant de mener une quelconque analyse. Toute la puissance des nombreuses analyses disponibles est vaine si la matière première recueillie n'obéit pas aux normes de qualité que nous avons présentées dans ce chapitre.

Exercices

Exercice 1. Audience des radios en Île-de-France

On réalise un sondage, en vue de mesurer l'audience des radios en Île-de-France, par téléphone, sur un échantillon représentatif de 750 personnes. Les résultats indiquent que la proportion des répondants ayant écouté au moins une fois France Inter dans la journée ou la veille est de 11 %. On obtient 9,6 % pour RMC Info et 7,9 % pour NRJ.

a. Peut-on en conclure d'une façon certaine que France Inter est en tête devant RMC Info puis NRJ dans le classement des audiences en Île-de-France pour cette période ?

b. Sur la base des mêmes résultats, quelle taille d'échantillon permettrait de conclure au leadership de France Inter d'une manière certaine ?

Solution

a. Il faut d'abord calculer l'erreur d'estimation. En reprenant la formule correspondante et en l'appliquant aux audiences des différentes radios, on observe les erreurs suivantes.

Tableau 3.14 : Erreurs d'estimation et intervalles de confiance pour les audiences étudiées, avec un échantillon de 750 personnes

Radio	Audience estimée	Erreur	Intervalle de confiance
France Inter	11 % (c'est-à-dire 0,11 dans la formule)	0,022 soit 2,2 points	Entre 8,8 % et 13,2 %
RMC Info	9,6 %	0,021 soit 2,1 points	Entre 7,5 % et 11,7 %
NRJ	7,9 %	0,019 soit 1,9 point	Entre 6 % et 9,8 %

Le classement entre les trois radios est en réalité très indécis. Si l'audience réelle de NRJ se situe dans la tranche la plus haute de l'intervalle de confiance (9,8 %), et si les audiences réelles des deux autres radios sont minimales (8,8 % et 7,5 %), il est possible qu'elle soit en tête… En fait, aucune conclusion sûre n'est possible.

b. La proportion à estimer est d'environ 10 % pour les trois radios ($p = 0{,}1$ dans la formule) et l'erreur doit être au maximum de 1,4 point (11 – 9,6) entre les deux premières radios, soit 0,7 dans l'absolu.

Tableau 3.15 : Erreurs d'estimation et intervalles de confiance pour les audiences étudiées, avec un échantillon de 7 506 personnes

Radio	Audience estimée	Erreur	Intervalle de confiance
France Inter	11 % (c'est-à-dire 0,11 dans la formule)	0,07 soit 0,7 point	Entre 10,3 % et 11,7 %
RMC Info	9,6 %	0,0068 soit 0,68 point	Entre 8,92 % et 10,28 %
NRJ	7,9 %	0,0063 soit 0,63 point	Entre 7,27 % et 8,53 %

On a donc : $n = (0{,}1 \times 0{,}9)/(e/1{,}96)^2 = 0{,}09/(0{,}007/1{,}96)^2 = 7\,056$ personnes. Avec cet échantillon, on peut vérifier que les erreurs se resserrent très nettement et permettent de conclure que France Inter est certainement en tête (voir tableau 3.15).

Exercice 2 Hypermarchés

La France métropolitaine compte actuellement 1 300 hypermarchés. On envisage un sondage auprès de leurs directeurs. Compte tenu du budget et du délai disponibles, on a fixé la taille de l'échantillon entre 200 et 400 répondants au maximum.

a. Quelle taille d'échantillon est suffisante pour une erreur maximum acceptée de 3 points ?

b. Si l'on choisit finalement d'interroger 300 directeurs de magasin, quelle erreur obtiendrait-on ?

Solution

On est dans tous les cas dans une situation d'échantillon exhaustif.

a. Dans le cas d'un échantillon « pur », on aurait :

$n = (0{,}5 \times 0{,}5)/(e/1{,}96)^2 = 1\,067.$

On pose alors $n' = (n \times \mathrm{N})/(n + \mathrm{N}) = (1\,067 \times 1\,300)/(1\,067 + 1\,300) = 586.$

b. Il faut raisonner à l'inverse et déduire n de n'.

$n = (n' \times \mathrm{N})/(\mathrm{N} - n')$. On arrive à $n = 390$, ce qui correspond à une erreur maximum de 4,96 points.

Exercice 3. Députés

À partir de la base de sondage complète listant tous les députés de l'Assemblée nationale (CD-Rom – dossier Députés/députes.que), effectuez avec Sphinx une extraction aléatoire de 200 députés. Vérifiez ensuite que l'échantillon est représentatif selon deux critères importants au moins.

Solution

Ouvrez le fichier « députes.que » avec Sphinx. Faites une sauvegarde de l'enquête à partir du menu Fichier pour conserver la base initiale « intacte ». Depuis le stade Collecte des réponses, choisissez le menu Gérer, puis Supprimer des observations. Pour obtenir 200 députés, il faut supprimer 376 observations de cette enquête. Sphinx opère selon une méthode de suppression aléatoire.

Une fois l'opération effectuée, vous obtenez une base de 200 observations à partir de laquelle vous pouvez réaliser quelques tris à plat sur les variables Parti et Nord-Sud, afin de vérifier que les proportions obtenues sont proches de celles de la population mère selon ces critères. Pour ce faire, il vous faut choisir Stade Traitements et analyses, puis le menu Analyser, Tableaux à plat.

Exercice 4. La MAP

Une grande société d'assurances française, la MAP (Mutuelle d'assurance professionnelle), s'apprête à réaliser une grande enquête de satisfaction nationale auprès de sa clientèle. Bien évidemment, elle souhaite consulter un échantillon représentatif de sa base d'assurés. Celle-ci est disponible en totalité, sous format informatique. Dans ce fichier, on peut notamment distinguer la région et le type de contrat (automobile, habitation, prévoyance, etc.) pour chaque observation. Le tableau ci-après (voir tableau 3.16) donne la répartition de l'ensemble des contrats par types (A, B, etc.) et par grandes régions.

Tableau 3.16 : Répartition de la clientèle de la MAP par régions et par types de contrats

Régions/ types de contrat	A	B	C	D	E	F	G	Tous contrats
Centre	23 884	31 963	52 952	25 398	60 097	31 463	17 020	242 777
Nord-Est	20 824	39 711	47 502	55 995	124 316	55 016	19 738	363 102
Bretagne	31 891	44 243	88 288	25 821	75 858	44 280	20 951	331 332
Rhône-Alpes	56 415	94 621	154 935	39 697	121 621	85 036	41 844	594 169
Picardie	27 397	47 614	68 562	44 216	92 088	48 611	17 706	346 194
Nord-Pas-de-Calais	34 644	61 078	92 292	29 923	64 878	42 292	15 634	340 741
Auvergne	68 805	49 198	89 242	47 036	66 116	43 705	15 537	379 639
Provence-Méditerranée	45 810	53 366	77 431	39 241	57 114	42 749	32 514	348 225
Sud-Ouest	28 353	42 258	70 323	32 240	82 883	42 010	30 249	328 316
Ouest Atlantique	38 621	42 509	96 023	37 792	94 913	47 068	26 211	383 137
Île-de-France	66 124	158 651	124 034	89 220	156 280	114 589	57 778	766 676
France entière	442 768	665 212	961 584	466 579	996 164	596 819	295 182	4 424 308

Le responsable marketing vous impose la taille de l'échantillon : 2 000 assurés.

a. Quelle méthode de sélection lui conseillez-vous pour constituer cet échantillon ?

b. Quelle serait alors l'erreur introduite dans les résultats de l'enquête ?

c. Supposons maintenant que seulement une partie de la base des assurés soit disponible sous format informatique. Quelle méthode d'échantillonnage faut-il alors mettre en place ? Proposez la répartition des individus à interroger, en fonction des informations disponibles sur la clientèle de la MAP.

Solution

a. Etant donné que la base des assurés est disponible en totalité sous format informatique, on dispose d'une base de sondage parfaite. On va effectuer un véritable **échantillonnage aléatoire**, par extraction de 2 000 observations de l'ensemble du fichier des assurés.

b. L'erreur maximale serait de 2,19 points (voir la formule nécessaire à la section 2).

c. Dans ce cas, on constituerait l'échantillon selon une méthode empirique par quotas croisés. On reprendrait le poids relatif de chaque catégorie de clientèle, pour l'appliquer à 2 000 individus, taille de l'échantillon. Il restera à effectuer quelques arrondis pour obtenir le plan d'échantillonnage final. Celui-ci est disponible à l'adresse : **www.suristat.fr/rubrique29.html**.

Exercice 5. Enquête « Young »

On a réalisé une enquête *via* l'Internet auprès de jeunes Haut-Savoyards âgés de 18 à 25 ans, dont on a récupéré par connaissance les e-mails sur l'ensemble du département (échantillon de convenance).

a. Faites le diagnostic de la qualité des réponses recueillies dans cette enquête, sur la base des outils d'évaluation disponibles dans Sphinx.

b. Pour la variable n° 37 Job, on compte trois non-réponses. Remplacez ces valeurs manquantes en employant la méthode qui vous semble la plus pertinente.

c. Veuillez opérer un nettoyage de la base de réponses qui compte au départ 1 025 observations. L'enquête « Young » vous est fournie sous format Sphinx dans le CD-Rom joint à ce livre (dossier Young).

d. Opérez un redressement sur cette enquête à partir des statistiques fournies sur la population totale de la Haute-Savoie par sexes et âges : **http://www.recensement.insee.fr/FR/ST_ANA/D74/ALLALLPOP1APOP1A2D74FR.html**.

Solution

a. On utilise la fonction Évaluation du jeu de données, accessible depuis le stade Collecte des réponses. Les résultats sont les suivants (voir tableau 3.17) :

Tableau 3.17 : Résultats de l'évaluation de données pour l'enquête Young

Critère	Résultat	Diagnostic	Commentaire
Taux de remplissage	98,5 %	Très bon	
Variation des réponses : concentration des questions fermées	Coefficient de concentration = 38	Variation faible	Les individus formulent des réponses assez homogènes aux questions fermées
Richesse des réponses aux questions échelles	Richesse individuelle moyenne : 52 %	OK	Les individus utilisent bien toute la palette des réponses possibles
Richesse des réponses aux questions fermées multiples	Taux de remplissage de 74 % des réponses possibles	OK	Le taux de remplissage est satisfaisant
Longueur des réponses aux questions ouvertes texte	Longueur moyenne des réponses : 79 caractères (une douzaine de mots)	Très bon	Bonne expression aux questions ouvertes textuelles

En synthèse, tous les voyants sont au vert, sauf la concentration un peu trop forte des questions fermées, due sans doute à un échantillon de convenance peu varié dans ses caractéristiques sociodémographiques.

b. On lance un **remplacement des non-réponses** dans Sphinx à partir du stade Collecte des réponses, menu Gérer, Qualifier les données. On choisira la méthode la plus puissante qui consiste à Remplacer par le plus proche voisin. Dans la liste de gauche, on choisit la variable n° 37 Job, sur laquelle on a effectivement enregistré trois non-réponses. À droite, on sélectionne toutes les variables disponibles, sans non-réponses, qui sont surtout le sexe du répondant et ses valeurs personnelles. À l'issue de ce procédé, les trois non-répondants ont trouvé un proche voisin.

c. Le nettoyage des réponses à l'enquête « Young » comprend plusieurs étapes, dont les principes sont décrits à la section 5.

1) Suppression des réponses incomplètes : on crée tout d'abord une variable Qualité pour enregistrer le nombre de questions avec une réponse effective pour chaque individu. Cette variable numérique est comprise de 0, aucune réponse, à 42, réponse effective à toutes les questions fermées ou ouvertes. On peut par exemple isoler ou supprimer les individus pour qui la variable Qualité est inférieure à 33, ce qui correspond environ à un taux de remplissage de 80 %. Ceci doit concerner quatre individus.

2) Suppression des réponses singulières : on lance cette analyse sur les questions qui identifient le répondant en matière de données sociodémographiques, mais aussi de centres d'intérêt et de produits possédés (questions 33 à 40, sauf nationalité). L'idée est de vérifier notamment que ne figurent pas, dans la base, des individus « hors profil ». Pour ce faire, on lance la fonction « Qualifier les données » de Sphinx. On recherche les observations qui présentent une valeur singulière pour les variables 33 à 40 (sauf 35). On obtient une variable nommée QualitéVariables, qui permet par exemple de repérer l'observation n° 907 ; il s'agit d'une collégienne, seule représentante de sa catégorie, qu'il convient sans doute de supprimer du fichier car aucune analyse fiable ne pourra être faite sur cette catégorie, représentée par une seule personne.

3) Suppression des individus aux réponses trop systématiques : l'évaluation des données réalisée pour l'exercice précédent indique un individu dont les réponses sont trop systématiques (n° 1021). On le supprimera de la base de données avant analyse.

d. Après compilation des données de l'INSEE, en tenant compte de la cible et de la façon dont l'âge est enregistré dans l'enquête, on doit parvenir à un tableau de répartition (voir tableau 3.18).

Tableau 3.18 : Répartition de la population-cible par tranches d'âge et par sexes

	Hommes	Femmes
18-20	21,74 %	18,89 %
21-23	17,90 %	15,84 %
24-25	13,00 %	12,63 %

Pour programmer des quotas croisés, on constituera dans Sphinx une nouvelle variable par fusion croisée des variables Âge et Sexe, à partir du stade Traitements et analyses, menu Recoder, Transformer-Combiner, Combiner des variables, Fusion. On indiquera nos quotas sur cette variable nouvellement constituée.

En appliquant ces quotas par extraction à l'enquête « Young », on parviendrait à une base redressée de 143 individus, ce qui constitue une très grosse perte. Il faut sans doute envisager plutôt un redressement par pondération, selon une approche et une procédure disponibles à l'adresse : **www.suristat.fr/rubrique29.html**.

Exercice 6. Cas Valibest (suite)

La présentation du cas Valibest figure dans les exercices du premier chapitre.

a. Déterminez la taille de l'échantillon pour une erreur maximale de 3 points, sur une vague semestrielle.

b. Proposez une méthode d'échantillonnage que vous décrirez précisément en l'illustrant du mieux possible. Vous disposez des statistiques de la répartition de la clientèle dans un fichier Excel sur le CD-Rom joint à ce livre, dans le dossier Valibest/echantillon.xls.

Solution

a. En appliquant la formule habituelle à cette situation, on obtient : $n = (0{,}5 \times 0{,}5)/(0{,}03/1{,}96)^2 = 1\ 067$ clients à interroger.

b. Valibest est un cas typique où l'on doit interroger une clientèle constituée pour 20 % de clients, en fait les GMS, représentant 80 % du chiffre d'affaires. Dans cette situation, un échantillonnage stratifié non proportionnel peut se révéler utile (voir section 3). La procédure de mise en œuvre de cet échantillonnage est décrite précisément dans le lien ci-après : **www.suristat.fr/rubrique29.html**.

Chapitre 4

La collecte des réponses

Pour déployer son enquête, le chargé d'études dispose aujourd'hui d'une large variété de protocoles. L'essor récent de nouvelles technologies de l'information et de la communication met à sa disposition un vaste choix de supports pour héberger et diffuser, d'une manière toujours plus efficace, les enquêtes par questionnaire. En fonction du contexte de l'étude, de la nature de la population à interroger, mais surtout des délais impartis et du budget disponible, l'organisateur de l'enquête est naturellement guidé vers la méthode de collecte la plus cohérente. Dans ce chapitre, nous présenterons tout d'abord un descriptif complet des différentes méthodes de collecte des réponses, autoadministrées ou assistées. Nous consacrerons une section complète aux enquêtes par l'Internet, devenu récemment un médium incontournable pour les acteurs du métier. Nous détaillerons également les principes et les techniques de mise en œuvre des enquêtes téléphoniques, dites CATI. Plutôt que de retenir une seule méthode, et dans le but de maximiser l'impact de leurs enquêtes, nous verrons que les chargés d'études sont parfois amenés à combiner plusieurs supports, en parallèle ou en série. Nous consacrerons enfin la dernière section de ce chapitre à la déontologie mais aussi aux lois relatives à la pratique des enquêtes par questionnaire.

1 Descriptif des différentes méthodes de collecte des réponses

Les méthodes de collecte se différencient par la présence ou non d'un enquêteur et par leur degré d'interactivité (voir figure 4.1).
On distingue :

- les **méthodes autoadministrées,** pour lesquelles on envoie le questionnaire au répondant ou on le laisse à sa disposition. Celui-ci est seul pour décider de contribuer ou non à l'enquête, puis pour documenter ses réponses. Il est également responsable du retour du questionnaire.
- les **méthodes assistées**, qui se déroulent en présence d'un enquêteur (en face à face ou par téléphone), qui tentera tout d'abord de convaincre la personne contactée de répondre à l'enquête. Il mènera ensuite l'interview en formulant les questions, tout en apportant son soutien pour la bonne compréhension des sujets abordés. Il maintiendra la dynamique de l'entretien afin d'obtenir des réponses d'une qualité optimale.

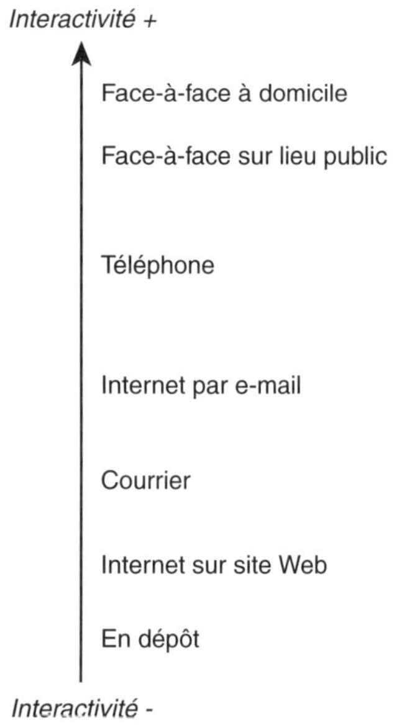

Figure 4.1
Degré d'interactivité des différentes méthodes de collecte des réponses.

1.1 Les méthodes autoadministrées

Plus simples à mettre en œuvre, plus économiques, les méthodes autoadministrées transfèrent exclusivement sur le répondant la décision de participer à l'enquête, puis d'y apporter des réponses de qualité. Elles se pratiquent en dépôt, par courrier et de plus en plus fréquemment par l'Internet.

Les enquêtes en dépôt

Selon cette approche basique, les responsables de l'enquête laissent le questionnaire à la disposition de la population cible, souvent sur le lieu même de l'activité que l'on étudie :

- dans une chambre d'hôtel, un restaurant ;
- dans un train ou un avion ;
- à l'accueil d'un camping ;
- grâce à un présentoir dans un office de tourisme, dans une salle d'attente, sur un point de vente, aux caisses d'un magasin, etc.

Avantages :

- Protocole bien adapté à certaines conditions spécifiques, où la population cible est concentrée sur un lieu qu'elle fréquente régulièrement, où idéalement elle est en **situation peu active** : point de vente, voyage, salle d'attente, guichet, etc. À la limite, les personnes apprécieront de consacrer un peu de leur temps à une activité divertissante, comme peut l'être l'administration d'un questionnaire.
- Les **frais de mise en œuvre** sont très réduits, même s'il est d'autant plus important de soigner la forme du questionnaire et éventuellement des supports où celui-ci est présenté.
- Comme un **tract**, un questionnaire informe le répondant. Un questionnaire de satisfaction affiche ce que les clients sont en droit d'attendre et les prestataires dans l'obligation de fournir. Il revient à publier une sorte de norme de qualité... Dans un questionnaire d'évaluation du service après-vente, interroger sur les accessoires ou services complémentaires achetés n'est qu'un moyen habile de rappeler cette offre... Toute enquête est aussi un moyen d'informer ceux qu'on interroge et de **communiquer** auprès d'eux.

Inconvénients :

- Comme pour toutes les méthodes administrées, **l'incitation à répondre** est ici très faible et il est difficile de savoir quelle population répond plus massivement. En cela, ce ne sont pas des méthodes de sélection aléatoire.
- **Sans enquêteur**, le questionnaire doit se suffire à lui-même dans sa capacité à faire comprendre clairement le sujet, les interrogations et les consignes. L'exercice de rédaction est d'autant plus délicat.
- Semblable à une brochure publicitaire, il peut être perçu comme une simple opération **promotionnelle** et ne pas inciter à des réponses sérieuses et approfondies.

Très bien adaptée à certains contextes, l'enquête en dépôt est sans doute celle qui génère les réponses de moins bonne qualité. À réserver à des cas bien particuliers, précédemment décrits. À éviter sinon.

Les enquêtes par courrier

Incluant souvent une lettre d'accompagnement, les enquêtes par courrier consistent à diffuser le questionnaire par la Poste et à laisser le soin aux répondants de le renvoyer. Il est bien entendu recommandé de prévoir un système de retour *via* enveloppe T.

Simple, efficace et pratique, l'enveloppe T s'est imposée comme un moyen de réponse très apprécié, dont les tarifs sont abordables : pour 1 000 questionnaires (format A4 + lettre + enveloppe T) retournés en tarif Ecopli, pour une durée d'enquête de trois mois, le coût de l'affranchissement est de 650 € environ hors taxes (tarif début 2007).

Avantages :

- La mise en œuvre est relativement simple.
- Si l'on exclut les frais d'impression ou de reprographie, le coût du contact est tout à fait raisonnable.
- On peut gérer une grande population sur une large zone géographique.
- L'avantage distinctif de cette méthode est le temps laissé au répondant pour réfléchir ou pour recueillir des informations qui lui sont demandées. L'enquête par voie postale se prête bien à des questionnaires assez longs (plus de 50 questions), sur une population captive, réalisée par un organisme ayant une certaine autorité ou un lien fort avec son public : banque, collectivité locale, association, entreprise de service public, organisme de tutelle, université, etc.

Inconvénients :

- Hormis les caractéristiques communes aux méthodes autoadministrées, notamment l'incitation faible et pas d'aide possible par l'enquêteur, l'inconvénient majeur est le très faible contrôle sur le déroulement du questionnaire : le répondant peut parcourir le document comme il le souhaite, il peut découvrir l'objectif de l'enquête plus facilement et se laisser éventuellement influencer par la lecture anticipée de certaines questions.
- Le taux de réponse est rarement très élevé. Pour les enquêtes par courrier sur population non captive, on peut se satisfaire d'un taux de réponse supérieur à 10 %. En revanche, sur des populations très captives, on peut atteindre des taux de 40 à 50 %.
- Pour les enquêtes auprès du grand public, il est assez classique de constater un taux de réponse plus élevé sur certaines catégories de répondants, comme les personnes sans activité professionnelle telles que les retraités. De même, on recueille plus massivement les avis des personnes aux comportements extrêmes, très satisfaites ou très mécontentes notamment, qui prendront d'autant plus le temps de formuler et de renvoyer leurs réponses.
- L'enquête en ligne remplace progressivement l'enquête par courrier. Celle-ci, en perte de vitesse, représente désormais moins de 10 % des enquêtes diffusées aujourd'hui en Europe (source ESOMAR).

Les enquêtes par l'Internet

Du café au clavier, en ce début de XXIe siècle, les lieux de communication et de rencontres de notre société ont connu une profonde mutation. Se fondant dans les usages de l'époque, c'est tout naturellement que les « sondeurs » se sont emparés de la toile. Ils y ont trouvé un support moderne, interactif et très économique pour diffuser efficacement leurs enquêtes et accéder à des fonctions de suivi et d'analyse toujours plus pertinentes. Nous consacrons aux enquêtes par l'Internet une section complète et détaillée de ce chapitre.

1.2 Les méthodes assistées

La logistique de ce type de méthodes assistées est plus lourde car il faut gérer des groupes d'enquêteurs. Toutefois, la présence de ceux-ci assurent une bien meilleure capacité à recruter les répondants et, donc, des taux de réponse nettement plus élevés. Bien formés, bien suivis, les enquêteurs sont des assistants très utiles pour les personnes interviewées afin de les aider à formuler des réponses de bonne qualité. Les méthodes assistées se pratiquent au téléphone ou en face en face : dans un lieu public, en cabinet ou à domicile.

Les enquêtes en face en face

Aller à la rencontre des répondants, les solliciter de vive voix, en face en face, est sans doute la meilleure méthode pour obtenir des réponses de bonne qualité. Les enquêtes peuvent se dérouler dans trois contextes différents :

- **le lieu public :** on recrute les individus dans la rue, dans un centre commercial ou dans un lieu où la population cible se trouve fortement concentrée : enquête sur les passagers d'une compagnie aérienne dans un aéroport, enquête de satisfaction dans un point de vente.
- **le cabinet d'études :** dans les grandes villes, de nombreux cabinets recrutent des répondants par petites annonces ou même dans la rue en vue de les interroger en salle.

Cela permet de soumettre les personnes à des expérimentations particulières, quand il s'agit de montrer, de goûter ou de tester un produit notamment.

- **le domicile :** c'est la méthode par excellence qui permet d'administrer des questionnaires longs et complets, dans des conditions confortables et souvent détendues. Pour ce type d'entretien, il est fréquent de procéder par prise de rendez-vous.

Les enquêtes par téléphone

Plus classique, mieux connue, toujours efficace, mais aussi plus coûteuse, l'enquête téléphonique reste une méthode de référence encore beaucoup utilisée dans les grands cabinets d'études d'opinion. Elle a bénéficié récemment de l'intégration de la téléphonie et de l'informatique, ce qui augmente encore son impact et sa productivité. Nous consacrerons la section 3 à cette méthode établie de recueil de données.

Le briefing des enquêteurs

Au-delà de la pertinence du questionnaire, la qualité des enquêtes assistées dépend énormément de la préparation du terrain et particulièrement du briefing réalisé auprès des enquêteurs. Pour les enquêtes dites assistées, les enquêteurs en face en face ou au téléphone sont toujours préalablement réunis pour une réunion de présentation et de préparation de l'étude – le briefing. On leur présente le sujet et le client de l'étude, ainsi que les objectifs quantitatifs (nombre de réponses à atteindre) et qualitatifs (composition de l'échantillon). On commente la structure du questionnaire (questions filtres, renvois éventuels) ainsi que son contenu détaillé, afin que chaque question soit claire et bien maîtrisée. On les informe d'un certain nombre de consignes propres à l'enquête : les mots clés, les pièges à éviter, le comportement à tenir en cas de problème avec le répondant. On insiste en particulier sur l'entrée en matière rédigée par le superviseur de l'étude. Celle-ci constitue « l'accroche » de la conversation et se révélera un facteur décisif pour inciter la personne contactée à accepter de participer à l'enquête.

Focus 1 — **Coûts comparatifs estimés d'une étude en fonction du moyen de collecte**

Il s'agit de recueillir 500 réponses sur un échantillon de professionnels, avec un questionnaire d'une quarantaine de questions. Ces chiffres peuvent varier sensiblement en fonction des prestataires consultés.

Dépôt

- Frais d'impression, pour 10 000 questionnaires en quadrichromie avec lettre incluse : 1 500 €
- Frais de saisie : 750 €

Total par questionnaire retourné : 4,50 €

Par courrier

- Frais d'impression, pour 10 000 questionnaires en quadrichromie avec lettre incluse : 1 500 €
- Enveloppes : 300 €
- Frais d'envoi (national) : 3 000 €

- Enveloppes T (500 retours) : 350 €
- Frais de saisie : 750 €

Si pas d'adresse, achat de 10 000 adresses : 2 000 €

Total par questionnaire retourné (si adresses postales disponibles) : 11,80 €

Par téléphone

- Reprographie des questionnaires (N&B) : 50 €
- Administration des questionnaires : 5 000 €
- Frais téléphoniques (national) : 500 €
- Frais de saisie (si non CATI) : 750 €

Si pas de numéros, achat de 2 000 contacts : 500 €

Total par questionnaire réalisé (si numéros de téléphone disponibles) : 12,60 €

Par l'Internet

- Mise en forme du formulaire pour l'Internet (si sous-traité) : 200 €
- Hébergement des questionnaires (tarif SphinxOnline) : 300 €
- E-mailing et relance : 300 €

Si pas de numéros, achat de 10 000 e-mails : 2 000 €

Total par questionnaire retourné (si e-mails disponibles) : 1,60 €

En face en face

- Reprographie des questionnaires (N&B) : 50 €
- Administration des questionnaires : 9 000 €
- Frais annexes (déplacements, repas) : 5 000 €

Total par questionnaire retourné (e-mails disponibles) : 28,10 €

Tableau 4.1 : Tableau récapitulatif des avantages et des inconvénients

	Dépôt	Courrier	Internet	Téléphone	Face-à-face Lieu public	Face-à-face Domicile
Impact pour le questionnaire						
Longueur possible	★★	★★	★★★	★	★★	★★★★
Diversité des questions	★★	★★	★★	★	★★★	★★★★
Présence de matériel (stimuli physiques, images…)	★	★	★★	★	★★★	★★★★
Gestion des filtres	★	★	★★★★	★★★★	★★★	★★★
Impact pour l'échantillonnage						
Contrôle de l'échantillon	★	★	★	★★	★★★	★★★★

Taux de réponse	★	★	★★	★★★	★★★★	★★★★
Impact sur la qualité de l'interview						
Contrôle du processus de réponse	★	★	★★	★★★	★★★★	★★★★
Anonymat perçu	★★★★	★★★	★★	★	★	★
Capacité à recueillir des données sensibles	★	★★★	★★	★★	★	★
Contrôle de la compréhension par le sujet	★	★	★★	★★	★★★	★★★★
Effet de désirabilité sociale ou de consentement	★★★	★★★	★★★	★★	★	★
Impacts économiques						
Facilité d'organisation	★★★★	★★★★	★★★★	★★★	★★	★
Coût	★★★	★★★	★★★★	★★	★	★
Délais de réalisation	★	★	★★★★	★★★	★★	★★

Légende : ★ = défavorable - ★★ = peu favorable - ★★★ = favorable - ★★★★ = très favorable
(d'après trois ouvrages : Jolibert et Jourdan, 2006 ; Malhotra *et al.*, 2004 ; Giannelloni et Vernette, 2001)

2 Les enquêtes par l'Internet

Il est incontestable que le Web devient progressivement un médium majeur dans le secteur des enquêtes par questionnaire. On considère qu'un tiers des enquêtes aux États-Unis en 2005 a été conduit sur ce support, représentant désormais 26 % du marché (source : ESOMAR).

En France, l'observatoire Sphinx, qui enregistre les pratiques de 6 000 répondants depuis quatre ans, indique que plus de 30 % des institutions utilisent ce mode de collecte aujourd'hui. Par ailleurs, l'association Syntec, qui regroupe 60 grandes entreprises du secteur, estime à 5 % le chiffre d'affaires réalisé par les grands instituts avec les enquêtes par l'Internet. En croisant plusieurs sources, on peut donc évaluer le marché français des enquêtes Web entre 10 et 15 % du total du secteur, en valeur, et de 25 à 30 % en volume.

2.1 Les évolutions technologiques

Schématiquement, les enquêtes *via* l'Internet ont déjà connu trois étapes dans leur rapide développement technologique.

La première génération des enquêtes Web consistait à diffuser le **questionnaire en fichier attaché** : soit sous format traitement de texte, que le répondant remplit puis renvoie ; soit par l'intermédiaire d'un petit programme exécutable qui se lance sur le poste du répondant et lui permet ainsi de saisir ses réponses (charge à lui également de renvoyer ce fichier).

Figure 4.2

Évolution du poids relatif des différents modes de collecte.

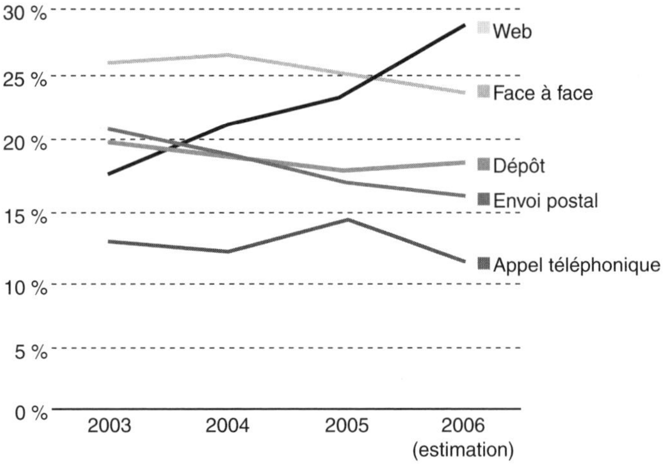

Programme minimal de saisie

Pour répondre à des besoins très particuliers de « première génération », Sphinx vous donne la possibilité de créer un « programme minimal de saisie ». Il permet de transmettre une interface de saisie légère aux répondants, qu'ils pourront ouvrir depuis leur ordinateur non équipé de Sphinx. Le programme minimal de saisie se crée depuis les formulaires ou tableaux de bord selon la séquence Fichier, Emporter l'enquête, Programme minimal de saisie.

Il s'agit de constituer un fichier exécutable que vous envoyez par mail à vos correspondants. Vous recevez le fichier texte des réponses en retour. Cette procédure convient parfaitement à un envoi vers quelques dizaines de répondants. Elle présente toutefois deux inconvénients. Les fichiers ".exe" peuvent ne pas parvenir au destinataire, en raison notamment de protections ou pare-feu. Par ailleurs, il vous faudra importer tous les fichiers en retour un à un ou bien les compiler dans un seul fichier par des copier-coller. Dans les tableaux de bord, l'importation se fait depuis le menu Données.

La deuxième génération a vu se développer des architectures partagées, dites **client-serveur**. Le chargé d'études dispose d'un logiciel de conception et de traitement d'enquête sur son poste. Il publie les pages du questionnaire sur un serveur distant et diffuse par e-mail à ses cibles le lien, l'URL, permettant d'accéder à l'enquête. *Via* leur navigateur, les répondants se connectent au serveur. Celui-ci leur présente les différentes pages du questionnaire et enregistre les réponses. Les réponses stockées sur le serveur d'enquêtes sont ensuite disponibles pour le chargé d'études qui peut les télécharger sur son poste ou suivre leur évolution en ligne. Le schéma ci-dessous rappelle l'ensemble du processus (voir figure 4.3).

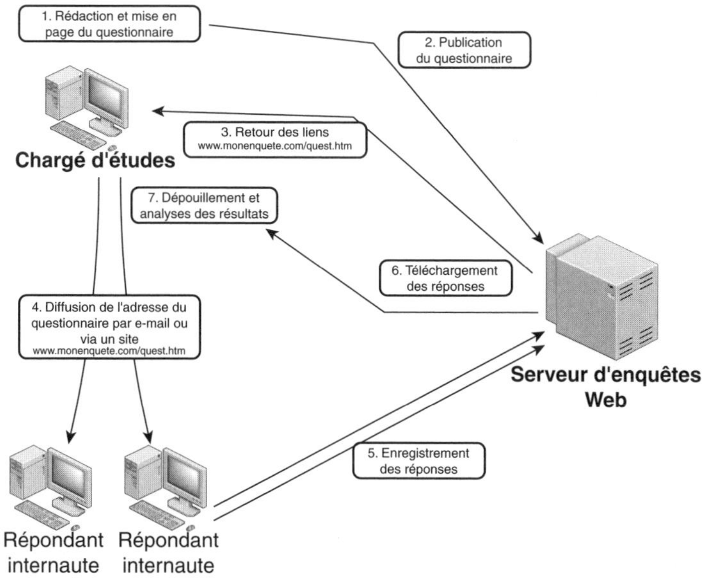

Figure 4.3

Architecture générale d'un système d'enquête en ligne en mode client-serveur.

Enquêtes Web en client-serveur avec Sphinx

Dans Sphinx, à partir d'un questionnaire correctement mis en forme pour l'Internet (dans les formulaires multimédias), il faut choisir le menu Fichier, puis Publier sur Internet.

Un **assistant de publication** guide dans les différentes étapes de la mise en ligne du questionnaire.

1. On indique où l'on souhaite publier son enquête en entrant le nom et le mot de passe du compte d'hébergement SphinxOnline. On peut aussi publier sur son propre serveur d'enquête interne.
2. En retour, on reçoit les liens vers le questionnaire, les tables de données, et éventuellement les résultats si des tableaux de bord ont été préparés.
3. Le lien vers le questionnaire peut être copié dans un mail que l'on enverra à ses correspondants. On peut aussi placer ce lien sur un site.

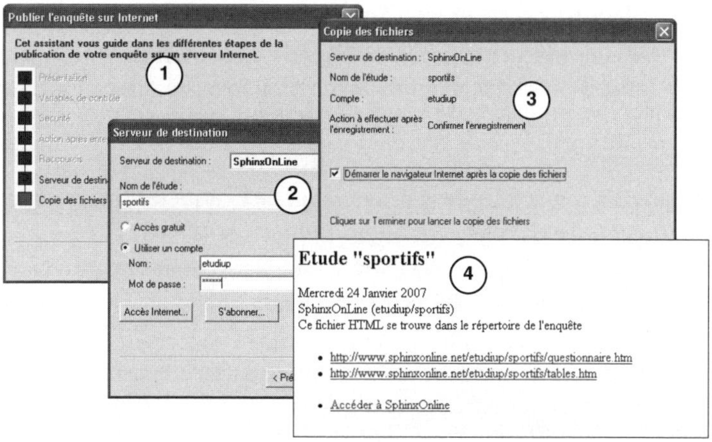

Figure 4.4

La publication d'une enquête en ligne en mode client-serveur.

Alors que la deuxième génération mêle applications *off-line* et *on-line*, la troisième repose intégralement sur le Web. Elle voit l'émergence de plates-formes intégrées en ASP (*Application Server Protocol*). Cela signifie en clair que **l'ensemble des fonctionnalités est disponible en ligne.** On accède à un portail Web qui met à disposition un ensemble de ressources pour rédiger, mettre en forme puis diffuser, suivre et enfin dépouiller et analyser l'enquête (voir figure 4.5).

Figure 4.5

Architecture générale d'une plate-forme d'enquête en ligne en ASP.

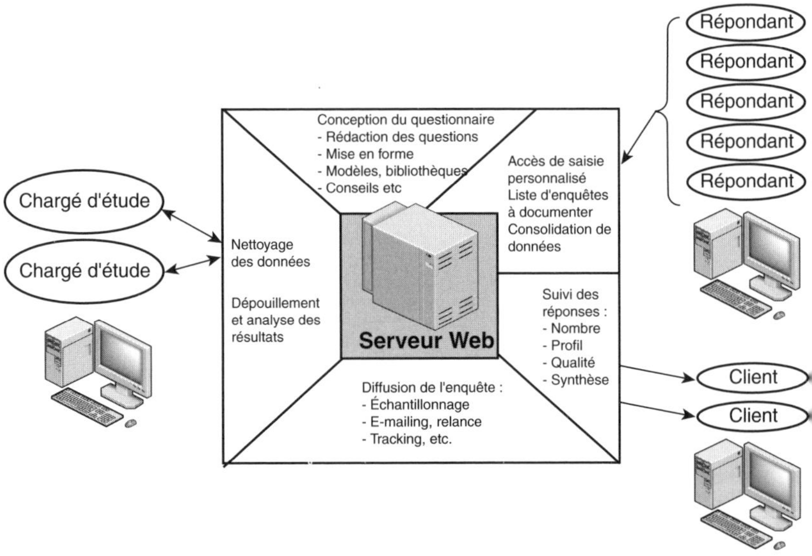

Dans cette plate-forme, la plupart des fonctions est bien entendue destinée au chargé d'études. Au-delà des possibilités offertes traditionnellement par des logiciels d'enquête *off-line*, ce type d'applications amène les plus-values suivantes.

Pour le chargé d'études :

- un ensemble de ressources (conception, diffusion, suivi et analyse) centralisées sur une seule application ;
- la mise en place d'un formulaire de saisie attractif intégrant toutes les opportunités du multimédia ;
- la possibilité d'y accéder quel que soit le lieu ;
- une certaine indépendance vis-à-vis de l'infrastructure informatique de son organisation : pas besoin d'installation, de maintenance, de mise à jour, etc. ;
- la diffusion rapide de son étude et la possibilité de relancer automatiquement les non-répondants ;
- un suivi en temps réel de la progression de l'enquête, mais aussi du comportement des internautes dans les pages du questionnaire (*tracking*) ;
- la possibilité d'administrer la consultation des résultats ou des questionnaires remplis par différents « clients » ou divers interlocuteurs impliqués avec lui dans le suivi de l'enquête ;
- le questionnaire n'est plus forcément isolé des autres opérations de communication ; il s'intègre complètement au système d'information et permet de suivre plus concrètement ses résultats, de les enregistrer ou de les utiliser à très court terme (voir le cas Aerojet pour une illustration : **www.suristat.fr/rubrique4.html**).

Pour le répondant :

- un environnement de saisie agréable et interactif ;
- l'accès éventuel à une liste d'enquêtes le concernant, déjà réalisées ou à remplir ;
- la possibilité de saisir en plusieurs sessions.

Pour le commanditaire (client) :

- un suivi de l'avancement en temps réel ;
- un accès personnalisé aux seules observations le concernant (un profil d'observations).

Plate-forme ASP SphinxOnline (www.sphinxonline.com)

La figure ci-après donne un aperçu général de la plate-forme SphinxOnline. Celle-ci met à la disposition du chargé d'études un ensemble complet de fonctionnalités pour la conception, la diffusion, l'administration et l'analyse des enquêtes en ligne :

- Dans la rubrique Questionnaire, il est possible de rédiger tout le questionnaire directement en ligne, en s'appuyant éventuellement sur une bibliothèque de questions ou sur un grand choix de modèles de questionnaires. On peut y paramétrer des renvois, des conditions de présentation ou des contrôles de saisie. La mise en forme est simplifiée et s'opère sur la base de styles prédéfinis, pour une diffusion en ligne ou une impression sur papier.
- L'onglet Diffusion permet de publier les liens pour accéder au questionnaire ou à la consultation des réponses. En outre, on y rédigera le message de la page d'accueil, celui qui apparaîtra après l'enregistrement ou à la clôture de l'enquête. Depuis ce menu, on suivra les statistiques de connexion à l'enquête, les abandons, la durée moyenne du questionnaire, etc.
- Le module d'**e-mailing** intégré à la plate-forme offre un ensemble de fonctionnalités décrites à la section 2.3, afin de gérer l'ensemble du processus de contact avec la population cible.
- Dans la rubrique Réponses, on consulte l'ensemble des réponses enregistrées ou on les télécharge en format tableur. On peut également compléter la saisie de plusieurs observations.
- Dans la section Analyses, on effectue une série de traitements élémentaires sur les réponses de l'enquête : tris à plat, croisés, tableaux de groupes de questions et édition des réponses aux questions ouvertes (les « verbatims »).

Figure 4.6

La plate-forme SphinxOnline en mode ASP.

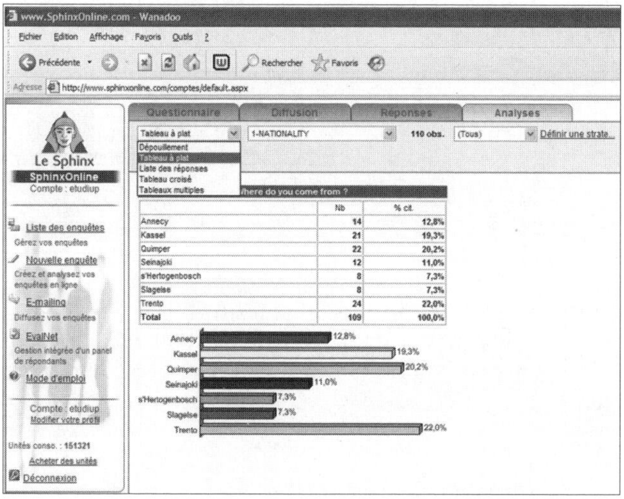

Cette plate-forme ASP est particulièrement bien adaptée au déploiement d'enquêtes en ligne, qui requièrent des options simples de mise en forme et un niveau d'analyses plutôt basique.

2.2 La conception du questionnaire en ligne

La première phase est la **conception du questionnaire.** Elle ne diffère pas des méthodes traditionnelles (voir chapitre 1), si ce ne sont les options de mise en forme liées aux potentialités du multimédia que nous allons détailler ci-après. Celles-ci favoriseront le bon déroulement du questionnaire : une meilleure compréhension, un agrément accru, la prévention des erreurs de saisie ou de certaines incohérences, au service d'une plus haute qualité des réponses.

Photos, sons, animations et vidéos

Les formulaires sur l'Internet permettent de mettre en place des protocoles de questionnement qui incluent des images, des sons ou des vidéos. Bien évidemment, pour les vidéos, il faut s'assurer que la cible de l'enquête dispose d'une connexion de bonne qualité. En revanche, pour les sons et surtout les images, tous types de connexion peuvent afficher correctement les formulaires. Pour les images à inclure dans vos formulaires sur l'Internet, il faut privilégier le format .gif, qui est relativement léger, et éviter surtout le format .bmp dont le téléchargement est très lourd.

Insertion d'une image dans un formulaire

À partir des formulaires multimédias, on insère une image *via* le menu Insertion, puis on choisit Image et enfin, depuis le bouton Autre..., le fichier que l'on souhaite charger.

Figure 4.7

L'insertion d'une illustration dans les formulaires multimédias.

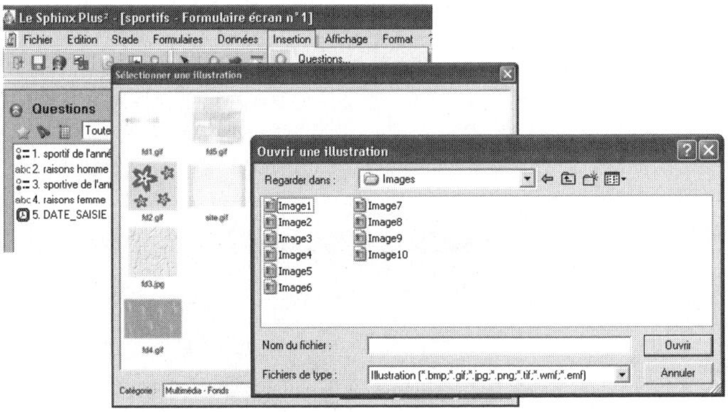

Par ailleurs, de nombreuses options permettent d'introduire de l'interactivité dans le déroulement de l'interview en ligne. Schématiquement, il s'agit de conditionner la succession des questions en fonction des réponses précédemment choisies par la personne interrogée.

La gestion automatique des renvois (ou sauts)

Les questionnaires « programmés » pour l'Internet permettent d'automatiser les renvois et la présentation conditionnelle d'une question ou d'une consigne. Dans l'enquête Equatoria en vue du lancement d'un nouveau jus d'orange (section 1.1 du chapitre 1), on peut mettre en place les procédés suivants :

- Si le répondant déclare qu'il ne boit pas de jus d'orange au petit déjeuner, il sera directement « aiguillé » vers la partie concernant les autres boissons consommées (café, thé, eau, lait, soda, etc.). Il fera abstraction des questions portant sur la fréquence, le volume et les marques de jus d'orange consommé. Il s'agit d'un **renvoi.**
- En fin de questionnaire, la question « Combien d'enfants avez-vous ? » n'apparaîtra évidemment que si le répondant déclare avoir des enfants. Il s'agit d'une **condition de présentation** sur la question « Nombre d'enfants ».

Les légendes conditionnelles

De même que pour la présentation conditionnelle d'une question, il est possible de paramétrer une consigne ou une légende : tout texte informatif à destination du répondant pour l'aider ou lui rappeler les règles du questionnaire. Le chargé d'études peut insérer une légende sur une page du formulaire, qui ne s'affichera qu'en fonction d'une condition plus ou moins complexe prédéfinie.

Par exemple, si un répondant a formulé une réponse jugée trop courte à une question ouverte très importante, on peut décider de lui présenter de nouveau la question, avec une consigne l'invitant à en dire plus… Les figures ci-dessous illustrent ce procédé.

Création d'une condition pour une question ou une légende

Dans les formulaires multimédias de Sphinx, on peut associer une condition de présentation sur une question ou une légende. Une fois l'objet inséré dans le formulaire, on le sélectionne puis par un clic droit, on accède à l'option Modifier le format. L'onglet Fonctionnement permet de spécifier un « affichage conditionnel », selon un profil donné qui se définit dans un menu spécifique.

Figure 4.8

Programmation d'une légende conditionnelle.

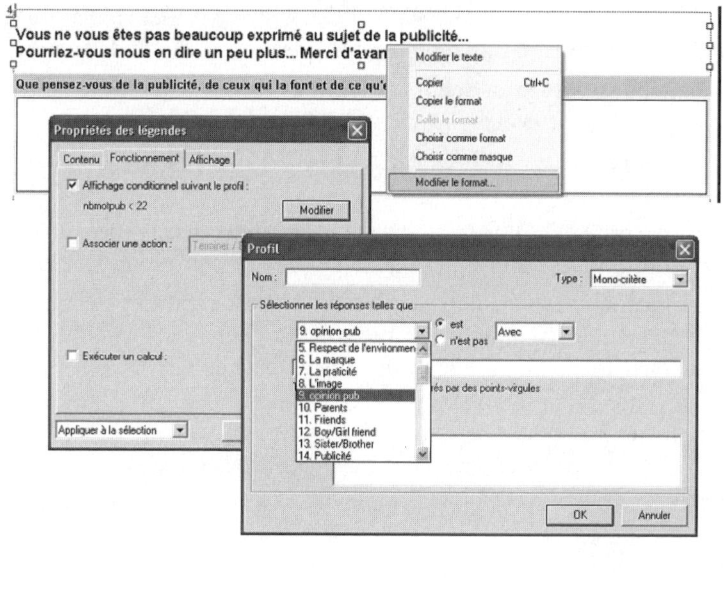

Les deux figures suivantes illustrent le résultat d'une légende conditionnelle qui apparaît si le nombre de mots cités est insuffisant pour la question ouverte n° 9 (opinion sur la publicité).

Figure 4.9

Exemple de légende conditionnelle activée en ligne.

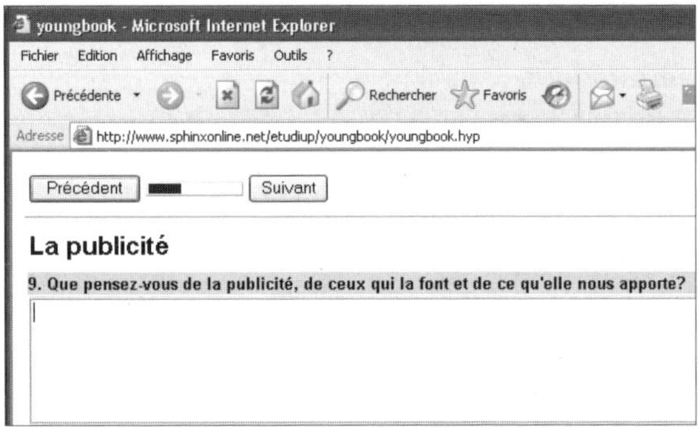

Figure 4.10

Exemple de légende conditionnelle activée en ligne.

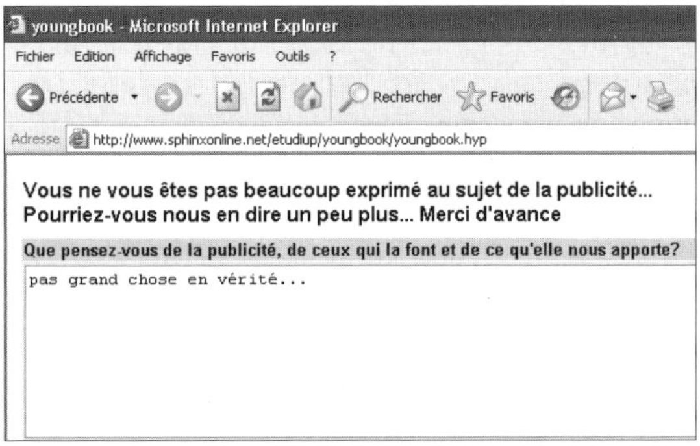

Les contrôles d'intégrité

Afin d'assurer un bon remplissage, il est possible d'insérer des contrôles, d'alerter le répondant et de bloquer la progression du questionnaire dans les cas suivants :

- une non-réponse à une ou plusieurs question(s) clé(s) de l'enquête ;
- une réponse située en dehors des limites réalistes attendues : un âge « canonique », un nombre de pays visités supérieur à 100, etc. ;
- trop de modalités cochées par rapport au nombre spécifié dans l'intitulé de la question ;
- le non-respect d'un format attendu de réponse : en France, un code postal doit compter cinq chiffres ; un numéro de téléphone en comprend forcément dix, etc.
- des incohérences évidentes entre différentes réponses de l'enquête : un individu se déclarant par exemple « très mécontent » sur la plupart des critères évalués lors de l'enquête et qui attribuerait une note globale de satisfaction de 10 sur 10...

Contrôles d'intégrité

À l'aide de la fonction Propriétés du formulaire, puis d'un clic sur l'onglet Contraintes, on pourra : définir un ensemble de profils jugés incohérents ; rédiger le message qui s'affichera en cas de problème.

Figure 4.11

Programmation des contrôles d'intégrité.

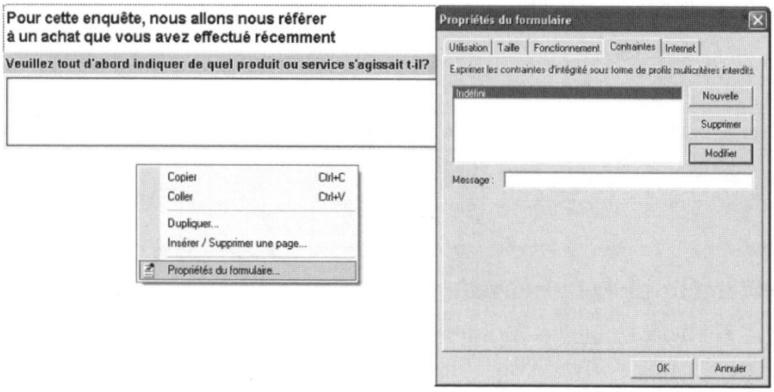

Calcul d'un *scoring* ou de nouvelles variables en ligne

Dans certains cas, la possibilité d'un **calcul de score ou de profil** directement en ligne durant la séquence de l'interview peut se révéler intéressante. Pour ce faire, dans le paramétrage du questionnaire, on associe des barèmes à certaines réponses (voir chapitre 2, focus 1).

À mesure que le répondant coche certaines modalités ou saisit certaines valeurs, un « score » se calcule progressivement. Par la suite, ce score pourra lui être restitué en ligne, accompagné le cas échéant :

- d'une légende correspondante, sur le mode des tests de personnalité dont de nombreux magazines sont friands : « Vous obtenez le score de 89 sur 100. Bravo, vous êtes un expert de... » ;
- d'une série de nouvelles questions pour les individus ayant obtenu un score donné : « Vos réponses indiquent que vous êtes globalement insatisfait de nos services, veuillez nous proposer des pistes d'amélioration sur... » ;
- d'une conclusion qui l'invite à choisir tel ou tel produit à l'aide d'un questionnaire « marketing » d'identification des besoins, ou encore telle ou telle formation à l'aide d'un questionnaire d'évaluation de compétences (voir figure 4.12).

Figure 4.12

Exemple de mise en œuvre d'un scoring en ligne.

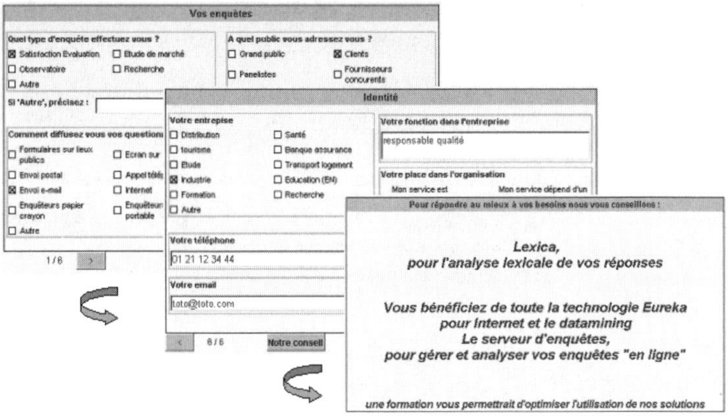

Paramétrage d'une nouvelle variable calculée

Depuis les formulaires multimédias de Sphinx, dans le menu Données, on choisit Calculer, Calculer une nouvelle variable. On accède alors à un écran de paramétrage où l'on sélectionne les variables à prendre en compte dans le calcul ainsi que les opérations à effectuer. Un bouton Modèles permet de spécifier quelques cas classiques, tels que la moyenne ou la pondération, et de visualiser des exemples.

Figure 4.13

Écran de paramétrage pour le calcul d'une nouvelle variable dans Sphinx.

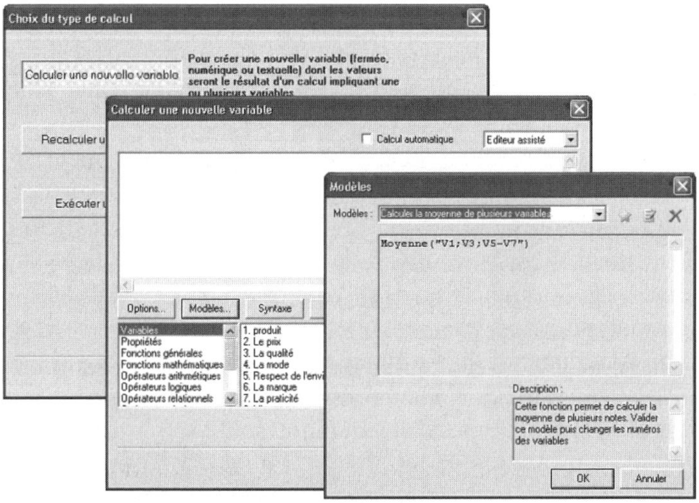

La présentation aléatoire des questions ou des modalités

Ce procédé consiste à programmer une présentation aléatoire :

- Des modalités d'une question fermée.
- Des questions à l'intérieur d'un groupe de questions, comme une batterie d'échelles.
- Il permet d'éviter des effets bien identifiés qui peuvent altérer la qualité des réponses, comme les effets d'ancrage ou de halo (voir focus 2).

Par ce processus, il ne s'agit pas bien entendu de présenter l'ensemble des questions selon un processus aléatoire ; sinon, la séquence du questionnaire ne répond plus à aucune logique.

Présentation aléatoire des modalités d'une question fermée

À partir des formulaires multimédias, on sélectionne Propriétés de la question, en double-cliquant sur la question ou en cliquant droit et en choisissant Modifier le format. On accède ainsi à l'onglet Zones, qui permet de spécifier la disposition des modalités. Il reste alors à sélectionner Aléatoirement, dans le menu déroulant.

Figure 4.14

Paramétrage pour la présentation aléatoire des modalités d'une question.

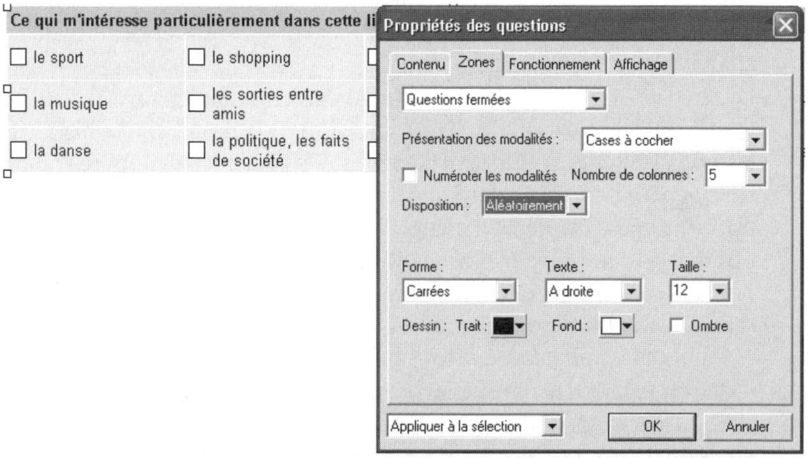

Focus 2 — **Quelques effets pervers dans le processus de réponse**

Effet de désirabilité sociale : le répondant souhaite projeter une image valorisante aux yeux de l'enquêteur et oriente ses réponses, afin d'être considéré plus positivement. Il ment, exagère ou feint des habitudes ou des opinions socialement bien reconnues. Par exemple, il surévalue sa catégorie socioprofessionnelle ou augmente son revenu personnel. Il peut également masquer certains comportements électoraux extrémistes ou sous-évaluer le temps qu'il consacre à regarder la télévision.

Effet de consentement : par souci de politesse, de sympathie ou par facilité, le répondant acquiesce exagérément aux propositions formulées dans le questionnaire. Il est d'accord sur tout ou satisfait de tout. Pour contrecarrer cette tendance, on veille à alterner propositions positives et négatives dans une batterie d'échelles.

Effet d'ancrage : dans une question fermée, les modalités proposées en premières positions à l'oral ou en haut à gauche à l'écrit auront une probabilité plus forte d'être choisies. Sur l'Internet ou par téléphone, pour neutraliser cet effet, on prévoit une présentation aléatoire des modalités.

Effet de halo : l'opinion formulée sur une question peut influencer la réponse donnée aux questions suivantes. Dans une enquête de satisfaction, notamment, il faudra bien séparer la satisfaction globale des satisfactions partielles, afin que celle-ci ne soit pas artificiellement contaminée par l'opinion formulée sur un critère voisin.

2.3 La diffusion de l'enquête en ligne

La diffusion d'une enquête en ligne peut s'opérer généralement selon deux modes : depuis un site Web ou *via* un e-mailing. Le premier procédé est la **mise à disposition du lien vers le questionnaire depuis un site Web** – pour les visiteurs du site, les clients, les prospects, etc. – ou depuis un Intranet – pour les collaborateurs, les étudiants, etc. Cette méthode est relativement simple et très utile quand on s'adresse spécifiquement aux visiteurs réguliers d'un site Internet. Il peut s'agir par exemple d'une simple enquête d'évaluation des services et des informations disponibles sur ledit site. Toutefois, ce procédé par nature très « ouvert » est forcément limité dans les possibilités de suivi et de contrôle que l'on peut exercer sur le déroulement de l'enquête. Il conviendra d'opérer un sérieux nettoyage des réponses (voir chapitre 3) avant de commencer une quelconque analyse des résultats.

La deuxième technique, bien plus fréquemment utilisée, consiste tout simplement à envoyer un e-mail à destination de chaque individu de la population cible. Ce procédé d'**e-mailing** est à peine plus lourd à mettre en œuvre et il présente de nombreux intérêts que nous allons développer ci-après. Les modules d'e-mailing sont désormais complètement intégrés aux plates-formes d'enquêtes en ligne. Ils permettent successivement de :

- rédiger un message comprenant éventuellement une ou plusieurs images, dont le logo de l'organisme émetteur, et bien entendu le lien vers le questionnaire. On peut intégrer directement le formulaire au sein même du mail, mais la plupart des options interactives décrites auparavant seront indisponibles.
- définir la liste des destinataires en les saisissant ou plus fréquemment en téléchargeant un fichier d'adresses e-mail depuis un tableur.
- spécifier une date de clôture de l'enquête au-delà de laquelle le répondant recevra un message lui indiquant la fin de l'étude.
- attribuer un identifiant à chaque destinataire afin d'éviter que celui-ci ne réponde plusieurs fois, mais pour lui permettre aussi le cas échéant de revenir pour compléter un questionnaire non terminé lors d'une première connexion.
- gérer les relances sur les non-répondants.

Réalisation d'un e-mailing depuis SphinxOnline

Un menu d'e-mailing est disponible sur la plate-forme SphinxOnline. Il permet notamment de : définir sa liste de destinataires ; rédiger le message ; gérer le rythme des envois ; effectuer des relances ; suivre le déroulement de l'enquête.

La troisième solution est consacrée à la **gestion d'une communauté de répondants**, le panel, sollicitée pour répondre à plusieurs enquêtes. Il peut s'agir de l'ensemble des étudiants d'un établissement de formation qui évaluent tous les cours qu'ils ont suivis durant l'année universitaire. Il peut s'agir bien évidemment d'un groupe de panélistes recrutés par une société spécialisée, afin de répondre régulièrement à des enquêtes Web sur différents sujets, en fonction des demandes des clients de cette entreprise.

Dans ce cas, préalablement informés par e-mail, les répondants panélistes ont accès à un « portail » à accès personnalisé. Après identification, on les informe de l'enquête (ou des enquêtes) qui les concerne(nt) et sont invités à y répondre.

Ce système nécessite bien entendu un sérieux travail d'administration de la part du chargé d'études afin :

- de gérer sa communauté de répondants potentiels, les « panélistes » ;
- d'attribuer aux différents utilisateurs les enquêtes qui les concernent ;
- de suivre le déroulement des enquêtes, gérer les relances, les clôtures, etc.

Le cas Pyramide Panel offre une illustration concrète de ce type d'applications, que l'on peut gérer dans la plate-forme SphinxOnline. On peut consulter cet exemple à l'adresse : **www.suristat.fr/rubrique4.html**.

Focus 3 **Panels**

Un « **panel** » est un échantillon permanent de volontaires recrutés pour répondre régulièrement à des enquêtes. Les membres d'un panel sont appelés les « panélistes ». On peut les solliciter à plusieurs reprises sur le même thème ou sur des sujets différents. S'ils effectuent correctement leur mission, on les rétribue souvent sous la forme d'avantages en nature.

Il existe des panels de :

- **consommateurs** : le plus connu en France est sans doute Worldpanel, de TNS, qui, à travers un échantillon de 12 000 foyers, mesure les achats des ménages français, pour leur consommation à domicile. Voir **http://www.secodip.fr/worldpanel/htm/produits/worldpanel.asp**. Des panels de consommateurs accessibles en ligne, comme **www.panelontheweb.com** ou **www.testconco.fr**, ont vu le jour ces dernières années et permettent de suivre les comportements et les opinions d'une manière encore plus réactive.
- **professionnels** : comme les panels IMS de médecins et de pharmaciens, ils sont destinés principalement à suivre les pratiques de prescription dans le domaine de la santé.
- **distributeurs** : comme ScanTrack, l'un des panels Nielsen représentatif de l'univers français de la grande distribution. On utilise une double méthode de collecte d'information : une collecte électronique et hebdomadaire des ventes en magasins par technologie *scanning*, et des relevés effectués par les inspecteurs, des données explicatives comme les promotions, prospectus, ou expositions sur le point de vente.

2.4 La sélection d'un échantillon

Les questions d'échantillonnage sont traditionnellement le « talon d'Achille » des enquêtes en ligne. De nombreux chercheurs pointent du doigt l'impossibilité de réaliser un échantillonnage vraiment fiable dans le cadre d'une étude sur l'Internet et notamment quand on cible le grand public. Le problème majeur est la « **couverture** » de ce médium : est-on sûr que tous les individus de la population mère sont connectés et qu'ils ont donc une probabilité identique d'être sélectionnés dans l'échantillon ?

Il est vrai que, dans de nombreux cas, ce prérequis n'est pas respecté. Si l'on réalise sur le Web, par e-mail ou sur un site, une enquête d'intention de vote pour la prochaine élection présidentielle, les résultats enregistrés ne refléteront que l'opinion des internautes. Or, ceux-ci ne sont pas encore représentatifs de l'ensemble de la population du pays, notamment en ce qui concerne les seniors (voir tableau 4.2). Il est vrai que les statistiques montrent qu'avec le temps, l'écart se resserre de plus en plus.

Tableau 4.2 : Évolution du profil des internautes français depuis 2001

Sexe	T4 02	T4 03	T4 04	France
Homme	56,0 %	53,9 %	53,0 %	48,2 %
Femme	44,0 %	46,1 %	47,0 %	51,8 %
Âge	**T4 02**	**T4 03**	**T4 04**	**France**
11-15	11,8 %	12,5 %	12,7 %	7,2 %
16-24	24,4 %	23,4 %	23,3 %	13,3 %
25-34	20,7 %	19,8 %	19,3 %	15,1 %
35-49	25,2 %	24,7 %	25,7 %	24,7 %
50-64	14,7 %	16,4 %	15,3 %	20,6 %
65 et +	3,2 %	3,2 %	3,8 %	19,1 %
CSP	**T4 02**	**T4 03**	**T4 04**	**France**
CSP +	32,5 %	31,8 %	34,4 %	20,8 %
CSP –	24,8 %	23,9 %	24,7 %	30,5 %
Retraités	4,3 %	5,1 %	5,7 %	21,0 %
Étudiants	20,7 %	20,4 %	19,8 %	10,5 %
Autres inactifs	17,7 %	15,8 %	15,4 %	17,2 %

On peut néanmoins reconstituer empiriquement la représentativité. Pour ce faire, il suffit **d'extraire *a posteriori***, d'une très grande base de réponses obtenues à moindre coût, un échantillon qui respecte les proportions attendues (voir chapitre 3) ou soit en adéquation avec une cible très précise qui nous intéresse. À ce titre, l'Internet est un canal qui se prête parfaitement à la mise en place d'enquêtes pointues sur des **populations très ciblées**.

On peut également faire appel à des sociétés spécialisées dans les « **panels** » **d'internautes**, capables – compte tenu du grand nombre d'individus qu'elles recrutent – de fournir des échantillons qui répondent à des caractéristiques très précises. Par ailleurs, bien conscientes de ces questions méthodologiques, ces sociétés d'*access-panels* en ligne produisent un gros effort pour identifier des représentants de certaines catégories traditionnellement sous-équipées, comme les femmes âgées issues de milieux modestes.

Dans le cas d'un panel en ligne, il est fréquent que le chargé d'études doive sélectionner un échantillon en respectant des quotas imposés par la cible de l'enquête. Sa liste de panélistes intègre bien entendu les caractéristiques des individus inscrits. Il pourra alors extraire automatiquement de sa base de contacts un échantillon d'une taille donnée, qui respecte des quotas définis dans un module spécifique de la plate-forme d'enquête en ligne.

En revanche, pour les études **en milieu professionnel**, la diffusion de l'Internet est telle que, aujourd'hui, les enquêtes en ligne ne posent aucun problème méthodologique et constituent même une **méthode de premier choix**.

Au-delà du critère de la représentativité en termes de catégories socioprofessionnelles, les échantillons d'internautes présentent **d'autres intérêts sur le plan sociologique**. Daniel Bô, directeur de l'Institut d'études QualiQuanti, souligne justement : « *Choisir l'Internet comme canal d'interrogation revient à donner la parole à des populations plus ouvertes à la nouveauté et à anticiper sur l'évolution de la société.* »

2.5 Le contrôle de l'accès à l'enquête

Les capacités technologiques de l'Internet nous autorisent à concevoir des protocoles d'accès très riches et diversifiés, que l'on pourra adapter finement aux objectifs et à l'esprit de l'enquête.

On a le choix par exemple entre différents niveaux possibles de **contrôles d'accès**. L'enquête peut se dérouler en accès totalement libre et ouvert. La solution de protection la plus basique consiste à établir un seul mot de passe identique pour tous les répondants qui souhaitent accéder au questionnaire. Il est également possible – et souvent souhaitable – de prévoir un code d'accès unique (un **identificateur**) communiqué automatiquement à chaque répondant dans l'e-mail d'invitation, qui permettra de le reconnaître et de suivre son comportement. Ce procédé fondamental pour les enquêtes en ligne a des conséquences majeures sur la gestion de l'étude :

- Il permet de repérer précisément qui a répondu et qui ne l'a pas fait, afin d'opérer une relance bien ciblée.
- Il autorise le préremplissage de certaines informations d'identité incluses dans l'étude et susceptibles d'apparaître sur le formulaire de saisie, afin de personnaliser la démarche d'interrogation et d'économiser la saisie de renseignements préalablement connus.
- Cependant, il lève clairement l'impression de confidentialité de l'enquête.

Définition d'identificateurs de saisie

Au moment de la publication de l'enquête depuis Sphinx, les options avancées permettent d'associer une liste d'**identificateurs de saisie.** Ceux-ci seront communiqués individuellement aux répondants et seront nécessaires au moment de la connexion au questionnaire. Ils permettront d'insérer des informations d'identité dans le formulaire en ligne, en cours de session.

Figure 4.15

Identificateur de saisie dans une enquête en ligne.

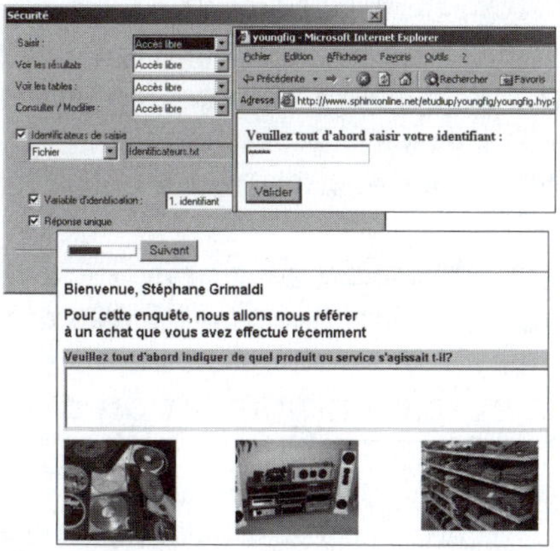

Dans le module d'e-mailing, cette identification est automatique, en activant l'option correspondante.

Le chargé d'études se trouve parfois confronté à des situations où la **même enquête** s'adresse à des **sous-populations différentes.** C'est bien entendu le cas des enquêtes multilangues. Mais on peut également diffuser des questionnaires qui intègrent quelques variantes en fonction du profil de la personne interrogée. Une banque, par exemple, envisage de questionner l'ensemble de ses clients, tout en sachant que certaines parties de l'enquête concernent seulement les commerçants et artisans, d'autres uniquement les particuliers, etc. À partir de la même liste de questions, les applications d'enquêtes en ligne permettent de constituer plusieurs formulaires de saisie différents mais dont les réponses documentent une seule et même base de données. Pour les enquêtes internationales, le même questionnaire traduit en autant de langues que nécessaire sera décliné sur plusieurs formulaires de saisie, et les réponses en provenance de plusieurs pays s'agrégeront dans un seul et même fichier.

Enfin, après la saisie des réponses, à la **fin de la séquence d'interview**, le Web offre des possibilités intéressantes pour :

- rappeler à la personne interrogée les réponses qu'elle a déclarées, et lui permettre de les compléter ou de les corriger ;
- présenter quelques résultats de l'étude, calculés en temps réel jusqu'au moment où le répondant s'est lui-même exprimé.

2.6 Le suivi du déroulement de l'enquête

Il est particulièrement intéressant pour le chargé d'études de disposer de différents indicateurs et d'outils de *tracking* susceptibles d'assurer le bon déroulement de son enquête. La plate-forme met à sa disposition les informations suivantes en temps réel :

- le taux de réponse global ou par profils de répondants ;
- le taux de rétention ou d'aboutissement (voir chapitre 3), à savoir le pourcentage d'individus ayant commencé le questionnaire et l'ayant effectivement terminé ;
- la localisation des abandons, c'est-à-dire les pages où les individus quittent le plus fréquemment l'enquête. Traditionnellement, il s'agit des deux premières pages, qui concentrent généralement les 2/3 des déconnexions ;
- le temps moyen de connexion consacré au questionnaire, information particulièrement utile en phase de test ;
- s'il le désire les chemins de navigation les plus fréquemment utilisés par les répondants ;
- l'ensemble des réponses saisies visualisables souvent en mode tableur ;
- une synthèse sommaire des principaux résultats de l'enquête.

2.7 L'analyse et la communication des résultats

Les plates-formes d'enquêtes en ligne, telles que **www.sphinxonline.com**, proposent aujourd'hui la plupart des fonctions de nettoyage et d'analyse traditionnellement disponibles dans les logiciels *off-line*. L'intérêt pour le chargé d'études réside toujours dans l'intégration de ses fonctions au sein d'une seule et même application, ce qui lui garantit plus de rapidité et de fluidité dans l'enchaînement de ses travaux et, donc, une meilleure productivité.

Le responsable de l'étude doit souvent communiquer des résultats à une ou plusieurs personnes, au cours ou à l'issue de la campagne. Au sein de la plate-forme, il pourra mettre à disposition de ses interlocuteurs : tout ou partie des résultats sur l'ensemble de la population étudiée ou sur un profil les concernant spécifiquement ; tout ou partie des questionnaires, tels qu'ils ont été documentés par les répondants, ou sous forme de fiches récapitulatives, toujours avec un accès restreint par identifiant.

3 Les enquêtes par téléphone

Aujourd'hui, on peut déployer les enquêtes par téléphone selon des modes plus ou moins perfectionnés. Le plus simple consiste à ce que des téléopérateurs composent **manuellement** les numéros, à partir d'une liste de contacts disponible sur papier. De plus en plus fréquemment, la base de contacts est saisie sous forme informatique et peut ainsi être partagée par l'ensemble des enquêteurs. Il s'agit alors d'un système **CATI** (*Computer Assisted Telephone Interview*). En parallèle, on peut **automatiser** la composition des numéros *via* une liaison dite **CTI** (*Computer Telephony Integration*) entre les systèmes informatique et téléphonique de l'entreprise.

Quelle que soit la technologie mise en œuvre, l'enquête par téléphone présente les intérêts suivants :

- un assez bon rapport qualité-prix entre la précision de l'enquête et les coûts engendrés ;
- une certaine rapidité de mise en œuvre ;
- un bon ciblage possible de la population à interroger, sur un large territoire ;
- un assez bon taux de réponse, en baisse néanmoins au cours des dernières années ;
- un bon suivi possible des enquêteurs, en comparaison des méthodes en face en face ;
- comme toutes les méthodes dites assistées, un bon contrôle du processus de réponse grâce à l'intervention de l'enquêteur qui peut mieux expliquer les questions, relancer en cas de besoin ;
- l'atténuation probable des effets de « désirabilité sociale », par rapport au face-à-face.

Les inconvénients majeurs résident dans les points suivants :

- Une difficulté d'accès à certaines populations : la liste rouge regroupe tout de même 16 % des abonnés, les « exclusifs mobiles » ne disposant plus de ligne fixe se situent entre 10 et 15 %, sans compter les personnes qui s'inscrivent progressivement sur des *black lists*, afin de ne pas être contactés dans le cadre d'enquêtes ou de prospection téléphonique… Pour contourner l'obstacle, certains instituts pratiquent la « déclinaison » des numéros, afin de contacter les abonnés absents de l'annuaire en créant aléatoirement des numéros à partir de préfixes connus. Mais ceci n'est guère conforme à la déontologie des enquêtes.
- Le téléphone se prête à des questionnaires plutôt courts, c'est-à-dire comprenant moins d'une quarantaine de questions ; le nombre de modalités proposées dans les questions fermées ne doit pas être excessif : pas plus de sept ou huit.
- Il est bien entendu impossible d'utiliser des supports visuels ou matériels.
- Les conditions d'interrogation ne sont pas confortables pour le répondant, ce qui peut engendrer, si l'enquêteur n'y prête pas garde, des réponses rapides et bâclées.

Mise en place dans le cadre d'un système CATI, l'enquête téléphonique bénéficie de la puissance des technologies aujourd'hui disponibles, pour un entretien mieux mené et pour un suivi optimisé. Nous allons décrire ci-dessous les différentes étapes de la réalisation d'une enquête CATI.

3.1 Les différents acteurs

Un système de gestion d'enquêtes CATI fonctionne généralement en mode client-serveur. Cela signifie que plusieurs acteurs indépendants ont accès à un même logiciel central qui exécute à leur demande diverses tâches autorisées, selon le schéma ci-après (voir figure 4.16). Il sera intégré plus ou moins fortement au système téléphonique du centre d'appels pour une numérotation manuelle ou automatique.

Figure 4.16

Architecture générale d'un système CATI.

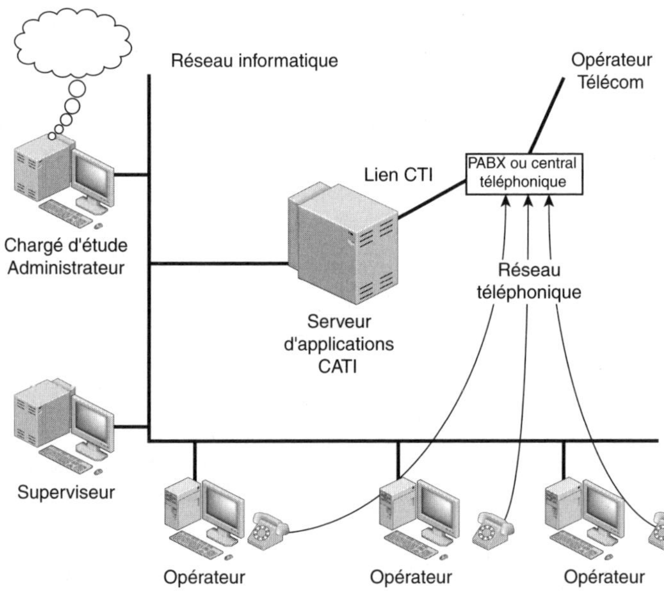

Les trois types d'acteurs principaux d'une architecture CATI sont :

- l'**administrateur** (il peut s'agir du chargé d'études) : il rédige le questionnaire, le met en forme pour une configuration « écran », il prépare et intègre la base d'appels, il définit le mode de gestion des appels, il définit d'éventuels quotas, il traite et analyse les résultats.
- le **superviseur** : il recrute, forme et suit les performances de son équipe d'enquêteurs, il consulte régulièrement les statistiques de la campagne.
- les **téléopérateurs** : ils qualifient les appels et administrent le questionnaire.

3.2 La préparation du questionnaire

Informatisé, comme pour les enquêtes *via* l'Internet, le questionnaire sera rendu plus « intelligent » et donc mieux documenté.

Pour le répondant :

Les enquêtes CATI permettent de programmer des formulaires pour rendre l'interview plus interactive et plus encadrée (voir section 2.2) grâce à :

- la gestion automatique des renvois ou sauts ;
- des questions ou des légendes conditionnelles ;
- des contrôles d'intégrité ;
- le calcul d'un *scoring* ou de nouvelles variables en cours d'interview.

Pour l'enquêteur :

Quand il téléphone, plus l'enquêteur dispose d'informations au sujet de son interlocuteur mieux il est « armé » pour conduire son entretien. Dans cette optique, le concepteur de l'enquête insérera dans le questionnaire des **champs automatiques préremplis**. Ces derniers s'afficheront à destination du téléopérateur, afin de mieux l'informer des caractéristiques de son contact : le nom bien entendu, mais éventuellement l'âge, la profession, son équipement ou son agence de rattachement par exemple. Ces informations peuvent apparaître dans un en-tête visible sur tous les écrans de l'interview. Par ailleurs, il est possible de rappeler à l'enquêteur en cours d'entretien des **réponses précédemment formulées** par le répondant.

L'administrateur de l'enquête peut également prévoir des **instructions complémentaires** à destination du téléopérateur, qui s'afficheront dans certaines conditions. Il peut s'agir :

- de bien penser à faire préciser le choix dans le cas de la modalité « autre » ;
- de demander des explications complémentaires en cas d'évaluation inférieure à 5/10 ;
- d'accélérer l'entretien si l'on dépasse un temps maximum imparti.

Figure 4.17

Écran d'un formulaire conçu pour une enquête CATI.

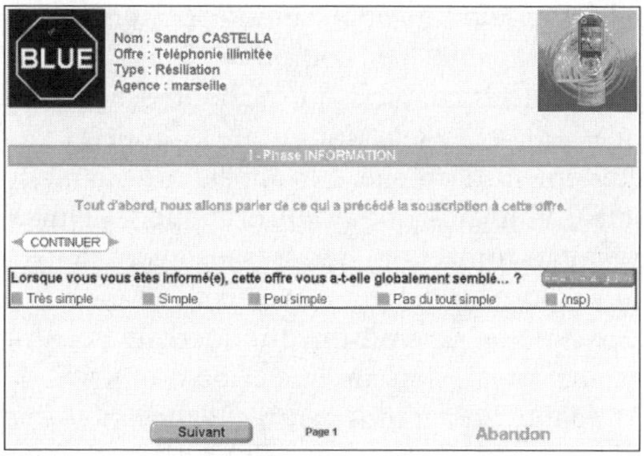

3.3 Le traitement de la base d'appels

Par définition, dans les enquêtes CATI, la base d'appels est informatisée. Celle-ci pourra être gérée selon différents modes de séquencement, qui prévoient la manière dont les numéros seront proposés aux télé-enquêteurs :

- mode ***preview*** : le téléacteur se voit proposer un numéro, ou une liste de numéros, et il décide ou non de déclencher l'appel. Il peut laisser passer l'appel et le rendre disponible pour les autres enquêteurs. Dans le cas d'une liste, il sélectionne le contact qu'il souhaite traiter et déclenche alors la composition automatique du numéro. Ce système laisse une certaine liberté au téléopérateur. Il se prête à des contextes où le nombre d'appels à traiter reste plutôt modeste et où l'on veut laisser une responsabilité maximale à l'enquêteur dans la gestion de ses contacts, pour une démarche assez qualitative.
- mode **progressif** : le téléopérateur n'a pas le choix du contact à traiter. Il se voit immédiatement proposer une fiche à traiter, alors que le numéro est composé automatiquement en simultané. Il est tout de suite dirigé vers l'écran de qualification de l'appel, première phase de l'enquête téléphonique. Ce mode de séquencement est bien adapté pour des enquêtes où il faut traiter un gros volume de contacts.

Figure 4.18

Écran de qualification d'appel.

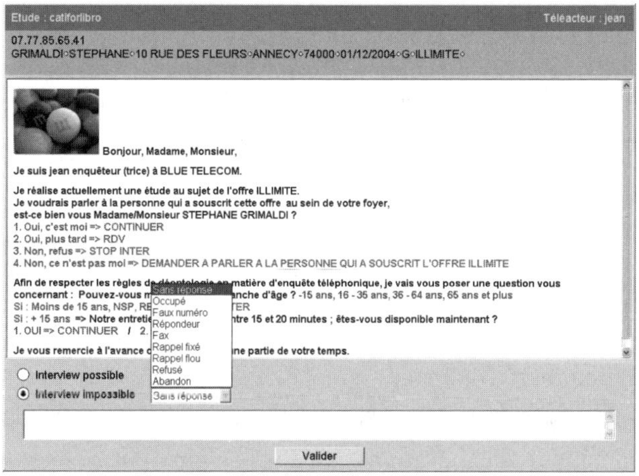

- mode **prédictif** : ce système CTI très perfectionné se base sur une architecture téléphonique intelligente. *Via* une application spécifique, le central téléphonique (autocommutateur) est capable de composer plusieurs numéros à l'avance. Il **filtre** automatiquement les contacts qui n'aboutissent pas (sans réponse, répondeur, non attribué ou erreur) et ne sélectionne que les appels réussis, pour lesquels un interlocuteur a effectivement décroché. Ces appels concluants sont alors distribués sur le premier téléacteur libre au sein du centre d'appels. Celui-ci reçoit simultanément la fiche correspondant au contact qui lui est transmis en ligne : à peine son entretien terminé, l'enquêteur est immédiatement mis en conversation avec une autre personne. Comme on le voit, ce système garantit une productivité maximale puisqu'il évite les pertes de temps liées aux appels non aboutis et qu'il optimise le temps disponible des téléacteurs. Il est adapté aux grands centres d'appels (au moins dix postes de télé-enquêteurs, appelés aussi *positions…*) qui réalisent de très lourdes campagnes et nécessite un réel investissement dans l'infrastructure téléphonique.

3.4 Sélection aléatoire ou gestion de quotas

Les systèmes d'enquêtes CATI sont idéaux pour programmer un mode de sélection précis des contacts à réaliser. Par défaut, celui-ci se base sur le hasard, ce qui signifie que les numéros sont composés (mode prédictif) ou proposés au téléopérateur selon une **procédure aléatoire**. Ceci garantit l'une des meilleures procédures possible d'échantillonnage réellement probabiliste.

La sélection peut toutefois s'opérer selon des règles empiriques définies par l'administrateur de l'enquête. Traditionnellement, il s'agit de définir nos fameux **quotas**. Tout système CATI permet d'établir des objectifs précis sur la nature des appels à traiter. Par exemple, on sait qu'il faut interviewer 1 000 personnes : 550 femmes et 450 hommes. Ces instructions seront transmises au logiciel de gestion des appels qui – une fois les 450 hommes interrogés – ne proposera que des contacts féminins à nos télé-enquêteurs.

3.5 La qualification de l'appel

L'étape préliminaire dans une enquête téléphonique consiste à **qualifier l'appel**. Dans les systèmes classiques *preview* ou progressifs, c'est l'enquêteur qui – après la composition de l'appel – le renseigne à l'issue du premier contact :

- soit il n'atteint aucun interlocuteur : le numéro peut être erroné ou non attribué, il aboutit sur un répondeur ou l'appel reste sans réponse ;
- soit il peut parler à un interlocuteur et lui présente la raison de son appel (accroche ou introduction) : la personne peut refuser l'interview, demander qu'on rappelle pour elle-même ou pour quelqu'un d'autre, enfin accepter de répondre au questionnaire.

Hormis le dernier cas évoqué, où l'enquête peut véritablement commencer, l'enquêteur devra « qualifier » le contact afin que le système CATI **traite ces contacts non aboutis** en conséquence :

- en présentant les rappels à la date et à l'heure saisies par l'enquêteur ;
- en représentant les appels sans réponse et les répondeurs dans un délai préétabli ;
- en évacuant de la base d'appels les faux numéros et les refus.

Selon le volume disponible de numéros à traiter et l'objectif de questionnaires à administrer, on pourra programmer un nombre maximum de tentatives. Celui-ci sera bas, éventuellement une seule tentative, si l'on souhaite traiter industriellement un grand nombre de nouveaux appels à partir d'une très grande base de contacts. On évitera ainsi les rappels, les répondants qui n'osent pas véritablement dire « non » et qui « promènent » nos enquêteurs. En revanche, il sera élevé, jusqu'à dix, si l'on dispose d'une base limitée et que l'on tienne particulièrement à contacter les personnes listées, selon une démarche ciblée.

3.6 La supervision de l'enquête

Au sein des dispositifs CATI, le superviseur est responsable du **suivi de la campagne d'appels**. En amont de l'étude, il briefe et forme les téléacteurs sur le sujet de l'étude, la manière de se présenter, les objectifs généraux à atteindre et toute consigne particulière propre au questionnaire à administrer. Il constitue son équipe d'enquêteurs, auxquels il affecte éventuellement des objectifs individuels et des cibles attitrées. Un opérateur pourra par exemple être affecté particulièrement aux étudiants, un autre aux retraités, en fonction des qualités et de l'expérience de chacun.

Souvent, le superviseur fixe une « cadence » minimum à respecter, qui correspond au nombre de questionnaires à réaliser en une heure. Il suivra continuellement cet indicateur clé qui assurera ou non… la rentabilité économique du projet. Il pourra le cas échéant, même si c'est assez rare dans le métier des études téléphoniques, attribuer des primes aux enquêteurs les plus productifs, en veillant à ne pas inciter au bâclage.

Sur le module de supervision de son outil CATI, il disposera d'une grande variété de statistiques portant sur :

- la qualité de la base d'appels (numéros erronés/nombre total de numéros) ;
- le taux de transformation des appels (nombre de questionnaires remplis/nombre d'appels aboutis) ;
- la situation par rapport aux objectifs , au total et éventuellement par profils ;
- les motifs d'échec les plus fréquents ;
- la durée moyenne des interviews ;
- le taux de transformation par jour de la semaine, par période de la journée, par enquêteur, etc.

En fonction de ces indicateurs, et de l'écoute régulière des interviews, le superviseur pourra informer, encourager ou recadrer les membres de son équipe et jouer pleinement son rôle de capitaine. Individuellement, il conseillera les télé-enquêteurs en difficulté afin qu'ils s'améliorent.

Comme pour les enquêtes sur l'Internet, l'administrateur du système peut prévoir que certains tableaux de résultats soient accessibles sur l'application CATI. Ainsi, il est en mesure de suivre en direct l'**évolution de certaines réponses clés** de l'étude. Cet accès sera attribué au chargé d'études, au superviseur ou au client (interne ou – plus compliqué – externe) de l'enquête.

Enquêtes par téléphone avec Sphinx

Un module complémentaire (Sphinx CATI) est disponible pour gérer les enquêtes téléphoniques à partir du logiciel Sphinx en preview ou en progressif. Il permet notamment de partager une base d'appels commune entre plusieurs opérateurs, de programmer des rappels, de gérer des quotas, de suivre en direct les statistiques des appels et les résultats de la campagne. La figure 4.19 est issue de Sphinx CATI.

Figure 4.19

Écran d'administration du système Sphinx CATI.

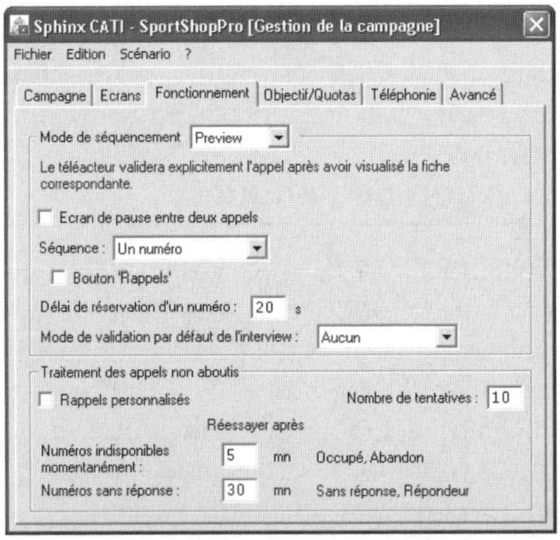

4 Les méthodes multiples ou multimodes

Sous l'effet du développement des nouvelles technologies de l'information et de la communication, de nombreux modes de collecte des réponses sont aujourd'hui disponibles. Des innovations ont vu le jour et viennent désormais compléter, voire concurrencer, les méthodes classiques et traditionnelles comme le dépôt, le courrier, le téléphone, le face-à-face ou l'Internet. Il s'agit par exemple des enquêtes sur répondeur téléphonique automatisé (IVR, pour *Interactive Voice Response*), sur téléphone portable ou *via* un terminal mobile comme le PDA.

Depuis quelques années, les taux de réponse aux enquêtes dans les pays occidentaux sont globalement en baisse, notamment pour les enquêtes par téléphone. Les méthodes multiples sont alors une réponse concrète et efficace à cet objectif d'optimisation des taux de réponse, chaque individu ayant sa préférence en matière de support idéal pour répondre à un questionnaire. Les enquêtes multimodales se divisent en trois types de combinaisons, qui se distinguent selon la manière dont les différents supports sont utilisés pour se compléter.

4.1 Enquête multimode simple

Selon ce procédé délicat, on découpe l'échantillon en plusieurs **sous-groupes** que l'on interroge selon des méthodes différentes. Par exemple, on diffuse par e-mail l'enquête de satisfaction d'une banque aux clients professionnels tandis qu'elle administrée par téléphone aux particuliers.

4.2 Enquête mixte en série

Pour interroger l'ensemble des répondants, on suit un processus qui utilise **successivement plusieurs supports**. On va par exemple envoyer le questionnaire par courrier, attendre la première vague de retours puis relancer les non-répondants par téléphone.

4.3 Enquête mixte en parallèle

Ce dispositif d'enquête permet aux répondants de **choisir** entre plusieurs méthodes de recueil de données simultanément disponibles et de passer le cas échéant de l'une à l'autre pour compléter l'interview. Pour une enquête de satisfaction, on envoie toujours le questionnaire par courrier, mais aussi par e-mail et, dans la lettre d'accompagnement, on peut fournir à notre contact un numéro gratuit où il pourra répondre *via* un répondeur automatisé (IVR).

Quoique coûteux, au premier abord, le principe des enquêtes multiples semble très séduisant mais il convient de prendre garde à certains écueils.

Figure 4.20

Les différents protocoles d'enquêtes multimodes.

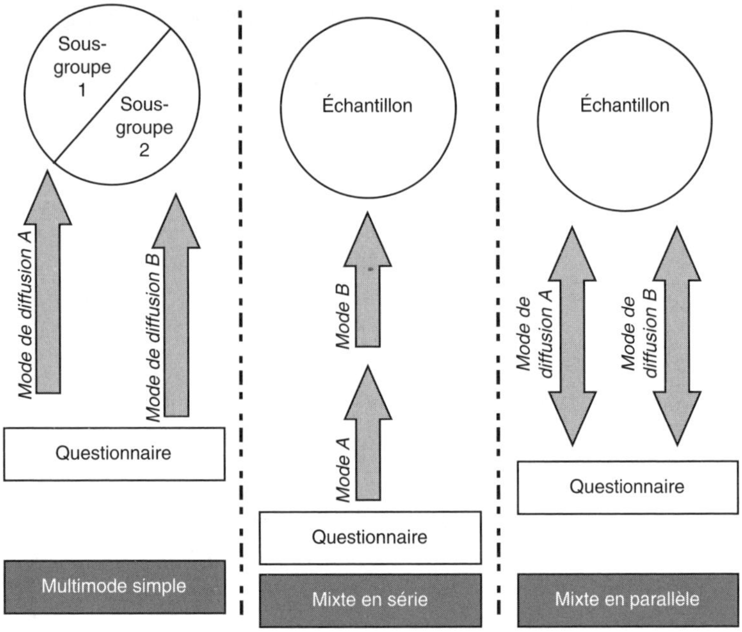

4.4 Les problèmes liés aux enquêtes multimodes

Le calibrage

Il existe évidemment un risque d'erreur de mesure différentielle, à cause de l'effet du mode de collecte sur le répondant. Par exemple, pour une enquête sur l'usage du téléphone mobile au volant, un interviewé formulera des réponses différentes selon qu'il est interrogé en face en face ou par e-mail. En face en face, il est identifié, l'effet de désirabilité sociale (voir focus 2) joue pleinement ; il a tendance à minimiser son comportement : 42 % des individus questionnés par un enquêteur déclarent l'utiliser rarement, parfois ou souvent pendant la conduite. Par e-mail, selon un procédé d'interrogation perçu comme plus anonyme, les répondants semblent plus sincères et 64 % des internautes admettent se livrer à ce comportement dangereux.

La couverture

Naturellement, les méthodes multiples introduisent un risque inégal de non-réponses sur une même cible sollicitée par des canaux différents. Prenons l'exemple d'une enquête menée auprès d'un échantillon de médecins. Par souci d'économie, un chargé d'études peu inspiré sera tenté de diffuser un questionnaire par courrier à la moitié de ses contacts, alors que les autres praticiens seraient interrogés en face en face, après prise de rendez-vous par téléphone. En résulterait une énorme différence de taux de réponse entre les deux groupes de médecins interrogés…

La complexité

La logistique et la préparation de ce type de dispositifs d'enquêtes sont assez complexes. Ceci entraînera des coûts et des sources d'erreur supplémentaires dans le processus d'étude.

4.5 Quelques préconisations pour mener à bien les enquêtes multimodales

Comme nous l'avons vu, quelques risques méthodologiques peuvent se présenter dans le cadre des enquêtes multiples. Pour éviter notamment les problèmes de calibrage, nous formulons les recommandations suivantes :

- Ne pas déployer d'enquête multiple sur des sujets sensibles tels que les revenus et la santé, peu adaptés aux techniques de recueil avec enquêteur.
- Proposer le même questionnaire pour tous les supports, court, formulé très simplement, avec des libellés concis.
- Ne pas dépasser les cinq ou six modalités de réponses possibles, pour les questions fermées, afin d'éviter les effets d'ancrage.
- Simplifier les échelles, privilégier quatre échelons plutôt que six ou sept.
- Éviter les « ne sait pas » ou « sans opinion » dans les méthodes autoadministrées.

5 La déontologie et la loi pour les enquêtes par questionnaire

La mise en place d'une enquête et la collecte des données qui en découle nécessitent la prise en compte de certaines lois et règles de déontologie. Nous les présentons succinctement dans cette section.

5.1 Des règles déontologiques

L'ESOMAR est l'association européenne des professionnels du secteur des études de marché. Depuis plusieurs décennies, elle a établi un code de déontologie qui vise à définir un cadre éthique dans lequel les enquêtes doivent se mener et que l'on peut considérer comme un référentiel du métier. Ce code définit les « pratiques loyales en matière d'études de marché et d'opinion ». Il comprend des règles générales et des sections plus précises qui traitent par exemple de la responsabilité professionnelle du praticien vis-à-vis de son client. Il intègre en outre une partie importante spécifiant en détail les droits des répondants. Elle est accessible en ligne par le lien suivant : **www.esomar.fr**.

5.2 La loi française : informatique et libertés

En France, la loi n° 78-17 relative à l'informatique, aux fichiers et aux libertés a été promulguée le 6 janvier 1978. Elle définit notamment quatre droits fondamentaux du citoyen en matière d'informatique et de libertés : l'information, l'opposition, l'accès et la rectification. Sauf exceptions, les traitements automatisés de données à caractère personnel font l'objet d'une déclaration auprès de la CNIL (Commission nationale de l'informatique et des libertés). Plus d'informations sont disponibles sur le site **http://www.cnil.fr/index.php?id=6**.

Le droit à l'information

Selon la CNIL, « *toute personne a le droit de savoir si elle est fichée et dans quels fichiers elle est recensée. Ce droit de regard sur ses propres données personnelles vise aussi bien la collecte des informations que leur utilisation. Ce droit d'être informé est essentiel car il conditionne l'exercice des autres droits tels que le droit d'accès ou le droit d'opposition.* »

Ainsi, tout organisme qui met en œuvre une enquête contenant des données personnelles destinées à être stockées et analysées doit théoriquement informer les répondants :

- de l'identité du responsable du traitement ;
- de l'objectif de la collecte d'informations ;
- des destinataires des informations ;
- des droits reconnus à la personne.

Dans le cadre d'une enquête sur l'Internet, on doit informer les personnes de l'emploi éventuel de témoins de connexion (cookies, variables de session…), et de la récupération d'informations sur la configuration de leurs ordinateurs (systèmes d'exploitation, navigateurs…).

Le droit d'opposition

Les répondants ont la possibilité de s'opposer à figurer dans un fichier. Tout répondant peut refuser, sans avoir à se justifier, que les données qui le concernent soient utilisées à des fins de prospection, en particulier commerciale.

Le droit d'accès

Toute personne justifiant de son identité a le droit d'interroger le responsable d'un fichier ou d'un traitement pour savoir s'il détient des informations sur elle, et le cas échéant d'en obtenir communication.

Le droit de rectification

Toute personne peut faire rectifier, compléter, actualiser, verrouiller ou effacer des informations qui la concernent lorsqu'ont été décelées des erreurs, des inexactitudes ou la présence de données dont la collecte, l'utilisation, la communication ou la conservation est interdite.

Résumé

De nombreux supports sont aujourd'hui disponibles pour diffuser une enquête. Sans *a priori*, le chargé d'études devra évaluer les avantages et les inconvénients de chaque solution, en fonction des objectifs de l'étude, de la nature de la population à interroger, et surtout du temps et du budget disponibles. Il pourra même envisager de déployer une méthode multimode tout en prenant garde aux écueils liés à cette approche innovante. Le chapitre qui se termine devrait l'aider dans ses réflexions et le guider dans ses choix.

Exercices

Exercice 1. Questionnaire pour les étudiants

a. Quelle est la meilleure méthode pour diffuser un questionnaire auprès d'un groupe d'étudiants en master de finance, afin d'identifier leurs projets professionnels ?

b. Ci-joint plusieurs exemples d'enquêtes où sont décrits succinctement l'objectif de l'étude, les caractéristiques du questionnaire ainsi que la nature de la population cible. Sur la base de ces informations, veuillez préconiser la méthode de collecte des réponses qui vous semble la plus appropriée. Justifiez vos choix.

Tableau 4.3 : Présentation des cinq enquêtes

Cas	Objectif de l'étude	Questionnaire	Population à interroger	Mode de collecte
1	Évaluer la satisfaction de la clientèle professionnelle d'un éditeur de logiciels de gestion commerciale	Simple, assez court (20 questions)	Clientèle captive, familière du produit (assistantes commerciales, responsable des ventes), en grand nombre (plusieurs milliers)	?
2	Sonder l'opinion de la population d'une ville avant les élections municipales	Complet, assez long (60 questions)	Échantillon représentatif par quotas (quartier, âge, CSP notamment), un millier de personnes	?
3	Identifier les pratiques et besoins des professeurs d'une université pour les nouvelles technologies d'enseignement	Assez simple, longueur moyenne (30 questions)	Environ 1 000 personnes	?
4	Tester un nouveau concept de fromage de terroir dans un conditionnement innovant	Détaillé, une quarantaine de questions. Confrontation à des maquettes.	Plusieurs centaines de ménagères	?
5	Suivre l'évolution professionnelle des créateurs d'entreprises (étude menée par une chambre de commerce)	Très complet (observatoire), plus d'une soixantaine de questions	Plusieurs centaines d'entrepreneurs par an	?

Solution

a. On peut soit :

- imprimer les formulaires, les distribuer aux étudiants puis récupérer les documents et les saisir (méthode classique, mais un peu lourde).
- installer le formulaire sur un serveur Web et permettre aux étudiants d'y répondre sur l'Internet ou sur un Intranet. On informe la promotion complète dans un cours, par affichage ou, mieux, par une liste de diffusion de messages électroniques (méthode optimisée).

b. Tableau 4.4 : Méthodes préconisées et justifications

Cas	Méthode de collecte préconisée	Justifications
1	Par l'Internet ou de préférence par téléphone	L'enquête par l'Internet sera facile à mettre en œuvre et l'on pourra escompter un taux de retour de 20 à 30 %. L'enquête téléphonique sera plus lourde, plus coûteuse mais aboutira à une sélection plus fine des répondants.
2	Face-à face dans la rue ou de préférence à domicile	Si le budget le permet, on mettra en place un réseau d'enquêteurs dans les différents quartiers de la ville (étudiants ?). Ils prendront rendez-vous au domicile des répondants en tentant de respecter les quotas prédéfinis.
3	Administration *via* un réseau Intranet	Ce type d'organisations dispose souvent d'un Intranet efficace et intensivement utilisé. On insérera un lien vers l'enquête, relayé par l'envoi généralisé d'un e-mail à l'ensemble des professeurs.
4	Face-à-face à domicile	Pour des tests produits, le face-à-face est presque systématique, d'autant que le questionnaire est complet et qu'il faut tester des maquettes.
5	Par l'Internet (par courrier par défaut)	La chambre de commerce enregistre les coordonnées des créateurs et notamment leur e-mail, lequel est un outil de travail quotidien pour cette population cible assez captive.

Exercice 2. Questionnaire sur la publicité en ASP

Veuillez vous rendre sur la plate-forme d'enquêtes en ligne : **http://www.sphinxonline.com**.

Identifiez-vous avec le compte suivant : Utilisateur : pearson ; Mot de passe : sphinx

Saisissez un questionnaire comptant de six à dix questions portant sur l'opinion des Français vis-à-vis de la publicité : « La pub : pour ou contre ? » Préparez une liste de contacts e-mail de dix personnes. Diffusez cette enquête *via* un e-mailing depuis la plate-forme. Analysez les résultats en ligne.

Solution

Vous trouverez à partir du lien ci-dessous un exemple d'enquête en ligne menée sur le sujet : **http://web-ate.univ-savoie.fr/ipmr/ad/questfr.htm**.

Il s'agit d'utiliser la version ASP de Sphinx :

- l'onglet Questionnaire, pour la rédaction et la mise en forme du questionnaire ;
- l'onglet Diffusion, pour les liens et les messages à destination de vos contacts ;
- l'e-mailing, pour diffuser l'enquête ;
- l'onglet Réponses, pour visualiser la table des données ;
- l'onglet Analyses, pour effectuer le traitement des réponses.

Exercice 3. Budget pour une enquête téléphonique

En vous plaçant du point de vue d'un cabinet d'études de marché et d'opinion, établissez un devis à destination d'un client, pour la réalisation d'une enquête par téléphone CATI, en considérant les éléments suivants :

- Le client souhaite recueillir 1 000 réponses.
- Pour ce questionnaire, vos tests ont déterminé que la cadence moyenne des téléopérateurs se situait à quatre questionnaires complétés par heure.
- Le coût horaire d'un enquêteur, avec les charges sociales, est de 15 €.
- Les frais téléphoniques sont pris en charge par le client.
- Il faut chiffrer la conception du questionnaire, 25 questions, et la rédaction d'un rapport d'études comptant une vingtaine de pages, incluant tableaux et graphiques, et se limitant à des tris à plat et tris croisés.
- Le chargé d'études qui pilote la rédaction du questionnaire et du rapport coûte environ 300 € par jour, charges comprises, au cabinet d'études.

Le budget présenté doit bien entendu intégrer la marge commerciale du cabinet d'études.

Solution

Ce budget est donné à titre indicatif et ne peut en aucun cas constituer un référentiel de tarification des études. En effet, les frais de réalisation de celles-ci varient énormément en fonction de la complexité du questionnaire, des caractéristiques de la population cible, de la méthode d'administration et de la nature des analyses réalisées.

- Conception et rédaction du questionnaire : 1,5 jour pour le chargé d'études. Ce temps implique le recueil des besoins du client, la préparation d'une première version et les différents échanges pour aboutir à la version définitive.

- Préparation de l'enquête : 1 journée pour le chargé d'études, afin de procéder à la mise en forme des écrans pour le questionnaire en version CATI, à l'importation de la base téléphonique, aux tests de mise en route.
- Formation et briefing des enquêteurs : 1/2 journée, pour le chargé d'études ou le superviseur.
- Administration des 1 000 questionnaires : 250 heures pour les enquêteurs.
- Frais téléphoniques : 1 000 € (estimation, en réalité facturés au réel sur la base d'un compteur de taxes téléphoniques).
- Rédaction du rapport d'étude incluant tableaux et graphiques, comptant une vingtaine de pages, avec tris à plat et tris croisés, accompagnés de commentaires : 3 jours pour le chargé d'études.

Tableau 4.5 : Récapitulatif budgétaire (à usage interne)

Tâche	Quantité	Intervenant	Coût de base	Coût total
Conception et rédaction du questionnaire	1,5 jour	Chargé d'études	300 €	450 €
Préparation de l'enquête	1 jour	Chargé d'études	300 €	300 €
Formation et briefing des enquêteurs	1/2 journée	Chargé d'études	300 €	150 €
Administration des 1 000 questionnaires	250 heures	Enquêteurs	15 €	3 750 €
Rédaction du rapport	3 jours	Chargé d'études	300 €	900 €
			Total hors frais téléphoniques	5 550 €
Frais téléphoniques				1 000 €

Sur la base d'un coefficient multiplicateur de 2,5, qui permet au cabinet d'études de payer ses frais fixes et de générer un bénéfice, le prix hors taxes sera donc :
5 500 × 2,5 = 13 750 + 1 000 (frais téléphoniques) = **14 750 €.**

Exercice 4. Formulaires illustrés

Rédigez un questionnaire dans lequel vous insérerez une dizaine d'illustrations, pour une diffusion *via* l'Internet, dans le but **d'élire « le sportif de l'année »**.

Solution

On devra rédiger quelques questions dans Sphinx puis insérer des illustrations depuis les formulaires multimédias. On procédera :

- soit par copier-coller avec des images libres de droits récupérées sur l'Internet par exemple ;
- soit par le menu Insertion, Image.

Il est important de transférer les images sous un format léger comme .gif ou .jpeg, afin que celles-ci ne soient pas trop lourdes à télécharger.

Exercice 5. Formulaires interactifs

Depuis le logiciel Sphinx fourni en complément de cet ouvrage, concevez un formulaire multimédia pour l'Internet traitant des comportements de consommation du chocolat et comprenant :

- un contrôle de saisie (de type réponse obligatoire) ;
- un renvoi ;
- un affichage conditionnel pour une question ;
- une légende conditionnelle ;
- une nouvelle variable calculée en ligne.

Solution

Voici une liste de questions que l'on pourrait rédiger pour un tel questionnaire avec les contrôles et conditions à mettre en œuvre pour l'exercice :

Tableau 4.6 : Liste des questions pour l'enquête « Chocolat »

N°	Type	Libellé	Modalités	Contrôle ou condition
1	Fermée unique	Aimez-vous le chocolat ?	Oui ; Non.	Question obligatoire. Renvoi : si « Non », aller à question n° 6
2	Fermée unique	Quel type de chocolat préférez-vous ?	Au lait ; Noir ; Aux noisettes ; Blanc ; Aux amandes ; Aux copeaux de fruits ; À la noix de coco ; Au riz ; Autre.	
3	Ouverte texte	Quelle est votre marque de chocolat préférée ?		

Tableau 4.6 : Liste des questions pour l'enquête « Chocolat » (...)

N°	Type	Libellé	Modalités	Contrôle ou condition
4	Fermée multiple	Quand préférez-vous consommer du chocolat ?	Au petit déjeuner ; En grignotage le matin ; Avec le café du midi ; En grignotage l'après-midi ; Au goûter ; Avec le café du soir ; Dans la soirée.	
5	Fermée échelle	Consommez-vous des barres chocolatées en grignotage ?	Jamais ; Rarement ; Occasionnellement ; Assez souvent ; Très souvent.	Présentation si réponse à Q4 = « En grignotage le matin » ou « En grignotage l'après-midi »
6	Ouverte numérique	Votre taille en centimètres :		
7	Ouverte numérique	Quel est votre poids en kilos ?		
8	Ouverte numérique	Quel est votre indice de masse corporelle ?		Variable calculée = poids/taille^2

Par ailleurs, dans le formulaire, on peut envisager une légende conditionnelle, en fonction du niveau de l'IMC. Si IMC > 25, la légende serait la suivante : « Votre indice de masse corporelle indique que vous êtes en surpoids. »

Une note technique plus détaillée pour la résolution de cet exercice est disponible à l'adresse : **www.suristat.fr/rubrique29.html**.

Exercice 6. Quiz

À partir d'un questionnaire de dix questions saisies avec Sphinx, concevez un test de personnalité sur un thème de votre choix, sous forme de quiz. Quatre profils possibles sont ensuite restitués aux répondants en fonction de scores calculés en ligne. Publiez cette enquête sur SphinxOnline *via* le compte spécifié dans l'exercice n° 2.

Solution

1re étape : plutôt que d'inventer un quiz, on peut rechercher pour cet exercice des **exemples** disponibles sur l'Internet ; ils sont très nombreux.

2e étape : on rédige les **questions** dans Sphinx.

3e étape : on définit (on les imagine éventuellement) les **quatre profils** possibles en fonction des réponses au quiz.

4e étape : on saisit les **barèmes** de chaque question dans l'option correspondante (voir chapitre 2, focus 1).

5e étape : on programme les deux **variables de calcul**, le score du quiz et le profil. Pour le score, depuis les tableaux de bord, on crée une nouvelle variable numérique, en calcul automatique ; la fonction est Score(« V1-V10 »). Pour le profil, on programmera une fonction conditionnelle dans une nouvelle variable de type : Si Score > 5, alors Profil = « Charmeur » ; sinon, etc.

6e étape : on prépare le **formulaire de saisie** en insérant les dix questions sur une page et la restitution du score et d'éventuels commentaires sur une seconde page.

7e étape : on peut **publier** le quiz sur SphinxOnline.

Une note technique plus détaillée pour la résolution de cet exercice est disponible à l'adresse : **www.suristatfr/rubrique29.html.**

Exercice 7. Préparation d'une soirée entre amis

Depuis **http://www.sphinxonline.com**, en vue de la préparation de votre prochain repas entre amis, diffusez un questionnaire en ASP à vos contacts, *via* un e-mailing, afin de déterminer :

- la date qui leur convient ;
- le type de sortie qu'ils souhaitent ;
- le cas échéant, le menu qu'ils préfèrent, etc.

Solution

Le questionnaire est simple, il comprend entre trois et six questions. Avec la mise en forme de l'ASP, on peut choisir de disposer « une question par page » afin de mieux gérer les renvois (si pas d'accord pour le repas, ne pas demander le repas préféré mais plutôt une autre suggestion de contenu…). L'e-mailing se gère facilement dans le menu correspondant.

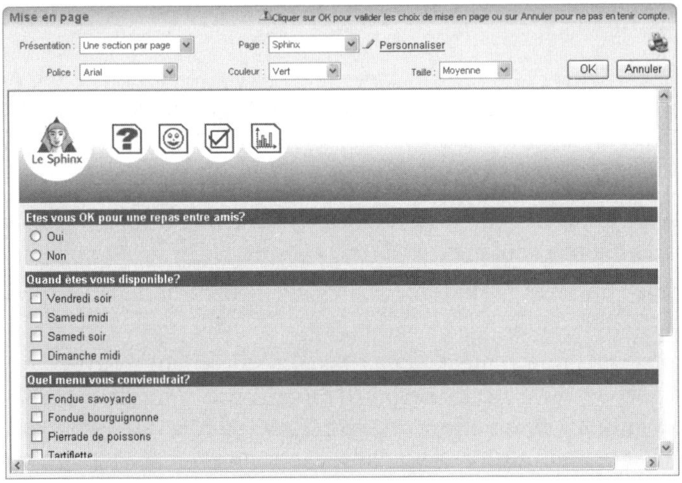

Figure 4.21

Extrait de l'enquête en vue de la préparation d'une soirée entre amis.

Exercice 8. Panel pour PQR

Un important titre du secteur de la presse quotidienne régionale vous consulte, car il envisage la mise en place d'un panel. Le journal est diffusé sur neuf départements de la région en question et compte environ 800 000 lecteurs. 3 000 points de vente assurent la diffusion des journaux. Le but du panel est d'identifier un peu plus précisément les caractéristiques sociodémographiques du lectorat, de mieux connaître son comportement de lecture et son opinion sur la nouvelle maquette du titre, récemment mise à jour. On souhaite également déterminer ses préférences parmi les différentes rubriques du journal et aussi recueillir des idées, des propositions pour toujours améliorer la nouvelle formule du titre.

Rédigez une courte proposition chiffrée pour la mise en place de ce panel de lecteurs, en répondant notamment aux questions suivantes. Combien d'individus ? Quel mode de recrutement ? Quel mode de récolte de données ?

Solution

Nombre d'individus : un panel de 500 personnes doit suffire, pour une première étape, s'il est bien constitué en termes de représentativité, pour fournir des résultats suffisamment précis. Par ailleurs, le recrutement et le suivi des panélistes constituent une opération relativement lourde qui plaide pour un volume modéré.

Mode de recrutement : le plus simple est bien entendu de recruter les panélistes grâce à une opération d'envergure dans les pages du quotidien, mais aussi sur le site Internet de celui-ci. On proposera une rétribution aux panélistes fidèles : mise en place d'un système de points pour chaque enquête, sous la forme d'un abonnement gratuit à un supplément offert par le même groupe de presse.

Recueil des données : l'Internet semble être aujourd'hui le meilleur support pour gérer ce type d'opération. Au moment du recrutement, bien évidemment, le panéliste fournit *obligatoirement* son e-mail. Il peut être intéressant d'inclure dans ce panel un groupe de non-lecteurs, afin de comprendre également pourquoi ces personnes ne lisent pas ou ne lisent plus le quotidien.

Exercice 9. Formulaire CATI

Préparez un formulaire multimédia dans Sphinx en vue d'une collecte des réponses par téléphone (CATI). L'objectif est d'évaluer l'opinion des Français vis-à-vis du pape Benoît XVI. Rédigez une vingtaine de questions.

Solution

On rédige tout d'abord le questionnaire dans Sphinx en suivant une structure logique de type : notoriété du pape, opinion sur l'homme, opinion sur les idées, etc. On met en forme le questionnaire dans les formulaires multimédias en prenant soin de constituer plusieurs écrans contenant quatre ou cinq questions au maximum. On insère des flèches de navigation (Précédent, Suivant, Terminer), des consignes pour l'enquêteur, puis on définit éventuellement des renvois ou des présentations conditionnelles de questions. Par exemple, certaines questions ne seront posées que si la personne se déclare « catholique pratiquant ». On choisit une police de caractère lisible et des couleurs harmonieuses au nombre de deux ou trois au maximum. Le corrigé complet de cet exercice est disponible à l'adresse : **www.suristat.fr/rubrique29.html**.

Chapitre 5

Les traitements et les analyses élémentaires

Une fois les réponses recueillies puis nettoyées, le chargé d'études procède au traitement puis à l'analyse des résultats. Il entre dans la phase finale de l'enquête, décisive s'il en est. Cette phase est complexe car elle offre des possibilités de traitements en très grande quantité. C'est d'ailleurs en particulier lors de cette phase finale, que les logiciels d'enquête constituent une aide précieuse. Dans la plupart des cas, les analyses se limitent à des traitements à plat et croisés. Ce chapitre est consacré à ces traitements élémentaires, systématiquement mis en œuvre dans toutes les enquêtes. Nous décrirons tout d'abord le schéma général du dépouillement d'une enquête, de la mise à plat des résultats jusqu'à leur présentation. Les traitements statistiques diffèrent, selon que l'on analyse des réponses apportées aux questions fermées – les variables nominales – d'une part ou des réponses numériques d'autre part. Nous présenterons en premier lieu les traitements à plat qui s'appliquent aux réponses données aux questions fermées, puis ceux qui concernent les variables numériques. Nous aborderons ensuite les traitements croisés, en concentrant nos explications sur l'interprétation pertinente des tests statistiques permettant de conclure à l'existence ou non d'une relation entre les variables étudiées.

1 Le schéma général du dépouillement d'une enquête

Le dépouillement d'une enquête se déroule en plusieurs phases, dont l'enchaînement est fonction de la **difficulté des traitements** et de **l'antériorité logique** de certaines analyses par rapport à d'autres. Aux chapitres 5, 6, et 7, nous découpons les différentes analyses selon cet ordre chronologique. Dans la restitution des résultats toutefois, la présentation ne suivra pas la même logique et sera plutôt tournée vers une bonne cohérence du discours et de l'argumentation.

1. Le dépouillement commence tout naturellement par une **mise à plat** des résultats. Il s'agit tout simplement de dénombrer l'ensemble des réponses apportées à toutes les questions fermées de l'enquête.
2. Dans un deuxième temps, une phase de **recodage** sera nécessaire pour dépouiller certains types de réponses et pouvoir les utiliser convenablement pour la suite de l'analyse. Il s'agit des réponses aux questions numériques, codes et dates.
3. On pourra le cas échéant effectuer des **calculs** de nouvelles variables ou des **combinaisons**, opérations plus complexes mais parfois indispensables.
4. On se consacrera ensuite aux **réponses textuelles** qui nécessitent des opérations de traitement bien particulières – basiques ou plus avancées – (voir chapitre 6).
5. Une fois toutes les réponses correctement recomposées, on effectuera des **traitements croisés**, afin de mettre en évidence des différences dans les réponses de certaines catégories de personnes. On cherchera à établir des relations entre différentes questions, dans le but d'analyser les variations dans les réponses et d'*expliquer* certains phénomènes par d'autres.
6. Les **analyses multivariées** offrent une palette de techniques complémentaires, contribuant à approfondir les résultats de l'enquête. Utiles pour synthétiser, pour affiner l'explication des réponses à certaines questions clés, elles sont plus difficiles à mettre en œuvre et nécessitent une assez bonne maîtrise de la statistique. Au chapitre 7, nous tenterons de les présenter clairement, afin de les rendre plus accessibles aux chargés d'études.
7. La dernière phase consiste à sélectionner les résultats les plus importants, à les mettre en forme puis à les commenter, dans le cadre d'un **rapport** ou d'une **présentation** multimédia. Ce rapport vise à répondre aux questions préalablement posées, au moment du lancement de l'enquête et à dégager des *préconisations* à l'adresse du commanditaire de l'étude (voir chapitre 8).

Plans de dépouillement

Dans Sphinx, depuis le stade Traitements et analyses, on accède au menu Dépouiller, Plan de dépouillement. On utilisera ce module pour prévoir une série de tableaux à plat, tableaux de groupes ou tableaux croisés, et les préprogrammer en choisissant les variables correspondantes. On définit également les éléments qui devront apparaître : tableau, graphique, etc. Le bouton Exécuter lance le plan de dépouillement et permet de l'intégrer directement dans un traitement de textes.

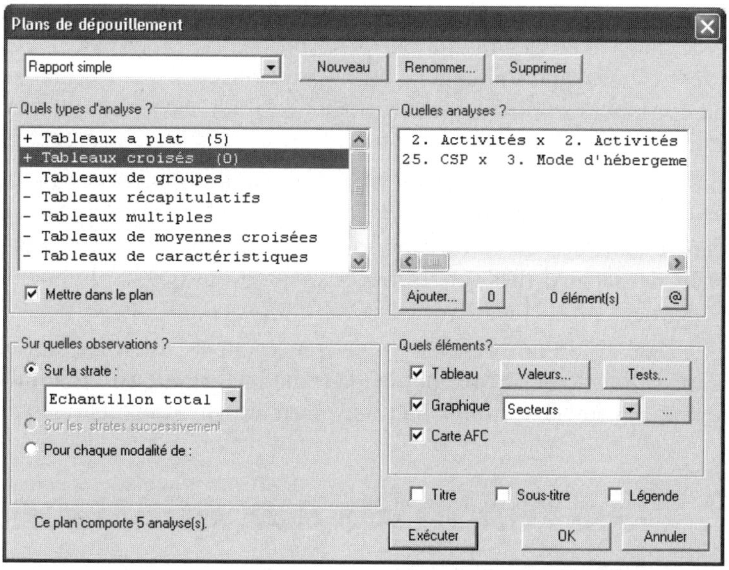

Figure 5.1

Le paramétrage du plan de dépouillement dans Sphinx.

La figure 5.2 illustre le dépouillement d'une enquête : on observe que ce dernier peut suivre un déroulement minimum, qui se réduit en des tris à plat et croisés puis à la rédaction des conclusions de l'étude. Le déroulement complet consiste à effectuer des recodages variés, à analyser les textes et à réaliser des analyses multivariées complémentaires. Choisir un déroulement minimum ou complet dépendra principalement des objectifs, classiques ou particuliers, de l'enquête et du savoir-faire du chargé d'études selon qu'il est débutant ou expérimenté.

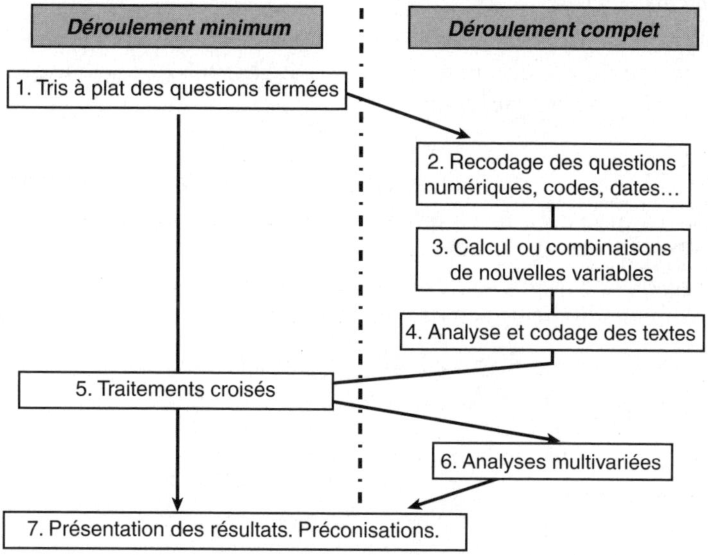

Figure 5.2

Schéma général du dépouillement d'une enquête.

Comme nous l'avons indiqué dans l'introduction et dans le chapitre 1, il est important que le chargé d'études ait une idée préalable – et la plus précise possible – des traitements et des analyses qu'il souhaite réaliser. Rappelons à ce titre que le questionnaire est avant tout construit en fonction des réponses qu'il est censé apporter aux interrogations du commanditaire de l'étude.

S'il parvient à bien anticiper son travail et s'il dispose d'une expérience minimum de la réalisation des enquêtes, un chargé d'études aguerri est tout à fait capable de préparer *a priori* le plan de son futur rapport. Il connaît les différentes analyses qu'il va lancer, l'ordre dans lequel elles auront lieu et les questions que les différents traitements successifs permettront d'élucider.

Selon cette vision un peu idéaliste, le traitement et l'analyse des résultats ne constituent qu'une simple formalité opératoire, la tâche importante consistant à interpréter correctement les chiffres et surtout à les traduire en informations claires et exploitables.

2 Les réponses aux questions fermées ou réponses numériques : deux types de variables

Selon que les réponses concernent des **questions fermées** ou **ouvertes numériques**, il en découlera des traitements par nature différents. **On ne fait pas de la statistique de la même manière sur des variables nominales**, à savoir pour les réponses à des questions fermées, **ou numériques**. Les nombres permettent les calculs de sommes, de moyennes, d'écarts types ainsi que de très nombreux procédés combinatoires. Les réponses aux questions fermées se prêtent uniquement à du simple dénombrement, du calcul de fréquences principalement.

Ceci conduit d'ailleurs certains responsables d'enquête à privilégier abusivement les mesures de type numérique, notamment les batteries d'échelles, quitte à élaborer un questionnaire indigeste pour le répondant.

Figure 5.3

Questions numériques ou fermées : deux formats différents pour des méthodes différentes.

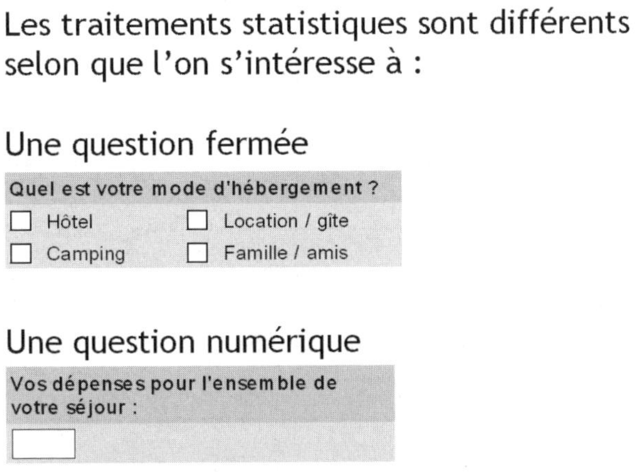

Focus 1 **Nominale ou numérique ? Des cas particuliers**

1. On peut transformer les réponses aux questions numériques en réponses fermées, grâce à une **mise en classes** que nous aborderons ultérieurement (voir section 3.2).
2. La particularité des réponses aux **questions échelles** réside dans la possibilité de les traiter comme des **réponses fermées** *et* **numériques**. En effet, à chaque échelon correspond un nombre, de 1 à *n*, *n* étant le nombre total d'échelons.

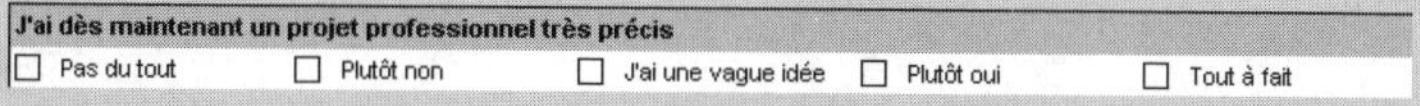

Figure 5.4
Exemple de question échelle.

On les traite ensuite soit comme des questions fermées avec un tableau de fréquence, soit comme des questions numériques, avec la moyenne des échelons. *(La pondération est la suivante : Pas du tout = 1 ; Plutôt non = 2 ; Vague idée = 3 ;Plutôt oui = 4 ;Tout à fait = 5.)*

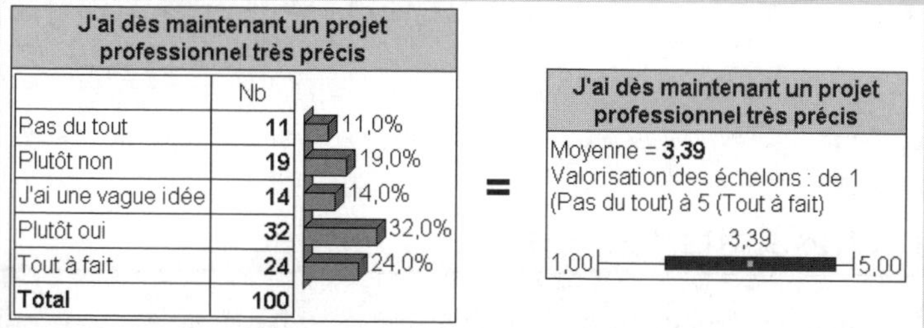

J'ai dès maintenant un projet professionnel très précis

	Nb
Pas du tout	**11**
Plutôt non	**19**
J'ai une vague idée	**14**
Plutôt oui	**32**
Tout à fait	**24**
Total	**100**

Figure 5.5
Analyse des réponses à une question échelle : deux possibilités.

3 Les tris à plat

Pour les tris à plat, il s'agit de ne dépouiller qu'une seule question ou variable en même temps. On parle aussi d'analyse univariée. Il s'agit dans un premier temps de se concentrer sur une **description** des résultats. Les types de résultats obtenus varient bien entendu selon la nature des questions à analyser.

Réalisation d'un tri à plat

Depuis Tableaux de bord, au stade Traitements et analyses, on accède à un environnement pour le dépouillement des réponses selon un mode objet, proche du fonctionnement de PowerPoint. En haut à gauche, on dispose de la liste des variables ; à droite, d'une feuille de travail pour placer tableaux et graphiques. En bas à gauche, on gère les strates sur lesquelles portent les résultats. Pour obtenir le dépouillement d'une question, il suffit de la sélectionner dans la liste des variables et d'opérer un cliquer-glisser vers la feuille de travail. On obtient généralement le tableau à plat dont on peut modifier les propriétés, en double-cliquant sur l'objet : gestion des non-réponses, tri des modalités, polices, couleurs, etc.

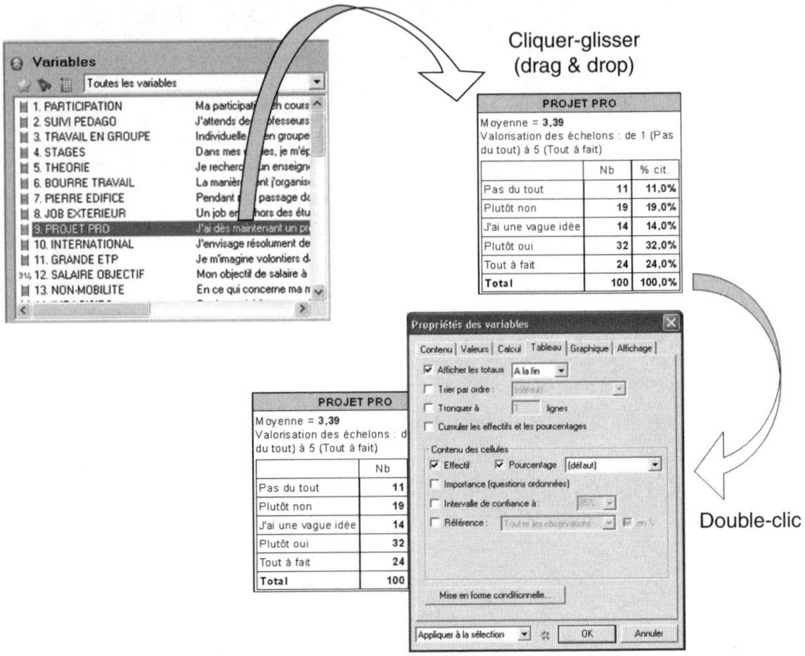

Figure 5.6

Les traitements à plat dans l'environnement des tableaux de bord.

3.1 Résultats des questions fermées

Le traitement à plat des questions fermées est particulièrement simple. Il consiste à présenter un tableau contenant l'effectif des réponses obtenues et la fréquence – le pourcentage – pour chaque modalité proposée. La seule option de restitution importante est la prise en compte ou non des **non-réponses** :

- Dans un cas, on obtiendra des pourcentages calculés sur les *observations* en prenant en compte les non-réponses.
- Dans l'autre, et c'est le cas le plus fréquent, on obtiendra les pourcentages calculés sur les *citations*, lesquelles représentent les réponses effectives, ce qui exclut les non-réponses.

La figure 5.7 illustre ces deux options. On voit que, selon le choix opéré, les pourcentages sont différents. Dans le premier cas, on dira par exemple que **20,5 %** des touristes sont logés au camping, alors que près de 3 % d'entre eux n'ont pas répondu. Avec l'exclusion des non-réponses, la fréquence des campeurs est de **21,1 %**. C'est normalement celle-ci que l'on utilisera, car les non-répondants ne doivent pas interférer dans les résultats de l'enquête. On citera toutefois le cas particulier des enquêtes d'opinion où la non-réponse peut revêtir un caractère particulier et signifier clairement une opinion hésitante ou non encore déterminée. L'exemple typique est le sondage politique où il est très important de restituer le nombre de « sans opinion » ; ce sont souvent eux d'ailleurs qui font pencher la balance au dernier moment. Mais, dans la plupart des autres cas, **on exclura les non-réponses de la restitution des résultats** tout en fournissant, à toutes fins utiles, **le taux de réponse** de la question (voir figure 5.7, tableau de droite).

Figure 5.7

Tableaux à plat avec ou sans les non-réponses.

Quel est votre mode d'hébergement ?

	Nb	% cit.
Non réponse	16	2,9%
Hôtel	104	18,8%
Camping	113	20,5%
Location / gîte	140	25,4%
Famille / amis	179	32,4%
Total	552	100,0%

Quel est votre mode d'hébergement ?

Taux de réponse : **97,1%**

	Nb	% cit.
Hôtel	104	19,4%
Camping	113	21,1%
Location / gîte	140	26,1%
Famille / amis	179	33,4%
Total	536	100,0%

Gestion des non-réponses

Depuis les propriétés de la variable, on double-clique sur l'objet ; dans l'onglet Calcul, on choisit de faire apparaître ou non les non-réponses. Le taux de réponse s'obtient dans l'onglet Valeurs.

Figure 5.8

Traitement des non-réponses dans Sphinx.

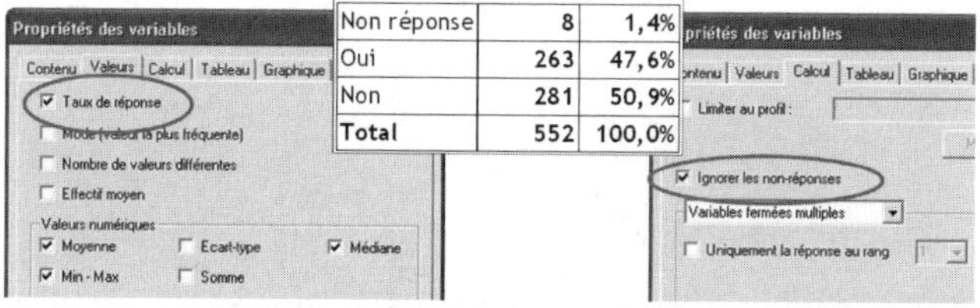

Est-ce votre premier séjour au Pays du Lac ?

Taux de réponse : **98,6%**

Non réponse	8	1,4%
Oui	263	47,6%
Non	281	50,9%
Total	552	100,0%

Le dépouillement des réponses aux questions fermées multiples fournit des tableaux où la somme des pourcentages est par nature supérieure à 100, du fait des réponses multiples. Pour une meilleure lisibilité, on triera les modalités de réponse, de la plus citée à la moins citée (voir figure 5.9, tableau de gauche).

Figure 5.9

Observations ou citations ?

Ce qui m'intéresse particulièrement dans cette liste. Choisir 5 réponses maximum.

	Nb	% obs.
les sorties entre amis	737	71,6%
la musique	657	63,8%
mon avenir professionnel	580	56,3%
le sport	558	54,2%
la nature	406	39,4%
la littérature, la lecture	316	30,7%
la politique, les faits de société	259	25,1%
utiliser mon ordinateur	231	22,4%
le shopping	220	21,4%
la culture, les musées	186	18,1%
regarder la télévision	166	16,1%
les animaux	160	15,5%
la danse	127	12,3%
le caritatif	98	9,5%
les jeux vidéo	65	6,3%
Total	1 030	

Ce qui m'intéresse particulièrement dans cette liste. Choisir 5 réponses maximum.

	Nb	% cit.
le sport	558	11,7%
la musique	657	13,8%
la danse	127	2,7%
le shopping	220	4,6%
les sorties entre amis	737	15,5%
la politique, les faits de société	259	5,4%
la littérature, la lecture	316	6,6%
la culture, les musées	186	3,9%
regarder la télévision	166	3,5%
utiliser mon ordinateur	231	4,8%
le caritatif	98	2,1%
mon avenir professionnel	580	12,2%
les jeux vidéo	65	1,4%
les animaux	160	3,4%
la nature	406	8,5%
Total	4 766	100,0%

On compte 4766 citations car les 1030 répondants ont apporté plusieurs réponses, presque 5 par individu, comme l'intitulé de la question le permettait

Attention à ne pas fournir les fréquences calculées sur les citations, souvent inutiles pour privilégier **les fréquences calculées sur les observations.** Dans l'exemple ci-dessus, le résultat correct consiste à conclure que 71 % des jeunes interrogés s'intéressent aux sorties entre amis. Le fait que cette modalité représente 15,5 % de l'ensemble des citations ne présente aucun intérêt.

Gestion des questions fermées multiples

Dans les propriétés de la variable, on double-clique sur l'objet ; dans l'onglet Tableau, on fait apparaître les pourcentages calculés sur les citations ou – comme il est préconisé pour les multiples – sur les observations.

Figure 5.10

Paramétrer le calcul des pourcentages sur les observations.

Activités		
Farniente	271	49,1%
Baignade	233	42,2%
Loisirs	123	22,3%
Tennis	34	6,2%
Promenade à pied	177	32,1%
Randonnée	46	8,3%
Vie locale	68	12,3%
Environnement	57	10,3%
Voiture	144	26,1%
Bicyclette	39	7,1%
Visites	172	31,2%
Gastronomie	51	9,2%
Caves / fromages	23	4,2%
Pêche	26	4,7%
Equitation	20	3,6%
Canoë-kayak	21	3,8%
Planche à voile	49	8,9%
Vol à voile	13	2,4%
Rafting / Nage	29	5,3%
Autre	20	3,6%
Total	552	

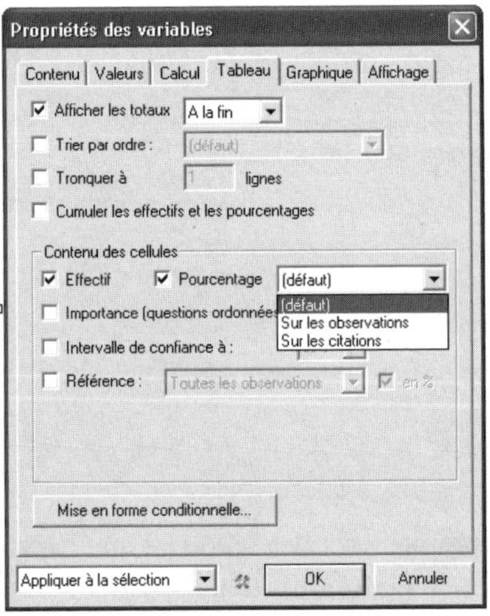

3.2 Les réponses aux questions ouvertes numériques

On peut présenter de différentes manières le traitement à plat d'une question numérique. On peut se concentrer sur les principaux paramètres de position et de dispersion (**moyenne et écart type** en général) et leur représentation graphique. On peut également choisir une restitution sous la forme d'une **mise en classes** des réponses.

Paramètres de position et de dispersion

Les **paramètres de position** permettent de situer une population par rapport au phénomène étudié. Cette population est-elle jeune/âgée, riche/pauvre, bien rémunérée/mal rémunérée, etc. ? La position d'une série de répondants peut s'apprécier à l'aide des indicateurs suivants :

- le mode : valeur où l'effectif est le plus élevé ;
- la médiane : valeur qui sépare l'effectif en deux parties égales, insuffisamment utilisée ; elle est pourtant un bon indicateur moins sensible aux valeurs extrêmes ;

- la moyenne : valeur type, obtenue en distribuant l'ensemble des valeurs équiproportionnellement sur tous les individus.

Les **paramètres de dispersion** servent à évaluer l'hétérogénéité du phénomène étudié. Tous les individus sont-ils semblables ou, au contraire, constate-t-on de grandes disparités ? Voici des indicateurs pour apprécier la dispersion :

- l'étendue : valeur maximale – valeur minimale ;
- l'écart type : écart moyen à la moyenne pour tous les individus ; si celui-ci est faible, les individus formulent des réponses similaires, si celui-ci est fort les variations sont fortes dans la population étudiée. Le niveau qui permet de repérer un fort écart type est 1/2 moyenne. Si l'écart type est supérieur à 0,5 moyenne, on considère donc que les variations sont fortes.

Édition des paramètres de position et de dispersion

Quand on édite le tableau à plat des réponses à une question numérique, il est possible de faire apparaître – en complément du tableau – plusieurs paramètres de position ou de dispersion. Depuis l'onglet Valeurs, on coche les valeurs que l'on souhaite afficher : moyenne, médiane, écart type, etc.

Exemple

Pour illustrer nos propos, prenons un exemple simple. Vingt et un étudiants reçoivent une note sur 20 en statistique. Les voici : 1 ; 3 ; 3 ; 4 ; 4 ; 6 ; 7 ; 8 ; 9 ; 9 ; 9 ; 9 ; 9 ; 10 ; 10 ; 15 ; 17 ; 18 ; 19 ; 20 ; 20.

Paramètres de position

Mode = 9 (observé cinq fois)

Médiane = 9 (11e valeur si l'on classe les notes de la plus faible à la plus forte ; dix étudiants sont au-dessous et dix sont au-dessus)

Moyenne = 10 (210/21)

Paramètres de dispersion

Étendue = 19 (20 – 1)

Écart type = 5,93

On communique en général la moyenne et l'écart type pour indiquer la position et la dispersion d'une série de valeurs numériques. Dans ce cas, la dispersion est forte puisque l'écart type est supérieur à 5 (1/2 moyenne).

Mise en classes d'une variable numérique

Pour représenter les résultats d'une variable numérique, on préfère parfois une **mise en classes.** Les individus se voient alors regroupés dans des catégories, déterminées de différentes manières :

- classes de même amplitude ou de même valeur ;
- calculées en fonction de la moyenne et de l'écart type ;
- déterminées par le chargé d'études : on choisira souvent cette dernière option, car le chargé d'études pourra regrouper les individus en fonction de catégories qui font sens pour lui et pour l'étude qu'il mène.

Figure 5.11

Plusieurs options de mise en classes.

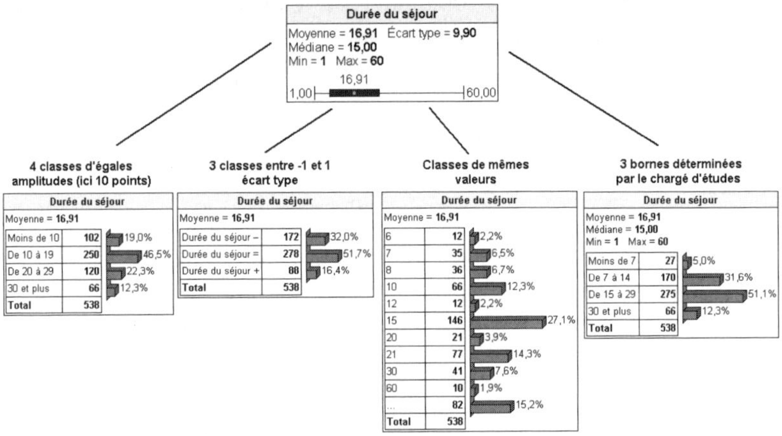

Mise en classes des réponses numériques

Pour les variables numériques, l'onglet Calcul propose une option de mise en classes. On peut choisir des classes de même valeur, de même amplitude ou définir des classes personnalisées, en saisissant les limites souhaitées (voir figure 5.12).

Figure 5.12

La mise en classes dans Sphinx.

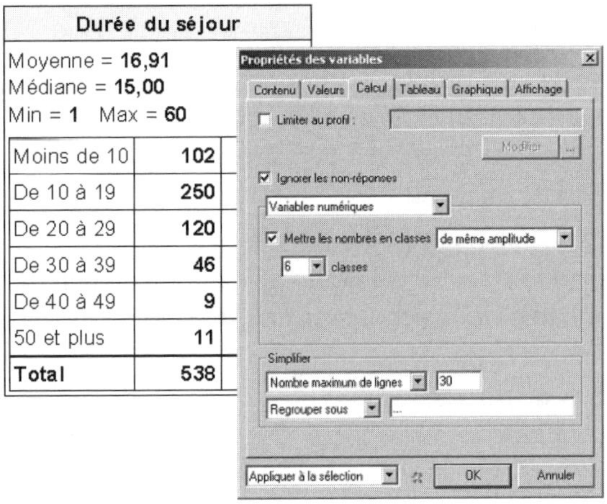

3.3 Réponses ordonnées

Les réponses aux questions fermées ordonnées donnent lieu à un dépouillement un peu particulier. On peut afficher uniquement les réponses apportées **à un rang donné** : le premier par exemple, puis le deuxième et ainsi de suite. On peut vouloir également calculer le « **rang moyen** » qui permet de situer globalement le critère. Imaginons (voir figure 5.13) qu'on doive classer les critères du premier au cinquième rang. Si le critère n'est pas classé dans les cinq premiers par le répondant, on affecte 0 point. Si le critère est classé cinquième, il obtient un point, puis deux points en cas de quatrième place, et ainsi de suite jusqu'à la première place à laquelle on affecte cinq points. Un peu comme au concours de l'Eurovision… On obtient un rang moyen, qui indique la position moyenne du critère dans le classement, sur tous les individus interrogés. Plus celui-ci est élevé, mieux on a classé le critère. Plus celui-ci est faible, plus bas est le classement du critère. La figure 5.13 montre que c'est la musique qui intéresse le plus les jeunes personnes interrogées, le rang moyen est de 2,9. Les sorties entre amis, bien que citées le plus souvent (737 fois), sont globalement moins importantes car le rang moyen n'atteint que 2,5.

Figure 5.13

L'édition des résultats pour les réponses ordonnées.

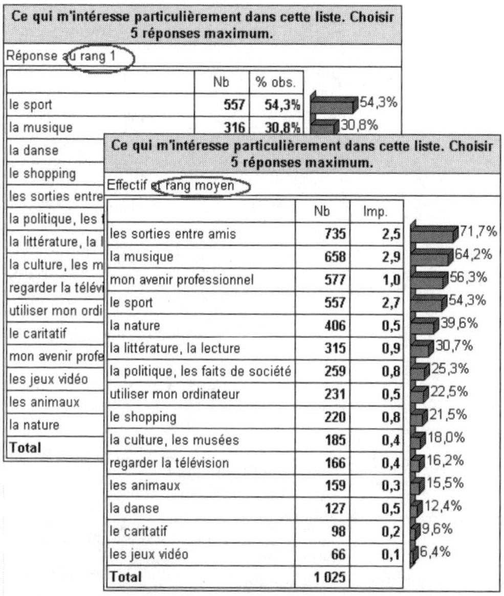

Ce qui m'intéresse particulièrement dans cette liste. Choisir 5 réponses maximum.

Réponse au rang 1

	Nb	% obs.
le sport	557	54,3%
la musique	316	30,8%
la danse		
le shopping		
les sorties entre		
la politique, les		
la littérature, la		
la culture, les m		
regarder la télévi		
utiliser mon ordi		
le caritatif		
mon avenir profe		
les jeux vidéo		
les animaux		
la nature		
Total		

Ce qui m'intéresse particulièrement dans cette liste. Choisir 5 réponses maximum.

Effectif et rang moyen

	Nb	Imp.	
les sorties entre amis	735	2,5	71,7%
la musique	658	2,9	64,2%
mon avenir professionnel	577	1,0	56,3%
le sport	557	2,7	54,3%
la nature	406	0,5	39,6%
la littérature, la lecture	315	0,9	30,7%
la politique, les faits de société	259	0,8	25,3%
utiliser mon ordinateur	231	0,5	22,5%
le shopping	220	0,8	21,5%
la culture, les musées	185	0,4	18,0%
regarder la télévision	166	0,4	16,2%
les animaux	159	0,3	15,5%
la danse	127	0,5	12,4%
le caritatif	98	0,2	9,6%
les jeux vidéo	66	0,1	6,4%
Total	1 025		

3.4 Tableaux de groupes de questions

On peut présenter des questions successives dont les modalités de réponse sont identiques sous la forme d'un tableau synthétique. Les intitulés sont groupés : pour le questionnaire et la saisie des réponses ; pour la restitution des résultats, afin d'obtenir une vision plus synthétique d'une série de questions communes. On privilégiera souvent cette restitution en un seul tableau, plutôt qu'une succession de plusieurs tableaux pour chaque variable.

Quant aux questions échelles, on peut les présenter sous une forme numérique, en fonction du barème qui leur est associé. Dans la figure 5.15, on a attribué 0 point pour la réponse « pas du tout », 2,5 points pour « un peu », 7,5 points pour « oui » et 10 points pour « oui, beaucoup ». On calcule ainsi la moyenne pour l'influence des parents :
$(645 \times 0) + (175 \times 2,5) + (130 \times 7,5) + (72 \times 10) = 2\ 132,5/1\ 022$ répondants
$= 2,09$ sur 10

On constate (voir figure 5.15) que, avec les moyennes situées autour de 2 sur 10, les influences de la famille et des amis sont globalement très faibles sur les répondants de cette enquête.

Figure 5.14

Les groupes de questions dans le formulaire et dans la restitution des résultats.

Les personnes suivantes ont-elles été importantes pour cet achat ?	Pas du tout	Un peu	Oui	Oui beaucoup
Parents	☐	☐	☐	☐
Amis	☐	☐	☐	☐
Petit(e) ami(e)	☐	☐	☐	☐
Frère/Soeur	☐	☐	☐	☐

Dans le questionnaire

Influencers

	Pas du tout	Un peu	Oui	Oui beaucoup
Parents	644	174	129	72
Amis	577	220	148	73
Petit ami	642	127	130	115
Soeur frere	770	121	85	40

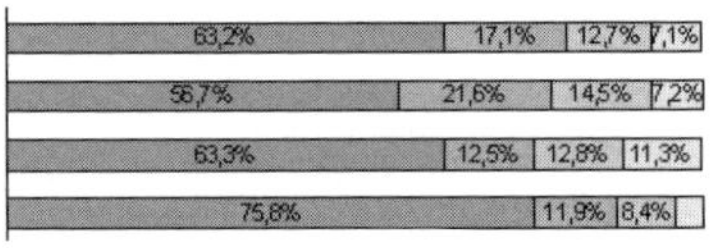

Pour la restitution des résultats

Figure 5.15

Paramétrage d'une question échelle pour un traitement en numérique.

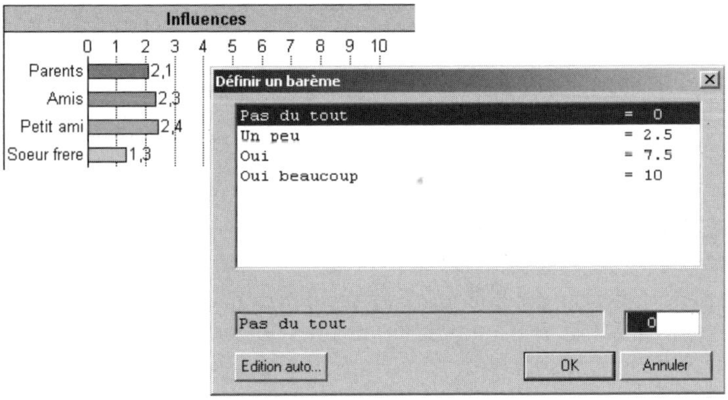

3.5 Tableaux récapitulatifs

Afin de présenter une synthèse de l'ensemble des résultats à plat de l'enquête, on peut recourir à des « tableaux récapitulatifs ». Ceux-ci présentent notamment : pour chaque question fermée, la modalité la plus fréquemment citée ; pour les réponses numériques, la moyenne.

Dans un seul tableau, on observe ainsi très rapidement le profil type du répondant à l'enquête. Issu d'une enquête portant sur les comportements des touristes d'une région alpine, le tableau récapitulatif 5.1 permet de dresser immédiatement le profil type du touriste sur le territoire étudié : plutôt un retraité venant de la région parisienne, hébergé dans la famille ou chez des amis, pour deux semaines, pratiquant des activités plutôt calmes mais recherchant de l'activité et des contacts, etc. Cette fonction est accessible dans Sphinx au stade Traitements et analyses, dans le menu Analyser, Tableaux multiples.

Tableau 5.1 : Tableau récapitulatif pour une enquête touristique

Question	Modalité la plus citée
Lieu de séjour	Ville balnéaire : 171 = 31,0 %
Activités	Farniente : 271 = 49,1 %
Mode d'hébergement	Famille/amis : 179 = 32,4 %
Mode de connaissance de la région	Bouche-à-oreille : 334 = 60,5 %
Importance du sport	Cela dépend : 173 = 31,3 %
Importance des contacts	Plutôt d'accord : 222 = 40,2 %
Importance de l'animation	Tout à fait d'accord : 190 = 34,4 %
Importance du confort	Plutôt d'accord : 199 = 36,1 %
Importance du repos et du calme	Tout à fait d'accord : 230 = 41,7 %
Sexe	Homme : 324 = 58,7 %
CSP	Retraités : 114 = 20,7 %
Région d'origine	Région parisienne : 101 = 18,3 %
	Moyenne
Durée du séjour	16,91
Âge	55,03

3.6 Les graphiques

Très fréquemment, les traitements à plat donnent lieu à une représentation graphique. Pour communiquer au mieux les résultats qu'il constate, le chargé d'études dispose d'une large palette de graphiques, dont les plus utilisés sont les barres, les histogrammes ou les secteurs. Quel graphique choisir ? Nous y consacrerons une section complète au chapitre 8, afin d'éclairer le praticien sur les graphiques à privilégier en fonction de la nature des résultats à présenter. Dans les propriétés de ses tableaux de bord, dans l'onglet Graphique, Sphinx met à notre disposition un grand choix de graphiques capables de représenter au mieux les conclusions de nos enquêtes.

Figure 5.16

Différents types de graphiques dans Sphinx.

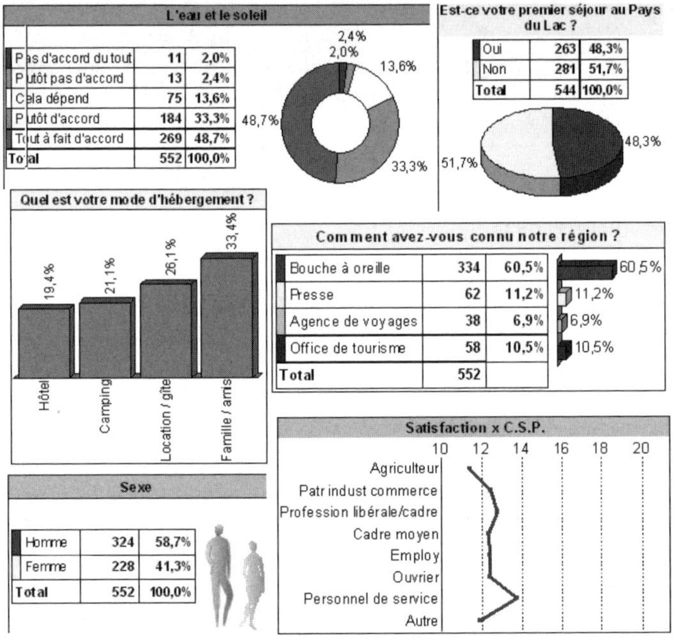

4 Les traitements croisés

On appelle tris croisés, ou analyses bivariées, le dépouillement des réponses à une question en fonction des réponses à une autre question. Quel que soit l'objectif de notre étude, il est indispensable de savoir **si les résultats globaux observés varient en fonction de telle ou telle caractéristique des répondants**. Les jeunes sont-ils plus satisfaits ? Les femmes sont-elles plus sensibles au goût du produit ? Les cadres supérieurs acceptent-ils un niveau de prix plus élevé ? Etc. Il s'agit de déterminer si les comportements ou les opinions dépendent de l'identité des répondants (voir figure 5.17). On peut aussi étudier entre autres si les comportements sont influencés par les motifs ou les attentes.

Figure 5.17

Le questionnaire conçu comme un système (d'après Moscarola, 1990).

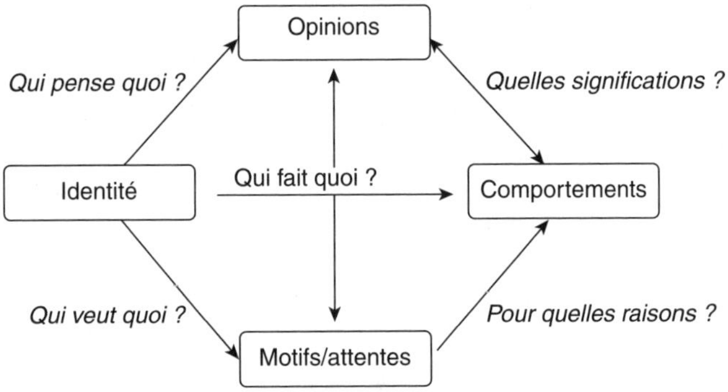

Les analyses croisées consistent à traiter simultanément deux questions pour mettre en évidence la corrélation entre les réponses apportées à l'une et à l'autre. On parle parfois de variable indépendante et de variable dépendante. Elles forment les deux termes d'une proposition : *si* l'âge est élevé, *alors* la satisfaction est haute ; *si* la profession est « cadre », *alors* l'hébergement le plus fréquent est « hôtel », etc.

Plus généralement, on compare chaque modalité de la question A en fonction de ses réponses à la question B. Il peut s'agir par exemple d'établir comment chaque tranche d'âge apprécie le goût d'une marque de jus d'orange. Dans ce cas, les réponses à la question B, la satisfaction vis-à vis-du goût, varient en fonction de celles à la question A, à savoir la tranche d'âge. On étudie alors le *lien* statistique, ou la *relation*, entre A et B ; notez bien qu'il ne s'agit pas d'influence de A sur B.

Figure 5.18

L'étude d'une relation dans une enquête.

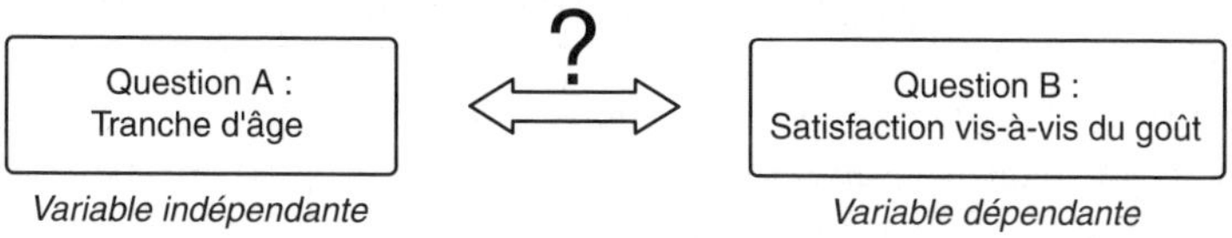

Ces tris conduisent à des tableaux souvent plus complexes et difficiles à analyser que de simples tris à plat : tableaux croisés, tableaux de moyennes, etc. Ils donnent une première idée des variations ou des interdépendances entre les variables. Cependant, la recherche d'une réponse plus scientifique et donc plus fiable nécessitera souvent un **test statistique**, comme nous le verrons dans les prochaines sections.

Comme nous l'avons vu à la section 2, cette série de traitements est dépendante de la nature des questions – les variables – à croiser. Trois méthodes de traitements croisés sont envisageables selon le type des réponses enregistrées. Le tableau récapitulatif 5.2 en présente une synthèse.

Tableau 5.2 : Trois situations, trois méthodes

Cas	Exemple	Traitement à mettre en œuvre	Test statistique validant la relation
Fermée *x* fermée	Sexe *x* Sport pratiqué	Tri croisé	Chi-deux
Fermée *x* numérique	Sexe *x* Objectif de salaire	Analyse de variance	Test de Fisher
Numérique *x* numérique	Âge *x* Objectif de salaire	Régression	Coefficient de corrélation

Dans les sections à venir, nous détaillerons chacun des trois cas, en présentant leurs fondements et leurs applications.

Trois niveaux de conclusion

Au-delà des résultats statistiques, et quelle que soit la nature des variables étudiées, une analyse croisée nécessite une **interprétation en trois niveaux** :

1. Existe-t-il une relation entre les deux variables ?
2. Si oui, cette relation est-elle moyenne, forte ou très forte ?
3. Si oui, comment se traduit-elle dans les faits ?

Par exemple, il ne suffit pas de conclure que l'objectif de salaire varie en fonction de l'âge de la personne interrogée (1). Il faut ensuite préciser que cette relation est très forte, certaine à 99,5 % (2), et que les personnes âgées de 30 à 40 ans ont les plus fortes prétentions salariales alors que les moins de 25 ans sont ceux dont l'objectif est le plus bas (3).

4.1 Tris croisés entre réponses à des questions fermées

Quand on croise les réponses à deux questions fermées, on obtient comme point de départ un tableau croisé, ou tableau de contingence. Prenons l'exemple d'une enquête réalisée auprès d'un échantillon de jeunes Français, sur leurs comportements et opinions en matière de télévision. Nous croisons les deux questions suivantes : sexe de la personne interrogée ; fréquence selon laquelle elle regarde la télévision.

On veut savoir si la fréquence de l'audience varie en fonction du sexe de l'interviewé.

Figure 5.19

Tableau croisé entre sexe et fréquence de l'audience.

Sexe x Fréquence de l'audience

	plusieurs heures par jour	une heure par jour environ	quelques heures par semaine	presque jamais	**Total**
Féminin	**109**	**48**	**45**	**34**	**236**
Masculin	**81**	**71**	**61**	**34**	**247**
Total	**190**	**119**	**106**	**68**	**483**

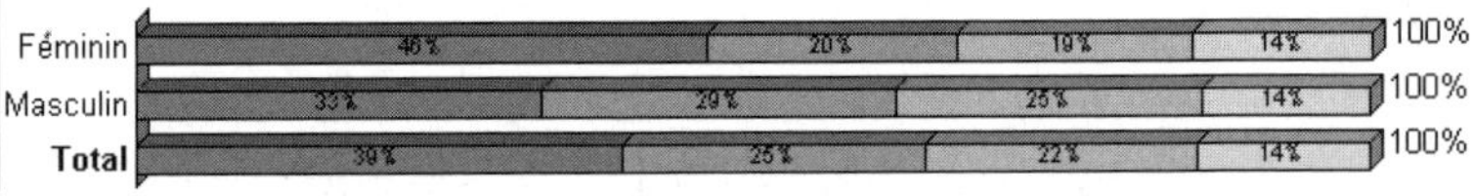

Peut-on répondre à la question posée, à la seule lecture du tableau croisé ci-dessus ? Ce n'est pas évident. Si l'on s'en tient aux effectifs, c'est impossible. Certes, le graphique en barres montre que le pourcentage des filles qui regardent la télévision plusieurs heures par jour est supérieur à celui des garçons : 46 % contre 32 %, mais cette différence est-elle suffisante pour dire, sans se tromper, que les filles passent plus de temps devant leur petit écran ? Le test d'indépendance du chi-deux apporte une réponse plus scientifique à la question. Il évalue objectivement les différences constatées et détermine si elles sont « statistiquement significatives ».

Principes du test du chi-deux

Le test du chi-deux est une comparaison entre – les **effectifs réels** (ceux que l'on observe dans l'enquête) et les **effectifs théoriques** (ceux que l'on aurait dû obtenir en l'absence de la moindre relation entre les deux variables).

Les effectifs théoriques se calculent de la manière suivante. L'échantillon de 483 répondants comprend 236 filles, soit 48,86 % des personnes interrogées. **S'il n'existait aucune relation** entre le sexe et la fréquence de l'audience, on obtiendrait 48,86 % de filles dans chaque catégorie de fréquence.

Figure 5.20

La comparaison entre effectifs réels et effectifs théoriques.

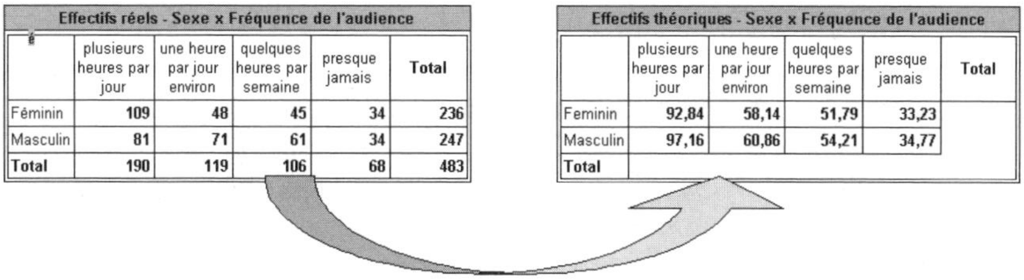

Effectifs réels - Sexe x Fréquence de l'audience

	plusieurs heures par jour	une heure par jour environ	quelques heures par semaine	presque jamais	Total
Féminin	109	48	45	34	236
Masculin	81	71	61	34	247
Total	190	119	106	68	483

Effectifs théoriques - Sexe x Fréquence de l'audience

	plusieurs heures par jour	une heure par jour environ	quelques heures par semaine	presque jamais	Total
Feminin	92,84	58,14	51,79	33,23	
Masculin	97,16	60,86	54,21	34,77	
Total					

Exemple

48,86 % de filles regardent la télévision plusieurs heures par jour, soit 48,86 % de 190 = 92,84. Même raisonnement pour les garçons. Ils sont 247, soit 51,14 % de l'échantillon ; ils devraient théoriquement représenter 51,14 % de la catégorie des personnes qui ne regardent presque jamais la télévision, soit 51,14 % de 68 = 34,77, et ainsi de suite.

Le test du chi-deux consiste à calculer la **somme des différences entre effectifs réels et effectifs théoriques**. Si les différences sont très faibles, on est proche du cas où il n'y a aucune relation entre les deux variables. Plus les différences sont importantes, plus la relation est forte entre les deux variables.

La formule est la suivante : χ^2 calculé = Σ (effectif théorique – effectif réel)^2/effectif théorique.

Dans notre exemple, cette formule de calcul s'applique à huit reprises (2 lignes × 4 colonnes) :

$$\chi^2 \text{ calculé} = (92{,}84 - 109)^2/92{,}84 + (58{,}14 - 48)^2/58{,}14 + \ldots + (34{,}77 - 34)^2/34{,}77$$
$$= 2{,}81 + 1{,}77 + \ldots + 0{,}02 = \mathbf{10{,}73}$$

1re étape de conclusion : valider la relation

Pour déterminer si cette différence est significative et si elle nous autorise à dire que la fréquence d'audience varie en fonction du sexe, on doit comparer ce chi-deux à une valeur repère à dépasser, qui est le **chi-deux théorique**. Celui-ci s'obtient dans une table en fonction de deux critères (table disponible sur **www.suristat.fr/rubrique10.html**) :

- p = taux d'erreur, par défaut 0,05, ce qui représente seulement 5 % de risques d'aboutir à une conclusion erronée ;
- degrés de liberté : (nombre de lignes – 1) × (nombre de colonnes – 1). Dans notre cas, le nombre de degrés de liberté est de (4 – 1) × (2 – 1) = 3.

Ici, la valeur du chi-deux théorique, $p = 0{,}05$ et *ddl* = 3, est de **7,81**.

Si le chi-deux calculé est supérieur au chi-deux théorique, on peut conclure à l'existence d'une relation entre les deux variables (au niveau d'erreur correspondant). Dans notre exemple, on a 10,73 > 7,81. Alors, on peut dire, avec un taux d'erreur de 5 %, que la fréquence de l'audience TV varie significativement en fonction du sexe.

2e étape de conclusion : établir la force de la relation ou sa fiabilité

En se basant sur un chi-deux théorique au taux d'erreur de 5 %, on établit une conclusion fiable à 95 %. L'augmentation du niveau de précision – en baissant *p*, le taux d'erreur – permet de déterminer si notre conclusion est encore validée et d'établir ainsi son niveau de fiabilité, c'est-à-dire sa force. La force de la relation est d'autant plus garantie que le seuil de confiance avoisine 100 %.

Le tableau 5.3 illustre comment le chi-deux théorique augmente avec l'augmentation du niveau de fiabilité ; on voit ainsi à partir de quel niveau la relation reste valide. *On se fixe toujours à trois degrés de liberté.*

Le tableau 5.3 témoigne que la relation **reste valide à 97,5 %** ; cependant, elle n'est plus significative au niveau de 99 %, où le chi-deux calculé (10,73) devient alors inférieur au chi-deux théorique (11,3).

Tableau 5.3 : Conclusions d'un test de chi-deux en fonction de la probabilité associée

p = taux d'erreur	Fiabilité de la conclusion	Chi-deux théorique	Chi-deux calculé	Conclusion
0,05	95 %	7,81	10,73	Relation validée
0,025	97,5 %	9,35		Relation validée
0,01	**99 %**	**11,3**		**Relation NON validée**
0,005	99,5 %	12,8		Relation NON validée
0,001	99,9 %	16,3		Relation NON validée

3e étape de conclusion : détails de la relation

Le résultat du chi-deux donne une conclusion générale sur la relation entre les deux variables. Dans notre exemple, la relation est validée à 97,5 %. Il est ensuite nécessaire de s'appuyer sur les détails de la relation pour établir **comment celle-ci se traduit concrètement**. À cet effet, on se reporte aux chi-deux partiels, qu'on a calculés pour chaque cellule du tableau. Le chi-deux calculé total est la somme de tous les chi-deux partiels calculés pour chaque cellule. Dans notre exemple, rappelons que 10,73 = 2,81 + 1,77 + … + 0,02. Les chi-deux partiels les plus forts indiquent les endroits où se situent les différences statistiques les plus fortes (voir figure 5.21) et donc les **informations essentielles** du tableau.

Figure 5.21

Chi-deux partiels.

Chi-deux partiels - Sexe x Fréquence de l'audience

	plusieurs heures par jour	une heure par jour environ	quelques heures par semaine	presque jamais	**Total**
Féminin	**2,81**	**1,77**	**0,89**	**0,02**	
Masculin	**2,69**	**1,69**	**0,85**	**0,02**	
Total					

On peut conclure ici que les différences les plus fortes se situent au niveau des téléspectateurs les plus assidus, c'est-à-dire ceux qui regardent la télévision plusieurs heures par jour. **Beaucoup plus de filles regardent la télévision plusieurs heures par jour.**

L'application du test du chi-deux à notre exemple induit, selon nos *trois niveaux*, les conclusions suivantes :

1. La fréquence de l'audience TV varie en fonction du sexe.
2. La relation est forte (valide à 97,5 %).
3. Les filles sont beaucoup plus nombreuses à regarder la télévision plusieurs heures par jour.

Tableaux croisés et test du chi-deux

Dans les tableaux de bord, un tri croisé s'obtient de deux manières :

- Choisissez le menu Analyses en haut de page puis Tableaux croisés. Sélectionnez les variables que vous voulez placer en lignes puis en colonnes et cliquez sur OK.
- Éditez sur votre page les deux questions que vous voulez croiser. Sélectionnez-les toutes les deux. Cliquez sur l'icône jaune G ou faites un clic droit puis choisissez Grouper.

Figure 5.22

Les tris croisés dans les tableaux de bord de Sphinx.

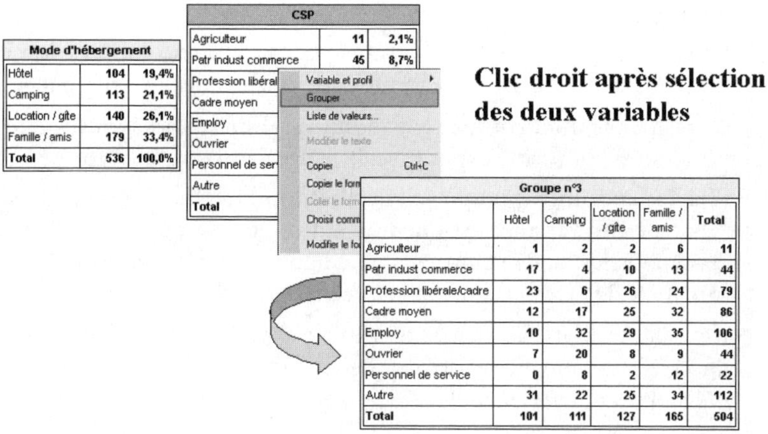

Mode d'hébergement		
Hôtel	104	19,4%
Camping	113	21,1%
Location / gîte	140	26,1%
Famille / amis	179	33,4%
Total	**536**	**100,0%**

CSP		
Agriculteur	11	2,1%
Patr indust commerce	45	8,7%
Profession libéral		
Cadre moyen		
Employ		
Ouvrier		
Personnel de ser		
Autre		
Total		

Groupe n°3	Hôtel	Camping	Location / gîte	Famille / amis	Total
Agriculteur	1	2	2	6	11
Patr indust commerce	17	4	10	13	44
Profession libérale/cadre	23	6	26	24	79
Cadre moyen	12	17	25	32	86
Employ	10	32	29	35	106
Ouvrier	7	20	8	9	44
Personnel de service	0	8	2	12	22
Autre	31	22	25	34	112
Total	**101**	**111**	**127**	**165**	**504**

Pour établir si la relation est significative entre les deux variables étudiées, double-cliquez sur le tableau pour accéder à l'onglet Tests. La valeur du test du chi-deux, sa probabilité d'erreur (p) et sa conclusion apparaîtront après que vous aurez coché Afficher le test de significativité et Commentaire.

Figure 5.23

Affichage du test du chi-deux dans Sphinx.

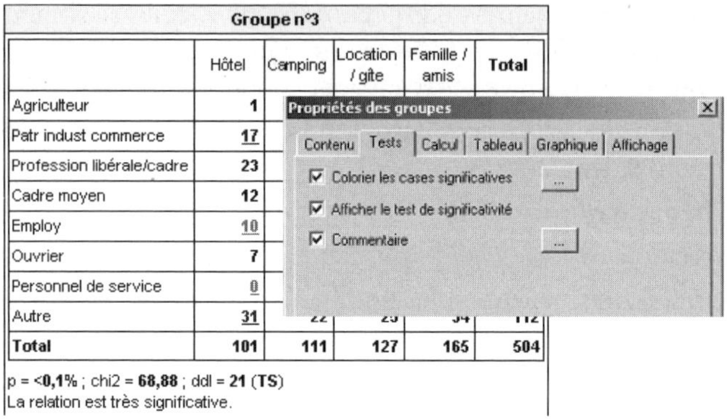

4.2 Analyse de variance entre réponses à des questions fermées et numériques

Exemple

On veut savoir si le bac d'origine des étudiants influence les notes qu'ils obtiennent en statistique.

Le principe de l'analyse de variance consiste à décomposer la variance, en l'occurrence toutes les variations des notes de statistique, en deux parties :

- la variance **intergroupe** : elle mesure les différences *entre* les catégories de bacs ; elle est due à la variable explicative, le facteur, qui est ici le type de bac.
- la variance **intragroupe** : elle établit les différences *à l'intérieur* de chaque type de bacs. Cette variance est due aux autres choses, qu'on appelle le résidu, constituées par tous les facteurs autres que le bac : l'assiduité aux cours, la motivation pour la matière, le niveau d'intelligence, etc.

L'étudiante Marie a un bac S et sa note est de 14/20. La moyenne de la classe est de 11/20. La moyenne des bacheliers S est de 13/20. Dans le cas suivant, on va décomposer la variance de Marie, +3 par rapport à la moyenne, en deux parties :

- la variance due au bac : +2, car la moyenne des titulaires d'un bac S est de deux points supérieure à l'ensemble ;
- la variance résiduelle, due au reste : +1, car Marie a un point de plus que la moyenne des bacheliers S.

Figure 5.24

La décomposition de la variance : facteur et résidu.

– Marie a un bac S

– Note de Marie : 14/20

– Note moyenne de la classe : 11/20

– Note moyenne des bacs S dans la classe : 13/20

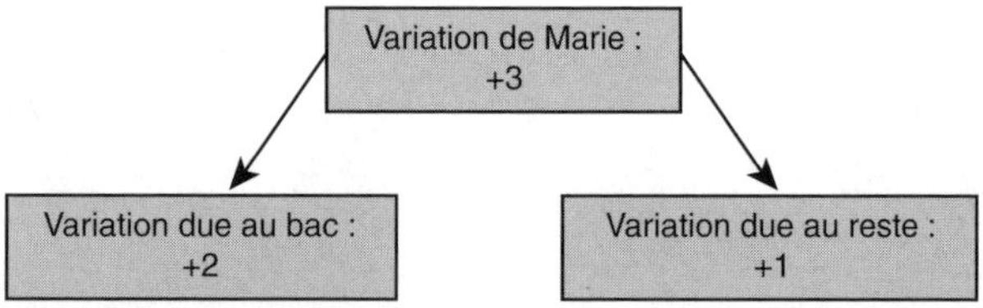

Si l'on procède de même pour l'ensemble des individus, on obtiendra deux « paquets » de variance : l'une due à la variable explicative, ou au facteur, et l'autre dite variance résiduelle. Les comparer permettra d'établir si la variance due au facteur est plus forte que la variance résiduelle, grâce au test F de Fisher.

Voici les calculs pour réaliser une analyse de variance, ANOVA (*ANalysis Of VAriance*) :

Tableau 5.4 : Tableau d'analyse de variance (ANOVA)

Variance	Somme des carrés	Degrés de liberté	Carré moyen	F
Due au facteur (à la variable explicative)	SCf	$k - 1$	CMf $= SCf/k - 1$	CMf/CMr
Résiduelle (due au reste)	SCr	n – k	CMr $= SCr/n - k$	

k = nombre de modalités du facteur, variable explicative ; n = nombre d'observations

Formules de calcul nécessaires :

$$SCf = \Sigma\ ((\Sigma\ x.j)^2/n_i) - (\Sigma\ x_{ij})^2/n$$
$$\Sigma\ x.j = \text{somme de la jième modalité (colonne)}$$
$$SCr = \Sigma\ (x_{ij})^2 - \Sigma\ ((\Sigma\ x.j)^2/n_i)$$

En guise d'exemple, prenons le détail des notes en statistique des 20 élèves de la classe, répartis par bacs d'origine.

Tableau 5.5 : Notes en statistique réparties par bacs d'origine

Bac	Bac L	Bac ES	Bac S	Bac STT/STS
Notes	8	11	13	9
	10	12	15	8
	9	11	12	10
	10	14	13	
	16		9	
	7		14	
			15	
Somme	**60**	**48**	**91**	**27**
Moyenne	**10**	**12**	**13**	**9**

Somme totale : 226 – moyenne générale : 11,3

$$SCf = \Sigma\,((\Sigma\,x.j)^2/ni) - (\Sigma\,xij)^2/n$$

$$\Sigma\,((\Sigma\,x.j)^2/ni) = 60^2/6 + 48^2/4 + 91^2/7 + 27^2/3 = 600 + 576 + 1\,183 + 243 = 2\,602$$

$$(\Sigma\,xij)^2/n = 226^2/20 = 2\,553{,}8$$

$$SCf = 2\,602 - 2\,553{,}8 = 48{,}2$$

$$SCr = \Sigma\,(xij)^2 - \Sigma\,((\Sigma\,x.j)^2/ni)$$

$$\Sigma\,(xij)^2 = 2\,686$$

$$SCr = 2\,686 - 2\,602 = 84$$

Tableau 5.6 : Tableau d'ANOVA pour l'effet du bac sur notes en statistique

Variance	Somme des carrés	Degrés de liberté	Carré moyen	F
Due au facteur bac (à la variable explicative)	48,2	3	48,2/3 = 16,07	16,07/5,25 = **3,06**
Résiduelle (due au reste)	84	16	84/16 = 5,25	

k = nombre de modalités du facteur ; variable explicative = quatre types de bacs
n = nombre d'observations = 20

Dans notre exemple, le F calculé atteint donc **3,06**. On pourrait dire qu'il y a « environ trois fois plus de variations » dues au bac qu'aux autres éléments explicatifs. Cela est-il suffisant pour conclure que le baccalauréat d'origine influence nettement la note obtenue en statistique ?

Pour obtenir une réponse scientifique, on compare le F calculé à un F théorique que l'on va rechercher –comme pour le chi-deux – dans la table statistique correspondante (**www.suristat.fr/rubrique10.html**). Le F théorique s'obtient en fonction :

- du taux d'erreur (0,05 usuellement) ;
- de $V1 = k - 1$;
- de $V2 = n - k$.

Dans notre cas, le F théorique est de **3,24** pour $p = 0{,}05$, V1 = 3 et V2 = 16. On conclut pour un seuil de confiance de 95 % que **le bac d'origine ne peut être considéré comme un facteur qui influence la note de statistique**, d'une manière significative. Ce résultat semble étonnant, mais les tables du F indiquent ici que l'effectif étudié est particulièrement petit. Par conséquent, le niveau du F théorique est très exigeant. *Avec les mêmes niveaux de variance pour un effectif supérieur à 50 observations, la relation serait jugée significative.*

Dans le cas de l'analyse de variance et du test F de Fisher, la conclusion s'établit en trois temps :

1. Existe-t-il une relation entre les deux variables ? Dans notre cas, NON ; le F calculé est inférieur au F théorique pour un taux d'erreur de 5 %.
2. Si OUI, cette relation est-elle moyenne, forte ou très forte ? Si le F calculé est supérieur par défaut quand $p = 5$ %, l'est-il toujours pour $p = 1$ %, puis $p = 0{,}5$ %, puis $p = 0{,}1$ % ? Si la relation est toujours validée quand p s'approche de 0, elle est d'autant plus fiable et, donc, on peut la qualifier de « forte » ou « très forte ».
3. Si OUI, comment se traduit-elle dans les faits ? Quelles sont les catégories de bacs qui obtiennent des moyennes plus fortes ou plus faibles que la moyenne ?

Analyse de variance et test de Fisher

Pour obtenir une analyse de variance, on procédera de la même manière que pour un tableau croisé : les deux variables sont éditées sur la feuille de travail, avant d'être groupées. **On prendra bien soin de ne pas présenter la variable numérique en classes** (onglet Calcul, décocher « Mettre les nombre en classes »). Une fois les variables croisées, le test de Fisher et sa conclusion apparaissent depuis l'onglet Tests après que l'on a coché Afficher le test de significativité et Commentaire.

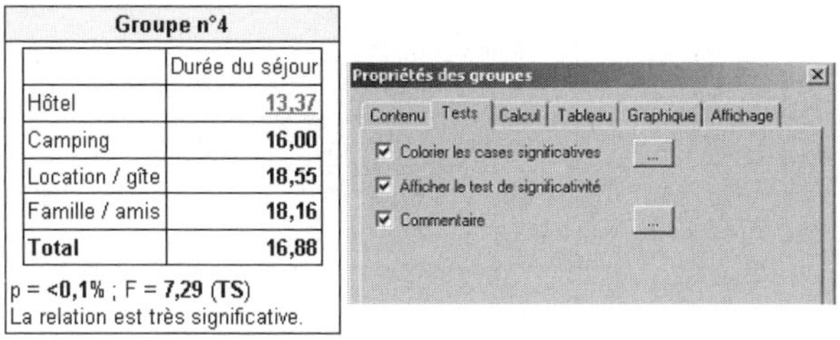

Groupe n°4

	Durée du séjour
Hôtel	13,37
Camping	**16,00**
Location / gîte	**18,55**
Famille / amis	**18,16**
Total	**16,88**

p = <0,1% ; F = 7,29 (TS)
La relation est très significative.

Figure 5.25

Activation du test de Fisher dans Sphinx.

Les cases soulignées dans le tableau indiquent les moyennes significativement différentes du total (test *t* de Student). On va conclure ici que la durée du séjour varie très nettement en fonction du mode d'hébergement. Les pensionnaires des hôtels ont une durée de séjour plus courte.

4.3 Corrélation entre réponses à des questions numériques

Cette troisième technique sera mise en œuvre pour étudier les liens entre deux variables de type numérique. On souhaitera déterminer si une variable y varie en fonction d'une autre variable x. Cherchons à déterminer par exemple si le nombre d'heures de cours de statistique suivies (sur les 24 heures possibles) conditionne la note obtenue pour l'examen correspondant. Les données sont les suivantes pour les 20 étudiants de la classe (voir tableau 5.7).

Droite de régression

À cet effet, on cherche tout d'abord une droite de coordonnées $y = ax + b$, qui tentera de décrire la manière dont y évolue en fonction de x.

Formules nécessaires au calcul :

$$a = \text{Cov}(x,y)/\text{V}(x)$$

$$a = 1/n\,(\Sigma xiyi) - \bar{x}\,\bar{y}\,/1/n\,(\Sigma xi^2) - x^2$$

Dans notre exemple,

$a = 4\,260/20 - (18{,}1 \times 11{,}3)/6\,924/20 - (18{,}1)^2$

$$a = (213 - 204{,}53)/(346{,}2 - 327{,}61) = 8{,}47/18{,}59 = 0{,}46 \text{ (arrondi à 2 décimales)}$$

$$b = \bar{y} - a\,\bar{x} = 11{,}3 - 0{,}46\,(18{,}1) = 2{,}97$$

On a donc $y = 0{,}46\,x + 2{,}97$, droite de régression qui doit nous servir à prédire y, la note de statistique, en fonction de x, le nombre d'heures de cours de statistique suivies.

Tableau 5.7 : Notes en statistique et nombre d'heures de cours suivies

	Nombre d'heures de cours suivies	Notes en statistique
Élève 1 =	12	8
Élève 2 =	16	10
Élève 3 =	12	9
Élève 4 =	16	10
Élève 5 =	20	16
Élève 6 =	16	7
Élève 7 =	10	11
Élève 8 =	18	12
Elève 9 =	18	11
Élève 10 =	22	14
Élève 11 =	24	13
Élève 12 =	24	15
Élève 13 =	20	12
Élève 14 =	24	13
Élève 15 =	14	9
Élève 16 =	24	14
Élève 17 =	22	15
Élève 18 =	16	9
Élève 19 =	14	8
Élève 20 =	20	10
Écart type =	4,42	2,64
Moyenne =	18,1	11,3
Somme des *xiyi* =	4 260	

Coefficient de corrélation

Le coefficient de corrélation r indique la force et le sens de la relation ; il est compris entre –1 et +1. Proche de 1 (ou de –1), il traduit une très forte corrélation ; proche de 0, il correspond à une corrélation nulle.

Formules nécessaires au calcul :

$$r = \text{Cov}\,(x,y)/\text{écart type}(x) \times \text{écart type}(y)$$

Précisons que

$$\text{Cov}\,(x,y) = (\Sigma xiyi)/n - (\bar{x} \times \bar{y})$$

Dans notre exemple, on a donc :

$$\begin{aligned} r &= \text{Cov}\,(x,y)/\text{écart type}(x) \times \text{écart type}(y) \\ &= 4\,260/20 - (18{,}1 \times 11{,}3)/4{,}42 \times 2{,}64 \\ &= (213 - 204{,}53)/11{,}67 = 0{,}73 \end{aligned}$$

Une corrélation de 0,73 est incontestablement très forte.

Pour estimer si cette corrélation est significative, on vérifie que la droite de régression fait sens et que l'on peut utiliser ses coordonnées pour bien prédire y en fonction de x. Cela revient en fait à vérifier que le coefficient ***a*** ne peut pas être égal à 0. On connaît sa valeur et son écart type. Ainsi, grâce à l'écart type du coefficient a, on peut estimer p, soit la probabilité de se tromper en considérant que celui-ci est différent de 0. Cela revient à estimer la **probabilité d'erreur d'une corrélation significative entre *x* et *y*.**

Dans notre exemple, la probabilité correspondante est égale à 0,001, soit par symétrie, une probabilité de 99,999 % pour l'existence d'une corrélation significative, ce qui est excellent.

Dans le cas de la corrélation et de sa probabilité, la conclusion s'établit là encore en trois temps :

1. Existe-t-il une relation entre les deux variables ? Dans notre cas, OUI ; le r est de 0,73 avec une probabilité d'erreur de 0,001.

2. Si OUI, cette relation est-elle moyenne, forte ou très forte ? Si p, la probabilité d'erreur, est inférieure à 5 %, la relation existe. Si $p < 1$ %, la corrélation est forte ; si $p < 0{,}1$ %, elle est très forte. Comme pour les autres situations, si la relation est toujours validée quand p s'approche de 0, elle est d'autant plus fiable et, donc, on peut la qualifier de « forte » ou « très forte ». Dans notre cas, la corrélation est très forte car $p = 0{,}001$.

3. Si OUI, comment se traduit-elle dans les faits ? Comment évolue y en fonction de x ? C'est la droite de régression qui l'indique. Dans notre exemple, $y = 0{,}46\,x + 2{,}97$. Ainsi, on prend le nombre d'heures de cours suivies, on multiplie par 0,46, on ajoute 2,97 et on obtient une bonne prévision de la note à laquelle on peut s'attendre.

Droite de régression et coefficient de corrélation

Toujours selon le même principe, identique aux tableaux croisés et aux analyses de variance, on place les deux variables sur la feuille de travail. Si l'on souhaite la droite de régression et le coefficient de corrélation, *on ne doit pas présenter les variables numériques en classes* ; pour ce faire, dans l'onglet Calcul, décochez Mettre les nombres en classes. Le coefficient de corrélation et l'équation de la droite de régression s'obtiennent toujours en cochant Afficher le test de significativité et Commentaire. Pour visualiser la droite de régression, sélectionnez Carte, dans l'onglet Graphique.

Figure 5.26

Droite de régression dans les tableaux de bord de Sphinx.

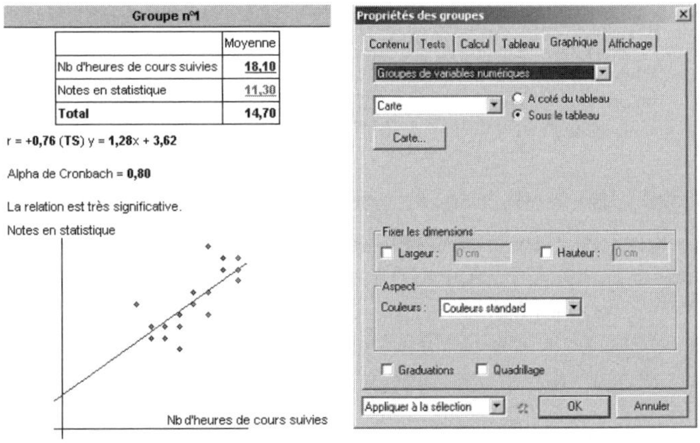

5 Les graphes de relation

Les graphes de relation sont très utiles pour étudier un grand nombre de liens bivariés au sein d'un ensemble volumineux de variables. Indépendamment du type des réponses à croiser – questions fermées ou numériques –, les graphes de relation permettent d'accéder **directement** à la probabilité d'existence du lien et donc à l'information essentielle : **la validation ou non de la relation** présumée entre les deux variables croisées.

Cette méthode est innovante, car effectuer un traitement croisé selon les approches traditionnelles induit un processus relativement long depuis les données jusqu'à la connaissance :

- Tout d'abord, identifier le cas dans lequel on se situe parmi les trois situations possibles : fermée *x* fermée, fermée *x* numérique ou numérique *x* numérique.
- Déclencher l'analyse statistique correspondante : tri croisé, analyse de variance ou régression.
- Demander le test de significativité, chi-deux, Fisher ou autre, et son niveau de probabilité *p*, afin d'établir si la relation est significative ou non.
- Identifier les éléments principaux qui permettent de déterminer comment la relation se traduit dans les faits.
- Interpréter tous ces résultats et rédiger une conclusion.

Figure 5.27

L'apport des graphes de relation dans l'analyse bivariée.

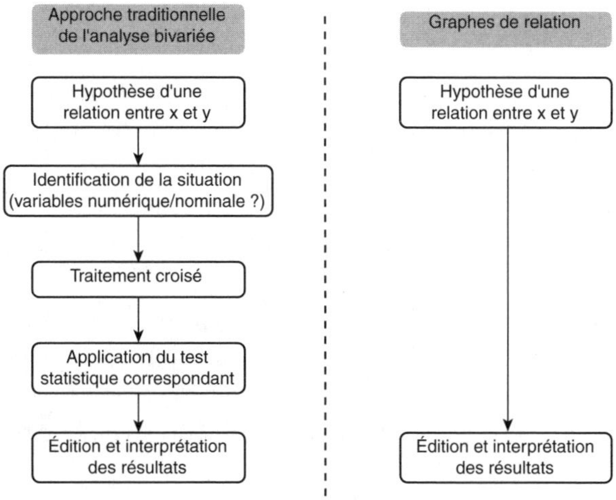

Les graphes de relation constituent un outil de *data-mining*, ou d'exploration de données, dans le sens où ils assurent **plus rapidement l'accès aux informations essentielles**, les relations significatives, contenues dans un vaste ensemble de données. Pour établir des graphes de relation, il faut sélectionner les questions dont on souhaite analyser les croisements, les disposer sur une feuille de travail et déclencher les analyses bivariées. Les résultats sont immédiatement fournis, indépendamment de la nature des variables (voir figure 5.28).

Figure 5.28

Exemple de graphe de relation sur une enquête touristique.

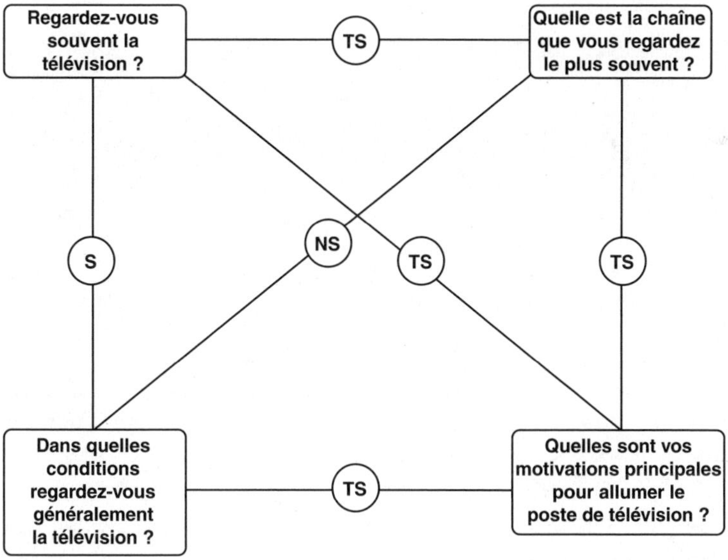

Les relations sont aussitôt qualifiées grâce à un symbole abrégé, dont voici la signification :

- TS : relations très significatives ; pour p <1 %, elles sont sûres à 99 % ou plus.
- S : relations significatives ; pour 1 % < p <5 %, elles sont sûres à 95-99 %.
- PS : relations peu significatives ; pour 5 % < p < 15 %, elles sont sûres seulement à 85-95%.

- NS : relations non significatives ; pour $p > 15\ \%$, elles sont sûres à moins de 85 %, donc non validées.

L'exemple ci-après conduit rapidement à la conclusion suivante :

- La chaîne la plus regardée est liée aux motivations pour allumer la télévision et à la fréquence d'audience.
- Motivations, conditions et fréquence d'audience sont liées très fortement.

Si nécessaire, on peut retrouver et éditer les tests statistiques effectués pour parvenir aux conclusions affichées.

Afin de traduire concrètement les relations établies précédemment en **informations utiles et plus précises**, on fait ensuite apparaître **les éléments les plus marquants** à l'intérieur des relations significatives. On observe par exemple (voir figure 5.29) que :

- les téléspectateurs souhaitant se cultiver choisissent Arte ou France 5, ceux qui veulent s'informer privilégient France 3 ;
- les répondants qui avouent enclencher la télévision par réflexe le font le soir après le dîner ou en travaillant à la maison ; ceux qui l'allument en bruit de fond recherchent une présence ;
- etc.

Figure 5.29

Édition des éléments marquants dans les graphes de relation.

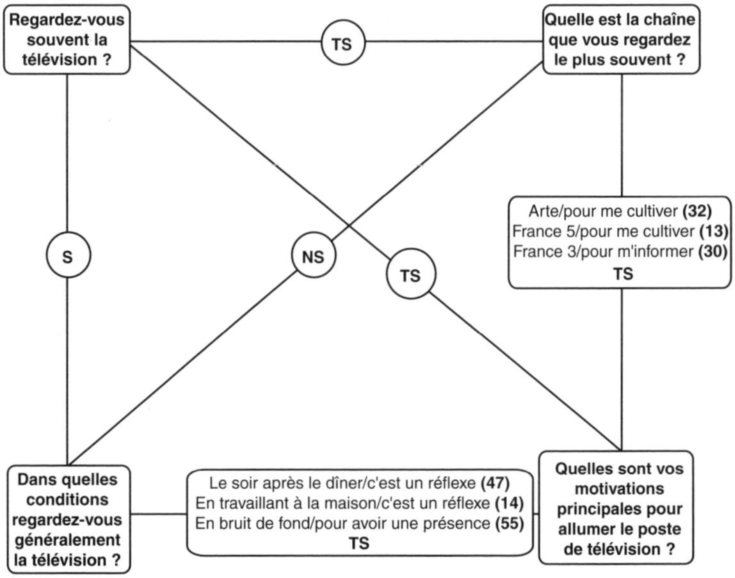

Graphes de relation dans Sphinx

Depuis les tableaux de bord, on demande une nouvelle vue, puis on choisit Graphes de relation. Plusieurs démarches d'analyse sont possibles.

Formuler des hypothèses. À l'aide du bouton Formuler des hypothèses, on choisit la liste des variables à étudier, puis on clique sur Terminer. Les variables apparaissent alors sur la vue, sous la forme de « pastilles ». Grâce à l'icône correspondante, on trace la relation entre les variables à étudier et l'on obtient immédiatement la significativité du test.

Trouver les principales relations. Avec le bouton Trouver les principales relations, on choisit les variables à étudier. Le menu qui s'affiche alors permet éventuellement de jouer sur les seuils de signification, afin d'obtenir un nombre plus ou moins grand de relations selon la sévérité des seuils (voir figure 5.30). Les menus déroulants permettent de faire varier les seuils, les boutons + et – d'obtenir plus ou moins de relations.

Figure 5.30

Option de sélection des seuils pour les graphes de relation.

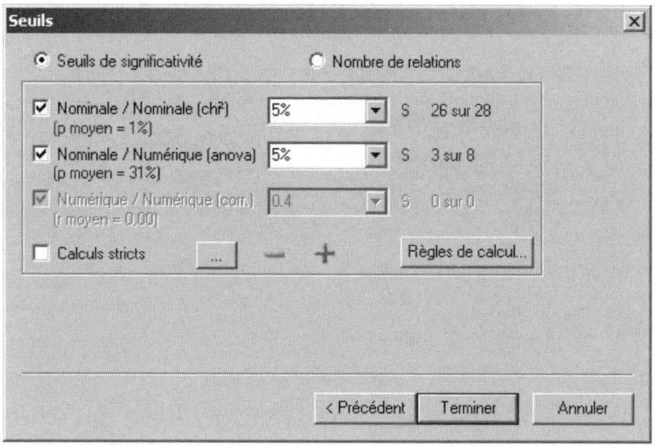

On obtient ainsi un graphe de relation, où seules les relations significatives s'affichent en fonction des choix préalables.

Expliquer la variable. Cette option permet de croiser simultanément une variable clé de l'enquête – par exemple une note de satisfaction globale – avec toutes les autres, afin de déterminer les variables qui l'influencent le plus fortement.

Propriétés de la relation. À l'aide d'un clic droit puis de Modifier le format, on modifie les caractéristiques affichées. On peut ainsi faire apparaître la valeur du test statistique correspondant ou éditer les principaux éléments : chi-deux partiels les plus forts ou moyennes les plus différentes par exemple. Tester la relation colorie le trait en fonction de sa significativité.

À partir du graphe de relation, on peut afficher le tableau croisé correspondant grâce à un clic droit sur la flèche puis en choisissant Analyser. Il est ainsi possible de visualiser les données initiales et les raisons pour lesquelles la relation se révèle significative ou non.

Résumé

Les procédures d'exploration de données (ou *data-mining*) – comme les graphes de relation disponibles dans Sphinx – sont amenées à se développer dans les prochaines années. En effet, les chargés d'études sont à la recherche de méthodes toujours plus performantes et rapides pour identifier les informations essentielles contenues dans de grandes bases de réponses. L'analyse multivariée que nous aborderons dans le chapitre suivant est également une réponse pertinente à ces aspirations.

Exercices

Les exercices suivants portent sur une base de réponses fournies sur le CD-Rom joint à l'ouvrage dans le répertoire Télé.

Exercice 1. Tableau récapitulatif

Présentez un tableau récapitulatif des résultats de cette enquête portant sur l'opinion à l'égard de la télévision française. Commentez cette synthèse de résultats en dégageant le profil type du téléspectateur interrogé.

Solution

Il s'agit de présenter une synthèse des résultats à plat de cette enquête, grâce à la fonction des tableaux récapitulatifs dans Sphinx. À partir du stade Traitements et analyses, choisissez le menu Analyser, puis Tableaux multiples, Tableaux récapitulatifs. On peut présenter notamment la modalité la plus citée pour les questions fermées ainsi que la moyenne des questions numériques, ce qui donne une première impression de la « tendance » de l'opinion générale (voir extrait, tableau 5.8).

L'échantillon révèle rapidement ses principales caractéristiques : étudiants âgés d'une vingtaine d'années, vivant dans leur famille. Il ressort des comportements dominants vis-à-vis de la publicité, qu'on regarde plusieurs heures par jour, le soir après le dîner surtout pour s'informer. L'opinion globale vis-à-vis de la télévision française est assez bonne : 7 sur 10. On semble apprécier sa diversité, le caractère sérieux des informations et même son intérêt culturel. Néanmoins, on considère que cette qualité a tendance à baisser… (à suivre). Le corrigé complet de cet exercice est disponible à l'adresse : **www.suristat.fr/rubrique29.html**.

Tableau 5.8 : Tableau récapitulatif pour l'enquête sur la télévision (extrait)

Question	Modalité la plus citée
Fréquence	Plusieurs heures par jour : 183 = 37,7 %
Motivations	Pour m'informer : 320 = 66,0 %
Zapping ?	Je zappe entre 2 ou 3 chaînes : 242 = 49,9 %
Chaînes préférées	France 2 : 229 = 47,2 %
Note globale	7/10 : 147 = 30,3 %
Diversité	7/10 : 108 = 22,3 %
Intérêt culturel	7/10 : 83 = 17,1 %
Sympathie des animateurs	7/10 : 103 = 21,2 %
Source d'enrichissement	Plutôt d'accord : 219 = 45,2 %

Tableau 5.8 : Tableau récapitulatif pour l'enquête sur la télévision (extrait)

Question	Modalité la plus citée
Sexe	Masculin : 247 = 50,9 %
Âge	18-25 ans : 275 = 56,7 %
Situation professionnelle	Étudiant : 242 = 49,9 %
Diplôme	Bac + 5 : 173 = 35,7 %

Exercice 2. Plan de dépouillement

À partir de la lecture du questionnaire « Télé », qui doit vous permettre de déduire les objectifs de l'étude, présentez un plan de dépouillement de cette enquête, sans le réaliser dans Sphinx.

Solution

Un plan de dépouillement basique peut – dans les grandes lignes – être le suivant :

1. tableaux récapitulatifs (voir exercice 1) ;
2. tableaux à plat des questions 1 à 35 ;
3. nécessité d'un dépouillement des questions ouvertes et donc d'un recodage des questions portant sur les émissions préférées (Q7) et surtout sur les adjectifs associés à la chaîne la plus fréquemment regardée (Q9) ;
4. tableaux croisés principaux :
   - chaîne la plus fréquemment regardée (Q8) × notes d'opinion (Q10 à Q20) ;
   - adjectifs recodés par la chaîne la plus fréquemment regardée (Q8) ;
   - comportements télévisuels (Q1 à Q5) × chaînes préférées (Q6) ;
   - questions d'identité (Q31 à Q35) × comportements télévisuels (Q1 à Q5) ;
   - questions d'identité (Q31 à Q35) × opinions sur la télévision française (Q21 à Q30) ;
   - questions d'identité (Q31 à Q35) × émissions préférées recodées.
5. typologie des téléspectateurs à partir des questions d'opinion sur la télévision française (Q21 à Q30) ; à cet effet, reportez-vous au chapitre 7.

Exercice 3. Motivations pour regarder la télévision

Sur l'échantillon interrogé, quelle est la motivation principale pour regarder la télévision (Q3) ? Quel pourcentage des téléspectateurs partage cette motivation ?

Solution

Il s'agit d'une question fermée multiple. Attention à bien présenter les *pourcentages sur les observations*, et non sur les citations. La motivation principale pour regarder la télévision est **l'information**, partagée par 66 % des répondants (voir figure 5.31).

Figure 5.31

Motivations pour regarder la télévision.

Quelles sont vos motivations principales pour allumer le poste de télévision?		
Pour m'informer	320	66%
Pour me détendre	270	56%
Pour me divertir	235	48%
Pour me cultiver	156	32%
Pour avoir une présence	112	23%
Pour passer le temps	111	23%
C'est un réflexe	60	12%
Total	486	

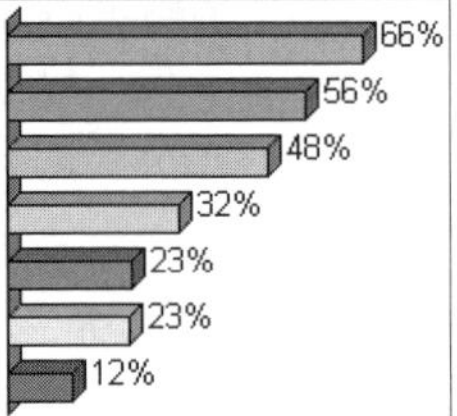

Exercice 4. Chaînes préférées

En vous basant sur le calcul du rang moyen, donnez le classement des trois chaînes préférées par les téléspectateurs de notre enquête (Q6). Quelle est la chaîne la plus souvent citée en première position ? Que signifie ces résultats ?

Solution

Le rang moyen, dont nous précisons le principe de calcul à la section 3.3 sur les réponses ordonnées, s'obtient dans Sphinx grâce aux options de présentation d'un tableau de bord, dans l'onglet Tableau. Sur ce critère, le trio de tête des chaînes préférées est serré et se présente comme suit : France 2, TF1 puis Arte.

Figure 5.32

Classement des chaînes préférées en fonction du rang moyen.

Classez les 3 chaînes que vous préférez parmi cette liste		
France 2	229	1,08
TF1	194	0,98
Arte	167	0,89
M6	164	0,81
Canal +	146	0,82
France 3	132	0,53
France 5	100	0,53
Total	485	

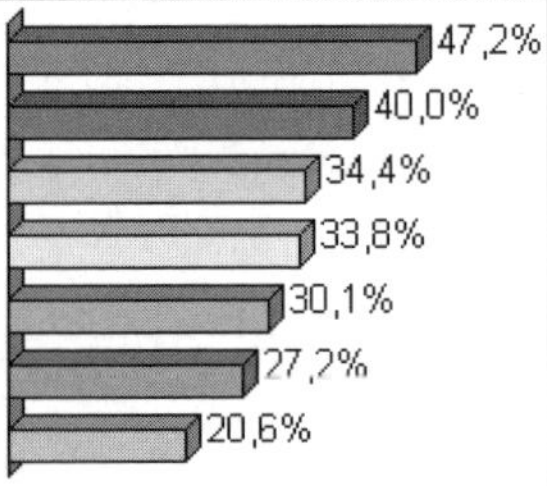

Toutefois, si l'on concentre son attention sur la chaîne citée en premier seulement (allez dans l'onglet Calcul, Uniquement la réponse au rang 1), c'est Canal + qui est la plus souvent citée, dans 16,1 % des cas, de peu devant Arte, TF1 et France 2. **Ce résultat confirme la forte dispersion des préférences sur les chaînes majeures du PAF.**

Exercice 5. Opinions sur les chaînes françaises

a. Produisez un seul tableau et son graphique, afin de mesurer l'opinion des téléspectateurs interrogés sur l'ensemble des chaînes françaises, selon les différentes dimensions étudiées dans l'enquête. Vous vous concentrerez tout d'abord sur le premier groupe de critères, de la question 11 à la question 20. Quel est le critère sur lequel l'opinion est la meilleure ? Quelle est la dimension la plus sévèrement jugée ?

b. Réalisez le même type d'analyse pour les questions 21 à 30.

Solution

a. On produira un tableau de groupe de questions sur les items 11 à 20, en traitant les échelles en nombres et après avoir pris soin de paramétrer le bon barème. Le tri de ce tableau montre rapidement que l'opinion la meilleure porte sur le *sérieux des informations* (6,84 sur 10), alors que la dimension jugée le plus sévèrement est le *caractère éducatif des programmes pour la jeunesse* (4,93 sur 10).

b. Plusieurs représentations de ces résultats sont possibles :

– La première consiste à traiter ces échelles d'opinion comme des questions fermées. On présente alors le tableau de groupe de questions, en précisant les fréquences sur chaque modalité – de « pas d'accord du tout » à « tout à fait d'accord » . On peut alors visualiser – notamment grâce au graphique – les propositions sur lesquelles l'adhésion est la plus forte.

Figure 5.33

Fréquences des opinions sur la télévision.

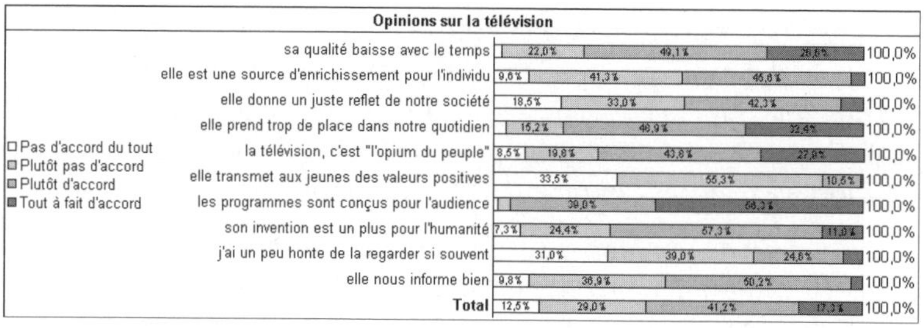

– On peut également affecter un barème (voir chapitre 2, focus 1) à cette série de questions, afin de comparer les niveaux d'accord sur une note moyenne, sur 10 par exemple. Dans ce cas, on associera la note 0 à « pas d'accord du tout » ; 2,5 à « plutôt pas d'accord » ; 7,5 à « plutôt d'accord » ; et enfin 10 à « tout à fait d'accord ». Ce faisant, on obtient le même résultat, présenté d'une manière plus synthétique, avec « l'accord moyen » sur chaque critère. Cette représentation semble plus simple pour illustrer rapidement les conclusions. On voit par exemple que les répondants considèrent massivement, avec une moyenne de 8,64 sur 10, que les programmes sont conçus pour l'audience. En revanche, ils pensent que la télévision ne transmet pas aux jeunes de valeurs positives (2,23 sur 10)…

Figure 5.34

Notes moyennes des opinions sur la télévision.

Opinions sur la télévision

	Moyenne
les programmes sont conçus pour l'audience	8,64
elle prend trop de place dans notre quotidien	7,28
sa qualité baisse avec le temps	6,89
la télévision, c'est "l'opium du peuple"	6,57
son invention est un plus pour l'humanité	6,01
elle nous informe bien	5,00
elle est une source d'enrichissement pour l'indivi...	4,81
elle donne un juste reflet de notre société	4,62
j'ai un peu honte de la regarder si souvent	3,36
elle transmet aux jeunes des valeurs positives	2,23

Exercice 6. Influence du niveau de diplôme

a. La chaîne la plus souvent regardée (Q8) varie-t-elle en fonction du niveau de diplôme (Q34) ?

b. Les conditions pour regarder la télévision (Q2) sont-elles statistiquement différentes en fonction du niveau de diplôme ?

c. Les motivations pour regarder la télévision (Q3) varient-elles en fonction du niveau de diplôme ?

Commentez les résultats obtenus.

Solution

Avant de réaliser ces analyses croisées, il faut opérer un ajustement sur la variable Niveau de diplôme. En effet, certaines catégories ont un effectif trop faible, < 30, pour donner lieu ensuite à des croisements potentiellement significatifs. On intégrera si possible ces catégories à d'autres ; sinon, on devra les supprimer.

a. Le niveau de diplôme semble influencer fortement le choix des chaînes regardées. En effet, comme l'indique Sphinx, le test du chi-deux est très significatif avec $p < 1\ \%$. Une carte factorielle, ou un graphique en barres accolées, montre que :

   – Les personnes aux diplômes les plus élevés privilégient France 3 et Arte.

   – TF1 et M6 attirent une audience où les bac + 2 et bac + 3 sont nombreux.

Ces informations sont validées par les chi-deux partiels les plus importants, signalés en couleurs dans le tableau croisé.

Figure 5.35

Tableau croisé et carte factorielle entre diplôme et chaînes regardées.

Diplôme x Chaînes regardées

	TF1	France 2	France 3	Canal +	France 5	Arte	M6
Bac ou <	**19%**	**18%**	**10%**	**17%**	**8%**	**6%**	**22%**
Bac +2	**29%**	**23%**	**4%**	**15%**	**6%**	6%	**17%**
Bac +3 ou +4	**30%**	**24%**	**4%**	**8%**	**2%**	**7%**	**24%**
Bac +5	12%	**30%**	**12%**	**11%**	**5%**	**21%**	9%

p = **<1%** ; chi2 = **62,09** ; ddl = **18** (**TS**) La relation est très significative.

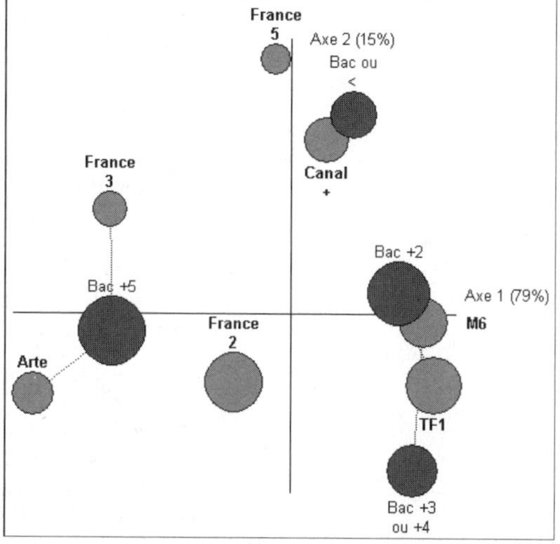

b. On doit employer la même démarche pour les questions c et d. On sera attentif aux catégories à l'effectif trop faible : avant le croisement, il conviendra si possible de les regrouper avec d'autres catégories similaires ; sinon il faudra les supprimer. Les corr gés des points b et c de cet exercice sont disponibles à l'adresse : **www.suristat.fr/rubrique29.html**.

Exercice 7. Évaluation des chaînes

Pour cet exercice, nous nous concentrerons sur les chaînes suivantes : TF1, France 2, France 3, Canal +, France 5, Arte et M6.

a. La note globale (Q10) est-elle statistiquement différente en fonction de la chaîne regardée le plus souvent ? Commentez le résultat.

b. L'intérêt culturel des programmes (Q14) proposés par les différentes chaînes est-il jugé différemment ?

c. Qu'en est-il de la sympathie vis-à-vis des animateurs (Q16) ?

d. Et de l'équilibre entre publicité et programmes (Q17) ?

Solution

a. La figure 5.36, qui présente les résultats de l'analyse de variance ainsi que ceux du test F de Fisher, révèle clairement une note globale différente en fonction de la chaîne regardée le plus souvent. Grâce aux cases soulignées (test de Student), on constate notamment que :

- Arte et France 5 sont les mieux évaluées : 8,21 et 8,2 sur 10, suivies par Canal + qui obtient une moyenne de 7,38 ;
- TF1 est la chaîne la moins bien notée avec une évaluation globale inférieure à 6 sur 10.

Figure 5.36

Note moyenne en fonction de la chaîne regardée.

Note globale par chaîne regardée

	note globale
Arte	8,21
France 5	8,20
Canal +	7,38
France 3	6,75
M6	6,60
France 2	6,55
TF1	5,91

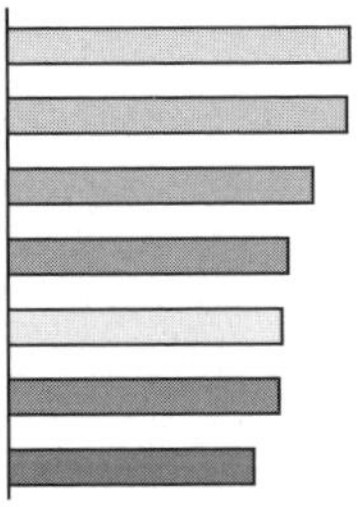

p = <1% ; F = **25,11** (**TS**)
La relation est très significative.

b. La figure ci-après (voir figure 5.37) doit permettre de répondre simultanément aux points b, c et d, en suivant une démarche comparable à celle employée précédemment.

Figure 5.37

Évaluation de trois critères (intérêt, sympathie et équilibre) en fonction de la chaîne regardée.

Evaluations par chaîne regardée

	intérêt culturel	sympathie animateurs	équilibre programmes et pub
France 5	9,12	7,00	7,54
Arte	8,73	6,38	8,07
France 3	7,00	6,32	5,70
Canal +	6,39	6,84	7,04
France 2	6,20	6,41	4,85
M6	4,48	6,03	4,62
TF1	4,08	5,91	3,05

chaînes regardées / intérêt culturel p = <1% ; F = **59,50** (**TS**)
chaînes regardées / sympathie animateurs p = **6%** ; F = **2,06** (**PS**)
chaînes regardées / équilibre programmes et pub p = <1% ; F = **35,37** (**TS**)

Les corrigés complets de cet exercice sont disponibles à l'adresse : **www.suristat.fr/rubrique29.html**.

Exercice 8. Opinions en fonction du sexe de la personne interrogée

Les opinions exprimées sur la télévision varient-elle en fonction du sexe de la personne interrogée ? Prenez en compte les questions 11 à 30 et commentez les résultats observés.

Solution

L'analyse de variance et les résultats du test de Fisher révèlent que ces opinions ne varient pas en fonction du sexe de la personne interrogée. On note toutefois une légère différence, peu significative, entre hommes et femmes sur l'appréciation du sérieux des informations. Les hommes semblent légèrement plus positifs sur ce critère.

La suite du corrigé est disponible sur **www.suristat.fr/rubrique29.html**.

Exercice 9. Évaluations partielle et globale des chaînes

Parmi tous les critères d'évaluation des chaînes (Q11 à Q20), lequel est le plus corrélé avec la note globale ? Que peut-on en déduire ?

Solution

Les graphes de relation constituent la méthode appropriée pour aborder cette question. On voit rapidement que le critère le plus corrélé avec la note globale est « l'intérêt culturel », suivi de près par « le modèle de société qu'elle représente ». Cela signifie que ces critères sont particulièrement importants pour les téléspectateurs interrogés. Pour intégrer et interpréter correctement cette information, il est nécessaire de consulter la section 1.2 du chapitre 7.

Figure 5.38

Graphe de relation pour expliquer la satisfaction globale.

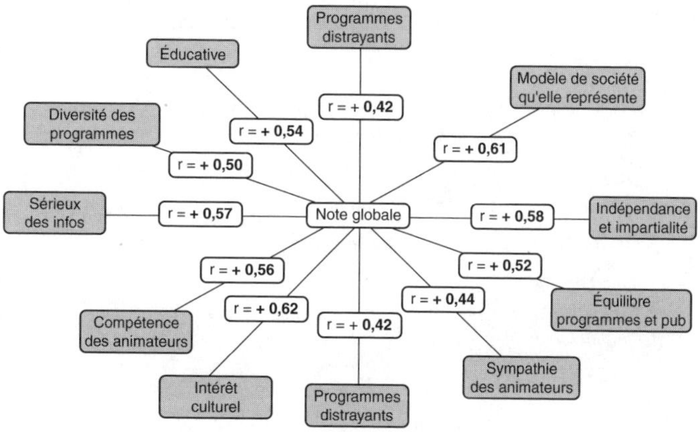

Les exercices suivants portent sur une base de réponses fournies en annexe sur le CD-Rom joint à l'ouvrage, dans le répertoire Tourisme.

Exercice 10. Variations autour de la durée du séjour

a. Quelle est la durée médiane du séjour de nos touristes ?
b. Quel est l'écart type ? Traduit-il une forte dispersion ?
c. Construisez une mise en classes par semaines : moins d'une semaine, d'une à deux semaines, deux à trois semaines, plus de trois semaines. Celle-ci est-elle opérationnelle pour des traitements croisés par exemple ?

Solution

a. La durée médiane est de 15 jours.
b. L'écart type est de 9,9 jours, ce qui traduit une forte dispersion. L'écart type représente 66 % de la moyenne. Rappelons que le seuil usuel pour une forte dispersion est de 1/2 moyenne.
c. On accède à la fonction de mise en classes personnalisées dans l'onglet Calcul. En fonction des limites de classes souhaitées, on obtient le tableau suivant (voir figure 5.39). Celle-ci n'est guère opérationnelle pour des traitements croisés, car la distribution au sein des classes est peu homogène. La première classe – moins d'une semaine – contient seulement 27 individus. Il est préférable d'utiliser d'autres intervalles de classes (moins de 10 ; 10-14 ; 15-19 ; 20 et plus), afin de constituer des classes plus homogènes (voir figure 5.39).

Figure 5.39

Deux mises en classes différentes de la durée du séjour.

Durée du séjour		
Moyenne = **16,91**		
Moins de 7	**27**	**5,0%**
De 7 à 13	**162**	**30,1%**
De 14 à 20	**184**	**34,2%**
21 et plus	**165**	**30,7%**
Total	**538**	**100,0%**

Durée du séjour		
Moyenne = **16,91**		
Moins de 10	**102**	**19,0%**
De 10 à 14	**95**	**17,7%**
De 15 à 19	**155**	**28,8%**
20 et plus	**186**	**34,6%**
Total	**538**	**100,0%**

Exercice 11. Graphes de relation

Déterminez les relations significatives entre : le mode d'hébergement (Q3) ; les sources d'information sur la région (Q6) ; les dépenses totales (Q7) ; l'âge (Q24) ; la CSP (Q25).

Présentez les tableaux croisés pour les relations significatives. Commentez les résultats.

Solution

Les graphes de relation de Sphinx, dans Tableaux de bord, permettent d'obtenir les résultats présentés à la figure ci-dessous. On constate que :

- la CSP du touriste semble avoir un impact significatif sur sa connaissance de la région et sur son mode d'hébergement ;
- l'âge et la CSP sont significativement liés, tout comme âge et mode d'hébergement ;
- le mode d'hébergement est fortement lié à la dépense totale, à la connaissance de la région.

CSP et mode d'hébergement semblent être des « variables-clés » de l'enquête, qui partagent beaucoup de relations avec les autres.

Figure 5.40

Graphes de relation entre mode d'hébergement, sources d'information, dépenses, âge et CSP.

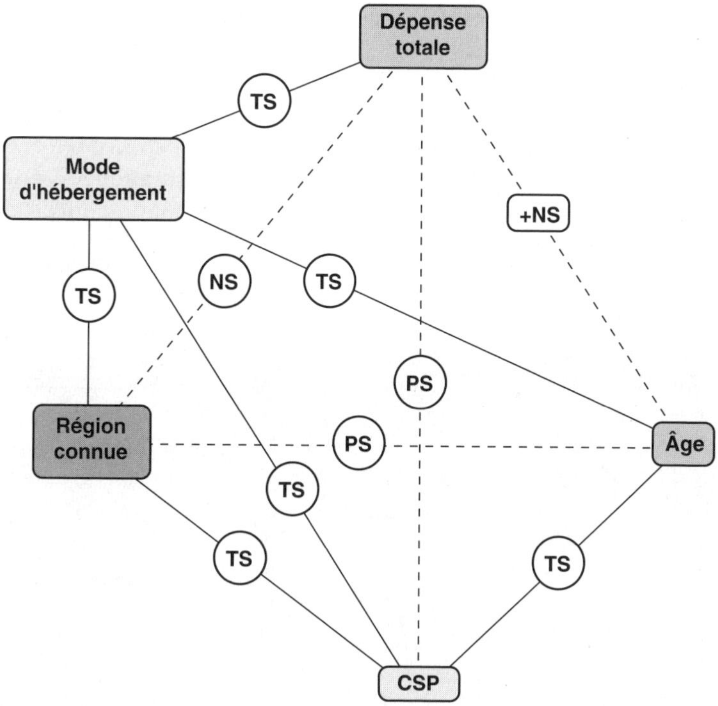

Les tableaux croisés des relations significatives et les commentaires des résultats sont disponibles à l'adresse : **www.suristat.fr/rubrique29.html**.

Exercice 12. Explication de la satisfaction globale

Quelles sont les variables reliées le plus significativement à la satisfaction globale exprimée par le touriste (Q22) ? Commentez ces résultats.

Solution

Dans les graphes de la relation, on utilisera la fonction Expliquer la variable, et l'on sélectionnera la satisfaction (Q22) comme variable cible. On sélectionnera l'ensemble des variables dans la liste de gauche, afin d'étudier simultanément toutes les relations possibles avec la satisfaction. L'étape suivante est très importante : elle consiste à choisir les seuils pour la sélection des relations significatives. Il est correct de placer la barre à $p < 5$ %, ou éventuellement à $p < 1$ % si le nombre de relations est très élevé. Dans notre cas, le seuil de 5 % suffit à isoler quelques relations. On voit notamment que la satisfaction semble fortement liée aux activités pratiquées, au lieu de séjour. Par ailleurs l'importance du soleil, du sport et de l'animation affecte également la perception globale du touriste.

Chapitre 6

L'analyse des réponses textuelles

On a trop souvent négligé l'analyse des questions ouvertes textuelles. Ces dernières ont longtemps été bannies par méconnaissance des méthodes de l'analyse des données textuelles. On entendait souvent : « Inutile de poser des questions ouvertes ; après, on ne sait pas quoi en faire… ». Heureusement, depuis une petite dizaine d'années, les outils d'analyse de données textuelles se sont considérablement développés et quelque peu « démocratisés ». En parallèle, quelques praticiens et chercheurs commencent à prendre conscience des limites de la démarche traditionnelle exclusivement positiviste et quantitative et proposent des approches alternatives. La prise en compte des données textuelles fait partie de cette tendance émergente dans la méthodologie des enquêtes. Dans ce chapitre, nous allons évidemment faire le point sur les méthodes et les techniques de l'analyse des données textuelles, mais aussi présenter ses différents contextes d'utilisation. Précisons que nous nous concentrons ici sur le traitement des réponses aux questions ouvertes et que nous excluons volontairement l'analyse des résultats issus de forums, d'entretiens individuels ou de groupe.

1 Les contextes d'utilisation

Pourquoi veut-on « traiter et analyser » des réponses textuelles ? Quels sont en fait les objectifs de ce type d'analyses ? Prenons immédiatement le cas d'une question ouverte classique que l'on retrouvera dans la plupart des enquêtes de satisfaction. Une banque rédige un questionnaire de satisfaction pour sa clientèle de particuliers et insère la question suivante : « Pour terminer, avez-vous sur les thèmes que nous avons évoqués ou sur un autre sujet des remarques, des critiques et des suggestions ? »

1. Tout d'abord, naturellement, on souhaite prendre connaissance de ce texte, sans avoir forcément à le lire entièrement. On a inévitablement des idées préconçues sur le sujet. C'est pourquoi, on recherche une procédure, et donc un outil, de **consultation** et de **navigation** efficace pour repérer par exemple un mot ou une expression. Parle-t-on de la tarification des services bancaires, sujet sensible actuellement ? Dans l'affirmative, il sera essentiel de prendre connaissance des réponses qui contiennent le mot « tarif » ou « prix ». On recherchera également les mots qui leur sont associés. De quels tarifs se plaint-on éventuellement ? Des cotisations de cartes de paiement, des coûts liés aux opérations de retrait à l'étranger, des frais de découvert ? La « navigation lexicale » permet d'obtenir un premier niveau de réponses à ces questions.
2. L'un des objectifs principaux du traitement des données textuelles est la **qualification** des réponses et plus précisément son **analyse thématique**. Quels thèmes évoquent spontanément nos interlocuteurs ? À juste titre, on suppose que cette expression spontanée fera émerger d'une manière plus véridique les préoccupations de nos clients. Quelles sont-elles ? Comment peut-on les hiérarchiser ? Comment évoluent-elles avec le temps ? Sont-elles spécifiques à une catégorie de personnes ? Etc. Un grand nombre de chargés d'études partage ces questions dans des domaines très divers. On peut les traiter grâce à plusieurs méthodes, telles qu'un tableau de réponses ou une analyse de contenu ou lexicale, que nous présenterons en détail ; chacune s'adapte à des contextes particuliers que nous décrirons.
3. La quantification du texte des réponses est un besoin moins fréquent. Schématiquement, elle se concentre sur la forme du discours plutôt que sur son contenu. À ce titre, les applications sont plus fréquentes en sciences politiques, en lettres, en sciences de la communication. Ces disciplines s'intéressent aux formes de l'expression pour décrire ou comparer le style des locuteurs. Il s'agit en effet de se soucier de la **longueur des réponses, de la richesse ou de la banalité** de celles-ci. Dans notre exemple, il est probable que l'enquête de satisfaction de la clientèle ne conduise à aucune quantification des réponses. À moins que le chargé d'études ne souhaite identifier les réponses les plus originales ou au contraire les plus communes, c'est-à-dire les plus représentatives de l'ensemble des préoccupations de la clientèle...
4. Enfin, l'un des objectifs les plus fréquents du traitement des questions ouvertes se limite à **l'extraction de réponses caractéristiques**. Le chargé d'études responsable de l'enquête de satisfaction de la banque X va devoir rédiger un rapport de synthèse. Au sein de ce document, il sera nécessaire d'illustrer par des exemples les conclusions qu'il aura établies. L'objectif est bien de *revenir au texte brut*, afin de confirmer que les analyses précédemment réalisées (quantification et qualification du texte) s'appuient sur de véritables réponses. À ce titre on va fournir des exemples ou des illustrations grâce aux fonctions d'extraction de verbatims.

La figure ci-après (voir figure 6.1) illustre les quatre applications principales de l'analyse des données textuelles. Le présent chapitre suit le même découpage. Nous présentons tout d'abord les principes de la navigation lexicale. Après avoir rappelé les différentes formes de réductions lexicales à la disposition du chargé d'études, nous consacrerons une large section aux différentes techniques d'analyse thématique, qui sont au cœur des dispositifs de la statistique textuelle. Nous nous intéresserons ensuite aux mesures lexicales, puis nous conclurons par un retour aux textes en présentant les fonctions d'extraction de verbatims.

Figure 6.1

Les quatre applications principales de l'analyse des données textuelles.

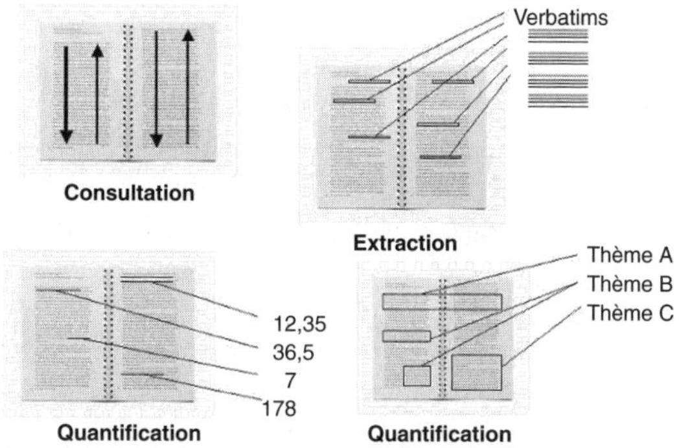

2 La navigation lexicale : prendre connaissance du texte

Le traitement des données textuelles inclut forcément une phase de lecture. Il serait très périlleux de se lancer dans une démarche d'analyse globale, sans se référer à un moment ou à un autre au texte brut. La navigation textuelle consiste à **prendre connaissance du texte selon une démarche exploratoire** : vérifier la présence d'un mot, évaluer sa fréquence, comprendre son environnement, c'est-à-dire les mots ou expressions avoisinants. L'objectif n'est pas ici de dresser des statistiques ou de produire des tableaux, mais bien de lire, de s'imprégner du vocabulaire exprimé et par là même de commencer à appréhender les principales thématiques.

En termes d'outil, une sorte de moteur de recherche devra assurer des déplacements rapides dans le texte. Le point d'entrée vers le corpus sera le **lexique**, à savoir la liste de toutes les formes textuelles évoquées dans le corpus. Le contenu de ce dernier sera condensé en une représentation simplifiée et synthétique qui permettra :

- de visualiser les termes les plus fréquemment cités ;
- d'établir des recherches dans le texte ;
- de naviguer dans les réponses en fonction de certains critères de sélection.

Exemple

Prenons le cas d'une question ouverte dans le cadre d'une enquête de satisfaction menée par Valibest, un distributeur de fruits et légumes, auprès de ses clients professionnels : grandes surfaces et restaurateurs (voir contexte de l'exemple à l'exercice 4 du chapitre 1). Le responsable marketing nouvellement nommé souhaite analyser une question ouverte encore inexploitée, figurant dans le questionnaire de satisfaction diffusé depuis sept vagues semestrielles. La question est formulée comme suit : « Pour terminer, avez-vous des remarques, des critiques et des suggestions ? » On dispose de près de 8 886 enregistrements. Cette question ouverte posée par téléphone, sans réponse obligatoire, a généré 3 950 non-réponses, ce qui représente un taux de réponse de 56 %. Les outils d'analyse de données textuelles assurent la navigation dans l'ensemble du texte cité et enregistré par le chargé d'études, c'est-à-dire le corpus. Ce dernier compte ici 207 761 formes. Effectuer des recherches, lire et consulter rapidement certaines réponses sera possible grâce aux procédés que nous allons décrire maintenant.

Afin d'illustrer concrètement les différentes possibilités de navigation, focalisons notre intérêt sur la tomate, que Valibest peut considérer comme un produit stratégique, sur un marché très concurrencé. La tomate représente près de 20 % des légumes consommés en France et 90 % des ménages ont acheté au moins une fois des tomates dans l'année.

2.1 La recherche d'un mot

L'analyste pourra repérer immédiatement le nombre d'occurrences du mot étudié, grâce à un outil de recherche (voir figure 6.2). Il pourra entre autres signaler son intérêt pour tous les mots qui commencent par « tomate ». Des structures de recherche plus complexes sont possibles. Dans le cas ci-après, « tomate » apparaît dans le lexique à deux reprises : « tomates », 341 occurrences au pluriel ; « tomate », quatre occurrences au singulier.

Navigation lexicale dans Sphinx

Dans le menu Traitements et analyses, choisissez Étudier les textes, sélectionnez la variable à traiter, puis rendez-vous dans l'**Atelier lexical**. Le bouton Marquer permet d'accéder à des options de recherche dans le texte sur des mots entiers, des débuts ou des parties de mots. Ensuite, la fréquence du ou des mots recherchés apparaît dans le lexique à gauche et l'on peut consulter les réponses correspondantes grâce aux flèches de navigation situées en bas.

Figure 6.2

L'atelier lexical de Sphinx.

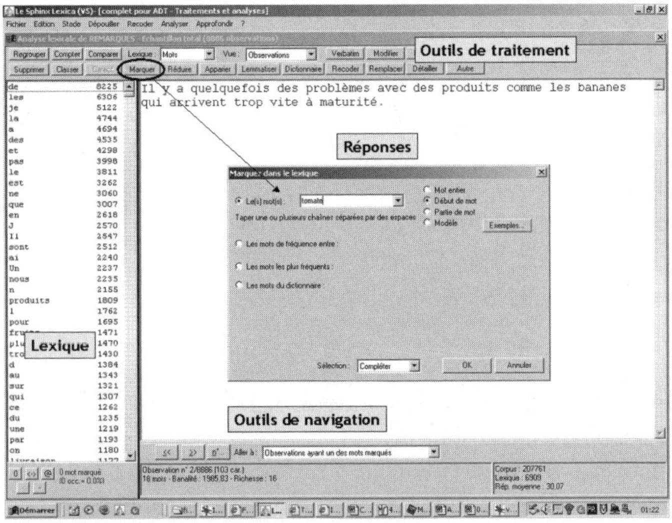

Focus 1 — **Recherche d'idées dans une base de réclamations clients**

Une multinationale du secteur de l'agroalimentaire souhaite exploiter le texte des réclamations clients qui lui sont adressées, à des fins de suivi qualité et de recherche-développement. Voici plus précisément quels sont ses objectifs :

- exploiter les réclamations consommateurs enregistrées par le centre de contacts clientèle : des données gratuites et disponibles trop souvent sous-utilisées ;
- construire un baromètre de suivi quantitatif des principaux thèmes de réclamation ;
- éventuellement isoler dans le corpus des idées d'amélioration des produits existants ou des sources d'innovation.

Plusieurs stratégies de recherche sont envisagées pour découvrir des idées. L'une d'entre elles consiste à lancer une simple recherche autour du verbe « **suggérer** ». Elle génère quelques propositions émises par les consommateurs : certaines seront exploitées pour l'amélioration de produits existants ; une seule sera retenue pour un nouveau produit…

** Bravo pour votre kit pizza. Cette expérience me conduit à émettre une suggestion. Pourquoi ne pas faire de pâte feuilletée comme les kits pizza ? Cela serait plus adapté à la plaque du four et faciliterait la découpe, soit avec des ciseaux soit à la roulette.*

** Une inscription sur la partie intérieure de l'emballage nous invite à sortir la pâte du réfrigérateur 20 min avant utilisation. Malheureusement, ce judicieux conseil n'est visible qu'après avoir ouvert l'emballage. Pourquoi ne pas l'inscrire sur la partie extérieure ?*

** Quatre recettes sont proposées à l'intérieur : pourquoi ne pas les faire figurer à l'extérieur, ce qui permettrait d'acheter le cas échéant les ingrédients manquants au moment où l'on fait ses courses ? Moi, je rentre à l'instant, j'ouvre la boîte et je m'aperçois qu'il me manque des ingrédients ; il faut donc que je ressorte pour les acheter ! Cela m'agace, d'où ma suggestion.*

*Voir **www.suristat.fr/rubrique29.html** pour plus de détails sur ce cas.*

2.2 La consultation des réponses concernées

Des flèches de navigation permettent de consulter toutes les réponses qui contiennent un ou plusieurs mots, ce qui limitera notre lecture aux observations incluant un ou plusieurs des mots qui nous intéressent. Dans le cas précédent, il sera possible de procéder à une lecture ciblée, afin de déterminer ce qui se dit sur nos tomates… Néanmoins, lire près de 350 réponses sera nécessaire. Cela constitue certes une économie par rapport aux 8 886 textes initiaux, mais il demeure un gros effort de consultation qu'il faudra compléter par un travail de synthèse.

2.3 Les lexiques relatifs

À ce titre, la consultation des lexiques relatifs présente un intérêt certain. Ils permettent de visualiser les formes textuelles citées autour du mot concerné. Dans notre exemple, on voudra notamment savoir ce qui vient après le mot « tomate » pour identifier la manière dont la clientèle qualifie nos tomates, à travers ses remarques.

Environnement d'un mot et lexiques relatifs

Depuis l'atelier lexical, **cliquer sur un mot sélectionné** dans le lexique affiche sous forme de liste toutes les réponses dans lesquelles il figure ; on peut en outre visualiser son environnement : les mots et expressions cités avant et après. Depuis cette liste, on cliquera sur **Lexique relatif** (en bas au centre) pour obtenir un comptage précis des formes textuelles les plus fréquemment associées au mot analysé. Le bouton Compter permet de modifier les critères de calcul sur les lexiques relatifs.

Figure 6.3

Options de réglage pour les lexiques relatifs.

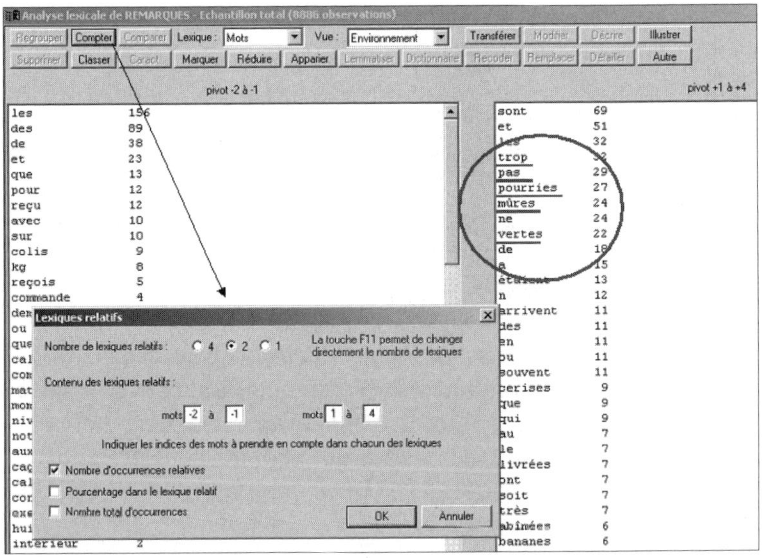

La figure 6.3 montre à droite les mots pivots de +1 à +4 : il s'agit de ceux cités après « tomate » – tout de suite après (+1), ou à deux, trois et quatre positions après. On constate surtout des problèmes de pourriture (« pourries ») et de maturité (« mûres », « vertes »). On perçoit toutefois une grande limite de la consultation à partir d'un lexique brut, qui ne permet pas à ce stade de qualifier précisément les problèmes de maturité. Les tomates sont-elles jugées *trop* ou *pas* mûres ? À ce stade, difficile à savoir. Une analyse des *expressions*, qui sera évoquée à la section 3.4, sera donc nécessaire.

3 Les différentes formes du lexique

La liste des formes textuelles citées peut revêtir différents aspects, en fonction des recherches et des analyses envisagées. Le schéma suivant indique les **quatre niveaux possibles de lexique** que l'analyste visualise, grâce à des **réductions et simplifications successives** que nous décrirons dans les sections suivantes. Par ailleurs, dans un objectif d'analyse thématique, il sera souvent amené à opérer des **regroupements** manuels et/ou automatiques à partir des lexiques précédemment constitués.

Figure 6.4

Schéma récapitulatif des différentes formes de lexiques.

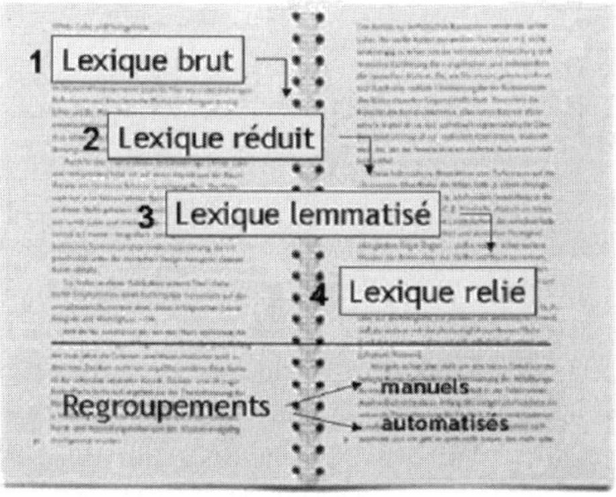

3.1 Lexique brut

Le lexique se présente en premier lieu sous une forme brute : tous les mots cités sont pris en compte, sous toutes leurs déclinaisons, les éventuelles expressions ne sont pas liées, etc. Dans le cas de Valibest, le lexique compte 6 909 formes différentes. Pour un corpus total de 207 761 formes, la répétition moyenne est donc de 30,07, ce qui signifie en général que, dans notre texte, un mot est répété 30 fois. Cette forme est rarement utile, sauf quand on s'intéresse au mode d'expression des locuteurs dans une approche d'analyse syntaxique ou linguistique. Classiquement, on voit apparaître aux premières places des mots « grammaticaux » comme : les **articles** : le, la, les, un… ; les **pronoms** : je, tu, me, ce, celui, ça… ; les **adverbes** : non, ne, plus, trop… ; les **prépositions** : dans, pour, avec, de… ; les **conjonctions** : mais, ou, et…

Tableau 6.1 : Lexique brut

De	8 225	Un	2 237	On	1 180	Parfois	717
Les	6 306	Nous	2 235	**Livraison**	**1 177**	**Prix**	**704**
Je	5 122	N	2 155	Avec	1 137	Suis	652
La	4 744	**Produits**	**1 809**	**Commandé**	**1 060**	Toujours	640
A	4 694	L	1 762	**Valibest**	**1 038**	**Légumes**	**638**
Des	4 535	Pour	1 695	**Qualité**	**1 022**	Être	609
Et	4 298	**Fruits**	**1 471**	Y	977	Vous	608
Pas	3 998	Plus	1 470	C	939	Ils	588
Le	3 811	Trop	1 430	Me	929	**Problème**	**571**
Est	3 262	D	1 384	Mais	918	**Problèmes**	**509**
Ne	3 060	Au	1 343	Qu	912	Trouve	507
Que	3 007	Sur	1 321	Très	828	Été	505
En	2 618	Qui	1 307	Souvent	827	Même	504

Tableau 6.1 : Lexique brut

J	2 570	Ce	1 262	Dans	784	Cela	502
Il	2 547	Du	1 235	Car	765	Arrive	501
Sont	2 512	Une	1 219	Ou	720		
Ai	2 240	Par	1 193	**Livre**	**717**		

Dans le lexique brut ci-dessous, seule une dizaine de mots fait sens sur les 65 environ, cités plus de 500 fois. Cela dit, la lecture rapide de ce « haut de lexique » n'est pas sans intérêt. Il apparaît que **Valibest** (1 038) distribue des **produits** (1 809) qui sont des **fruits** (1 471) et des **légumes** (638). La question ouverte fait émerger quelques **problèmes** (571 et 509) de **qualité** (1 022). Visiblement, il s'agit tout d'abord de remarques portant sur la **livraison** (1 177), peut-être un décalage entre ce qui est **commandé** (1 060) et ce que l'entreprise **livre** (717). On note également des observations au sujet des **prix** (704).

3.2 Lexique réduit

Réduire le lexique consiste à se concentrer sur les mots chargés de contenu et à ignorer les mots grammaticaux ou « **mots-outils** ». La consultation filtrée de ce lexique permet de focaliser notre approche du texte par les noms, les verbes et les adjectifs, qui nous conduiront plus rapidement à prendre connaissance des principales actions, des thématiques essentielles et de la qualification de celles-ci par les locuteurs.

Tableau 6.2 : Lexique réduit

Produits	1 809	**Légumes**	**638**	Faire	421	**Poires**	**350**
Fruits	**1 471**	Être	609	**Bananes**	**417**	**Colis**	**346**
Livraison	**1 177**	Problème	571	**Mûrs**	**414**	**Commercial**	**343**
Commandé	**1 060**	Problèmes	509	**Chauffeur**	**409**	Étaient	342
Valibest	1 038	Trouve	507	Exemple	391	Semaine	341
Qualité	**1 022**	Même	504	Fois	390	**Tomates**	**341**
Très	828	Arrive	501	**Salades**	**382**	**Représentant**	**336**
Souvent	827	Niveau	468	Temps	374	**Maturité**	**330**
Livre	**717**	Marchandise	463	Fait	364	**Pommes**	**318**
Parfois	717	**Commandes**	**444**	Jours	359	**Choix**	**307**
Prix	**704**	Jamais	433	Demandé	354		
Toujours	640	Aimerais	426	**Gamme**	**352**		

La sélection, cette fois-ci uniquement des mots cités plus de 300 fois, élargit très nettement la compréhension des problèmes. En plus de la qualité des produits, de la livraison et des prix précédemment identifiés grâce au lexique brut, les thèmes suivants émergent, précisant ainsi ou complétant notre première impression :

- La **maturité** : « mûrs » est cité 414 fois et « maturité » 330 fois.
- Les **produits** : les bananes, les salades, les poires, les tomates et les pommes sont les plus fréquemment incriminés.
- Le **choix** : « gamme » est évoqué à 352 reprises, « choix » 307 fois.
- Le contact avec le **représentant** est mentionné 336 fois ; avec le **commercial**, 343 fois.
- La prestation du **chauffeur** est citée à 409 reprises.

Édition du lexique réduit en excluant les mots-outils

Depuis l'atelier lexical, on clique sur le bouton Réduire, pour indiquer que l'on souhaite exclure les mots grammaticaux (ou mots-outils) du lexique. Dans le menu qui s'affiche, on coche Ignorer les éléments du dictionnaire de mots-outils. Si celui-ci n'est pas actif, il faudra le rechercher puis le sélectionner par le chemin suivant : C:\SphinxV5\Dictionnaires\Mots-outils.dic.

Figure 6.5

Activation du dictionnaire de mots-outils.

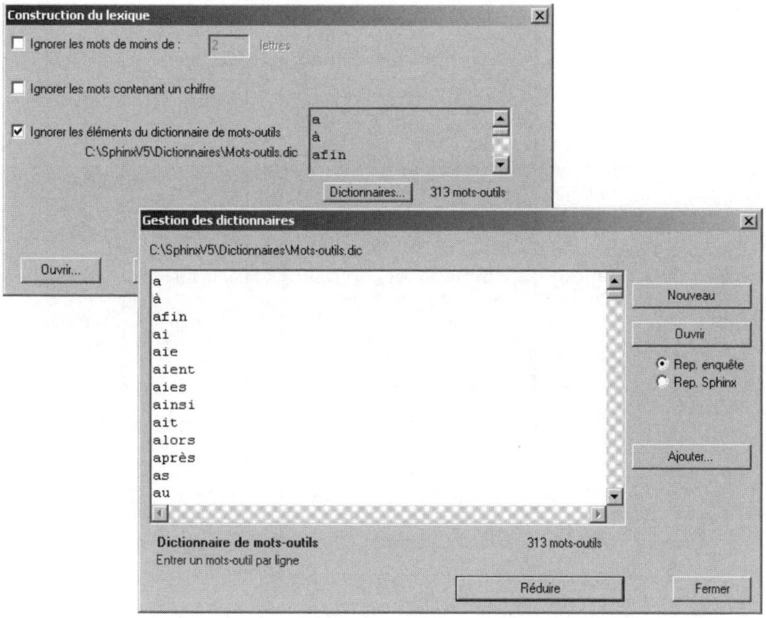

Dans le cas de l'analyse qui nous intéresse, comme le plus souvent, la consultation du lexique réduit sera bien plus économique et bien plus riche d'enseignement. Demeurent quelques ambiguïtés que seules des réductions lexicales complémentaires permettront de lever partiellement. On pourra regrouper les différentes déclinaisons d'un même mot grâce à la « lemmatisation ». Puis, on identifiera les expressions du texte grâce à la recherche des « segments répétés ».

3.3 Lexique lemmatisé

Toujours dans un objectif d'économie et de rapidité dans la prise de connaissance du texte, la lemmatisation consiste à ramener chaque mot à son « lemme », c'est-à-dire à sa *racine* grammaticale. Ce procédé simplifie le texte en réduisant : le singulier et le pluriel d'un **nom** à son **singulier** ; toutes les formes d'un **adjectif** à leur **masculin singulier** ; toutes les formes conjuguées d'un **verbe** à leur **infinitif**.

Le lexique ainsi produit ignore les déclinaisons d'un même mot et sera simplifié pour être recentré sur l'essence de son contenu en quelque sorte. Par rapport aux 6 909 formes du lexique brut, le lexique lemmatisé, grâce à ses regroupements automatiques, ne travaille « plus que » sur 4 246 mots. Si l'on extrait les mots cités au moins 300 fois (voir tableau 6.3), **quelques nouvelles thématiques apparaissent** par rapport à la lecture du lexique réduit : les horaires, le poisson ou la pomme par exemple.

Tableau 6.3 : Lexique lemmatisé

Être	5 579	Commander	822	Aimer	486	Colis	346
Produit	1 987	Arriver	780	Falloir	485	Tomate	345
Fruit	1 496	Parfois	715	Niveau	470	Voir	343
Livraison	1 370	Prix	704	Passer	435	Représentant	332
Livrer	1 332	Légume	643	Gamme	432	Maturité	330
Problème	1 079	Mûr	641	Jamais	432	Palette	330
Valibest	1 038	Toujours	638	Banane	427	Pomme	327
Faire	1 029	Devoir	590	Poisson	422	Bon	324
Qualité	1 026	Trouver	589	Souhaiter	420	Prendre	310
Heure	970	Commercial	580	Semaine	408	Choix	307
Commande	924	Même	556	Exemple	397	Gros	306
Pouvoir	878	Jour	544	Fois	390	Petit	300
Recevoir	836	Salade	523	Temps	374		
Très	828	Marchandise	519	Demander	362		
Souvent	827	Chauffeur	500	Poire	353		

Lemmatisation (seulement disponible avec la version Lexica de Sphinx)

Toujours depuis l'atelier lexical, le bouton Lemmatiser donne accès à différentes options de lemmatisation. Par défaut, on se contentera d'une lemmatisation simple. Parfois, il peut être souhaitable d'indiquer la catégorisation ou les traits syntaxiques, comme les temps ou les personnes utilisés, pour une analyse de la forme du discours. Une fois l'opération réalisée, Sphinx propose la création d'une nouvelle variable contenant le texte lemmatisé, ce qui permet de conserver par ailleurs une version du texte sous sa forme brute initiale.

Figure 6.6

Enregistrer le texte lemmatisé dans une nouvelle variable.

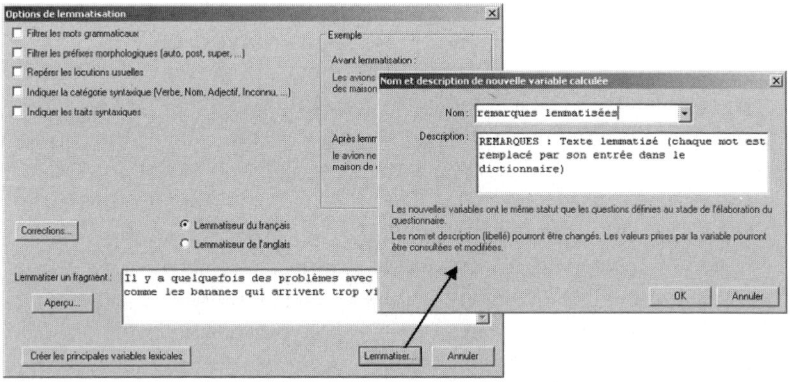

3.4 Lexique relié

Afin d'appréhender plus précisément le lexique, il est souvent nécessaire de prendre en compte les **expressions** contenues dans le texte. Il peut s'agir :

- de groupes nominaux usuels comme « pomme de terre », ou « fruits de mer » ;
- de segments de texte répétés, spécifiquement apparus dans le corpus en fonction du sujet de l'étude : « bananes pas assez mûres » ou « DLC trop courte » dans notre exemple.

Pour éviter toute erreur d'interprétation à la lecture du lexique, il est important de repérer ces expressions et de les faire apparaître séparément dans le lexique, afin par exemple que la « pomme » de « pomme de terre » ne soit pas comptabilisée avec la véritable « pomme »… À l'issue de cette dernière procédure, le lexique inclut des mots isolés et des expressions (voir tableau 6.4) qui constitueront désormais une base fiable pour un travail ultérieur de regroupement thématique, que celui-ci soit mené manuellement ou automatiquement.

Tableau 6.4 : Extrait du lexique relié

Pomme_de_terre	135
7_heure	134
Orange	134
Abîmer	132
Délai	132
Déposer	132
Concernant	129
Équipe_commercial	128

Pas_mûr	128
Souci	127
Connaître	125
Fraise	125
5^{e}_gamme	124
Acheter	124
Fraîcheur	124
Caisse	123

Noter	122
9_heure	121
Conditionnement	121
Gros_problème	121
Stock	121
Pourri	120
Rupture	120
Effort	119

Pas_assez_mûr	119
Rester	119
Kiwi	115
Service	115
Trop_tard	115

Identification des expressions : les segments répétés (fonctionnalité disponible seulement avec la version Lexica de Sphinx)

Depuis l'atelier lexical, on choisira Expressions au lieu de Mots dans le menu déroulant associé au lexique en haut à gauche (1). On clique sur le bouton Segments qui apparaît alors. Quelques options de recherche sont à définir et notamment la fréquence minimale de l'expression : celle-ci est de 5 par défaut (2). Sphinx propose ensuite tous les segments répétés qu'il a repérés (3). On clique sur « Liste => », afin d'éditer l'ensemble des segments et de supprimer ceux qui ne sont pas pertinents (4). Une fois les segments utiles retenus, on clique sur Recoder, puis sur Texte modifié, ce qui conduit à « relier les mots de chaque expression marquée » (5). Une nouvelle variable qui contient les mots et les expressions retenus est alors créée.

Figure 6.7

Identification des segments répétés dans Sphinx.

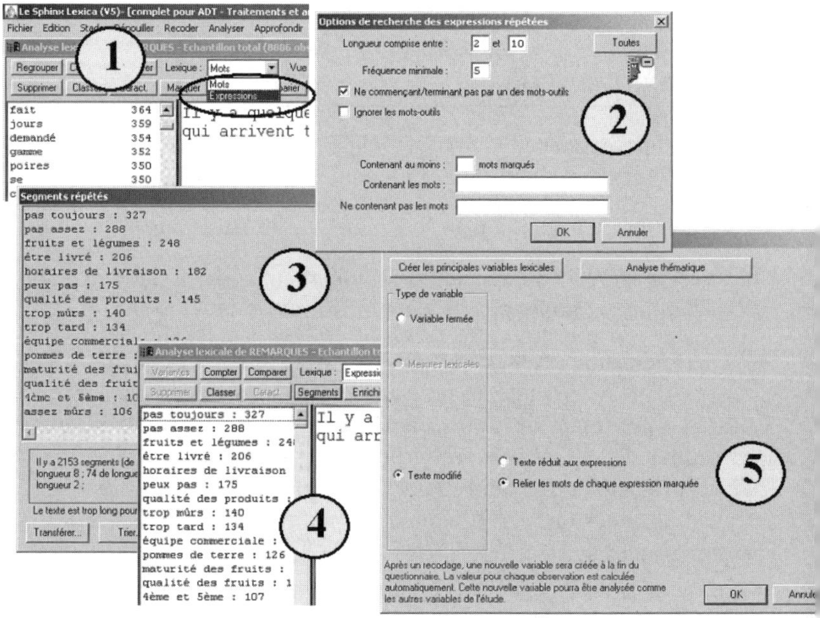

4 La qualification : analyse thématique

Tout chargé d'études rêve d'une procédure un peu « magique », par laquelle il pourrait en quelques secondes identifier les principales thématiques de son texte et les quantifier pour des traitements ultérieurs. Malheureusement, une telle procédure totalement automatisée n'existe pas. En revanche, on a développé depuis une dizaine d'années des méthodes (encore imparfaites) qui, utilisées à bon escient, conduisent à des résultats de très bonne qualité. Quelle que soit la méthode, la production de ces résultats nécessite un peu de temps… Attention, ce temps ne se compte pas en jours mais bien en heures.

Des heures qui au premier abord peuvent sembler un peu longues, mais qui confèrent à votre travail une **valeur ajoutée indiscutable**. C'est bien souvent l'analyse des questions ouvertes qui assurera à notre analyse le franchissement de la frontière de l'attendu et du convenu. Elle permet en effet de valider ou de contrer les hypothèses contenues dans la liste de questions et en propose souvent d'autres, nouvelles et inattendues. Mieux même, les problèmes, les motivations, les suggestions sont formulés par le répondant lui-même, avec ses mots et ses expressions. Une fois convaincus de ses principes, il nous reste à savoir comment procéder.

4.1 Quelle méthode pour quel texte ?

Les méthodes de qualification et d'analyse thématique des réponses à mobiliser dépendent surtout de deux facteurs de choix : le volume du texte à analyser d'une part et la présence ou non d'une grille de codification, ou *code-book*, d'autre part. Le tableau de synthèse suivant récapitule les quatre situations possibles et rappelle succinctement les techniques à mettre en œuvre. Les quatre prochaines sections sont logiquement consacrées à la description et à l'illustration de chacune des méthodologies d'analyse thématique.

Tableau 6.5 : Méthodes d'analyse thématique en fonction du contexte de l'étude

	Petit volume (< 300 réponses)	Gros volume (> 300 réponses)
Pas de grille de codification	**1. Tableau des réponses** puis regroupement manuel et par racines	**2. Analyse factorielle** sur les 100-200 premiers mots et expressions lemmatisés et reliés, puis typologie
Présence d'une grille de codification	**3. Analyse de contenu**	**4. Analyse lexicale**, après lemmatisation et reliure, puis regroupement par dictionnaire thématique

4.2 Tableau des réponses pour un questionnement simple

Quand le corpus est relativement peu volumineux et très homogène, on obtient facilement un simple dépouillement à plat grâce à quelques regroupements manuels ou par racines. On accède rapidement à une analyse assez précise de la fréquence des mots ou expressions principales. Dans la figure 6.8, nous étudions l'image des principales chaînes de télévision française. Grâce à un protocole de questionnement simple du type « Citez trois adjectifs pour qualifier la chaîne … », on obtient des réponses assez homogènes dans leur formulation. On évite les mots grammaticaux et les formulations polysémiques. Sur la carte factorielle ci-après (dont les principes de lecture sont précisés à la section 2.2 du chapitre 7), l'image des différentes chaînes apparaît clairement. Canal + est considérée comme drôle, sportive, complète et moderne. France 5 est différente, éducative et intelligente. TF1 et M6 sont proches sur leurs qualités divertissantes, distrayantes et jeunes.

Figure 6.8

Carte factorielle des adjectifs cités en fonction de la chaîne.

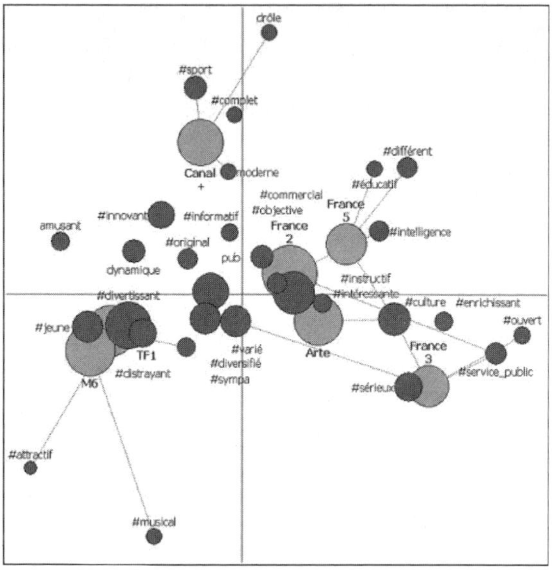

Tableau des réponses

Depuis le stade Traitements et analyses, on choisit Étudier les textes, et on sélectionne la variable que l'on souhaite analyser. On clique sur Tableau des réponses, pour accéder à la liste de l'ensemble des réponses apportées. On peut regrouper puis recoder celles-ci en une nouvelle variable.

Figure 6.9

Tableau des réponses dans Sphinx.

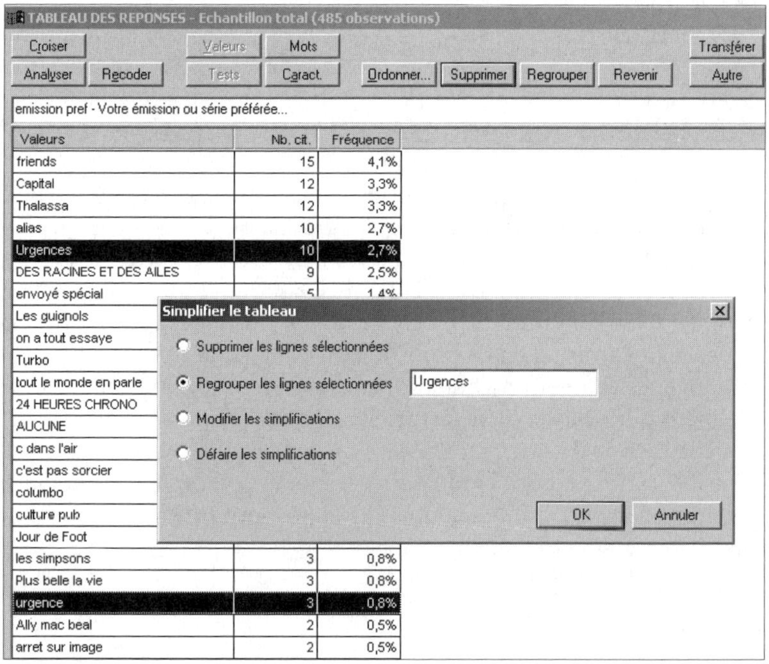

4.3 Recherche thématique exploratoire sans *a priori*

L'analyse thématique peut obéir à deux logiques de recherche différentes. La première est purement **exploratoire.** Elle consiste à « plonger dans le texte » sans *a priori*, afin d'en découvrir les principaux sujets récurrents. L'une des méthodes les plus employées pour atteindre cet objectif consiste à réaliser une « analyse des co-occurrences » sur le haut du lexique, c'est-à-dire, selon le volume du corpus, sur les 50, 100 ou même 200 premiers mots ou premières expressions du lexique. L'analyse des co-occurrences s'opère par une analyse factorielle des correspondances, procédure d'analyse multivariée que nous décrivons en détail au chapitre 7. L'exemple ci-dessous montre que cette analyse très rapide permet – à partir d'une connaissance minimum du sujet – d'identifier quatre thématiques principales :

- les problèmes de contact (insuffisant ?) avec le **représentant** : voir, représentant, téléphone, commercial, jamais ;
- un **choix** sans doute insuffisant : gamme, choix, plus_de ;
- la **maturité** des fruits : trop_mûr, pêche, mur, pomme, avocat, poire, maturité, pourrir, banane, vert ;
- les conditions de **livraison** : chauffeur, respecter, palette, poser, livraison, marchandise, horaire, heure, etc.

Figure 6.10

Carte d'AFC pour identifier les thématiques principales.

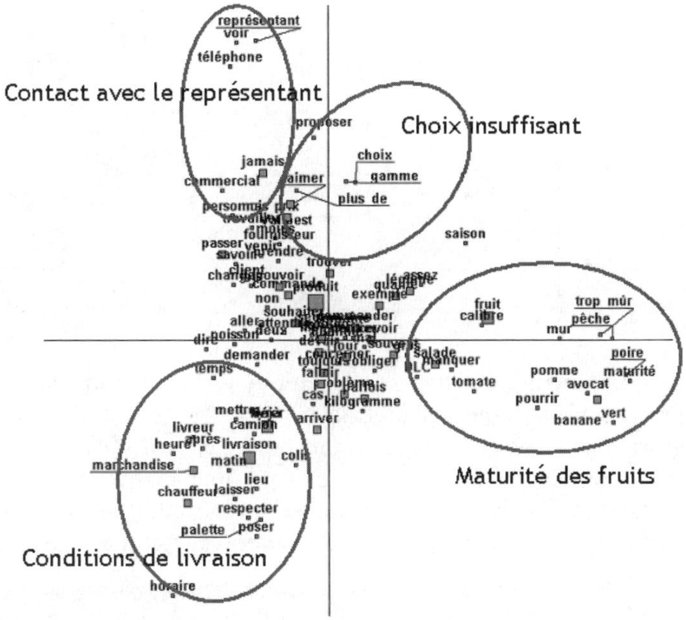

La carte de la figure 6.10 illustre des groupes de mots proches sur le plan, car les locuteurs les ont été cités *simultanément*. Selon les principes de lecture classiques, de l'analyse des correspondances, les mots placés au centre de la carte sont « communs », partagés par l'ensemble des répondants, alors que ceux situés en périphérie indiquent des formes textuelles plus originales. On obtient donc une sorte de « cartographie du discours », qui permet d'*identifier des groupes thématiques particuliers* évoqués par une certaine partie des répondants. À partir de cette analyse des co-occurrences, il est ensuite possible de réaliser une typologie des réponses en quatre groupes, afin de qualifier les remarques et suggestions des clients. L'analyse typologique est abordée dans le chapitre 7.

Analyse factorielle des correspondances multiples sur le haut du lexique

La première phase consiste à créer une variable fermée multiple, dont les modalités sont, par exemple, les 100 premiers mots et expressions du lexique, réduit, lemmatisé et relié. Dans l'atelier lexical, on clique sur Marquer, puis sur Les mots les plus fréquents. On clique ensuite sur Recoder, pour créer une « variable fermée sur les mots marqués du lexique ». On revient dans l'environnement classique des traitements et analyses, on choisit le menu Approfondir, puis Analyse factorielle multiple.

Figure 6.11

Analyse des co-occurrences dans Sphinx.

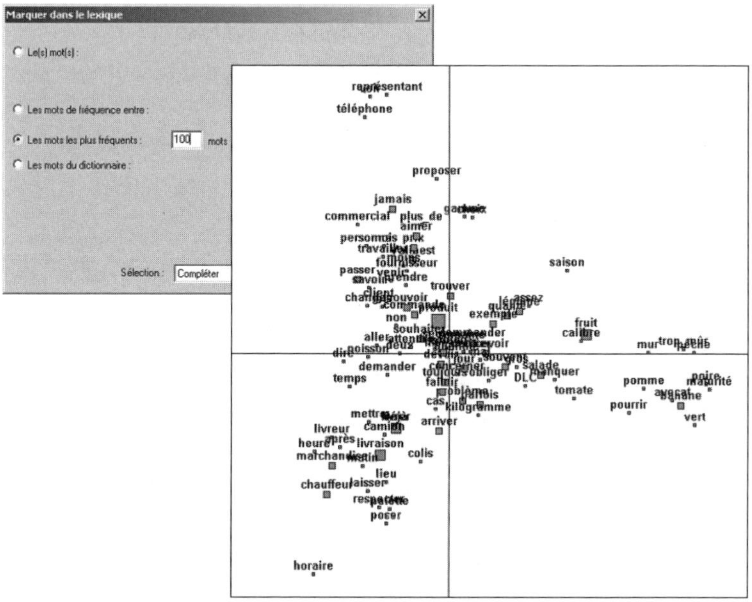

La seconde méthode d'analyse thématique est plus confirmatoire : elle consiste à travailler à partir d'un **modèle préexistant**. Il s'agit souvent d'une grille thématique prédéfinie, un *code-book*, qui, à partir d'une bonne connaissance du sujet, définit une liste de thèmes à rechercher dans le texte : soit par une analyse de contenu si le corpus est de petite taille ; soit par des regroupements lexicaux effectués, sur le lexique relié, manuellement ou plus souvent grâce à un dictionnaire thématique.

Focus 2 **Exemple d'une grille thématique**

Suite à une réflexion, menée en général collectivement dans le cadre d'un groupe de travail (voir chapitre 1, focus 1), le chargé d'études connaît les principaux thèmes à identifier dans le texte formulé par les répondants. Il définit alors un *code-book* ou grille thématique pour une codification des réponses ouvertes textuelles. Dans le cas Valibest, en version simplifiée, elle pourrait être la suivante : le choix des produits ; la qualité des fruits ; la qualité des légumes ; la relation commerciale ; la conformité de la commande ; la sécurité alimentaire ; la qualité de la livraison ; le prix.

4.4 Analyse de contenu

L'analyse de contenu consiste à lire chaque réponse et à la coder *manuellement* sur la base du *code-book*. L'analyse de contenu est adaptée à un volume de réponses limité à quelques centaines, car c'est une méthode précise mais consommatrice de temps. Au-delà de plusieurs centaines de réponses, on préférera une analyse lexicale avec regroupement par dictionnaire thématique (voir section 4.5). L'analyse de contenu peut être simple ou multiple. En configuration simple, il s'agit de recoder la réponse sur *une seule* dimension. Pour l'analyse de contenu multiple, il s'agit de créer plusieurs catégories de recodage afin de qualifier les réponses sur *plusieurs* dimensions : le thème, le sous-thème, la tonalité, les acteurs évoqués par exemple… Cette dernière méthode est fortement préconisée, car le temps consacré à la lecture des réponses est ainsi optimisé, par la production d'une information plus riche.

Cette lecture manuelle peut également être l'occasion de prévoir une nouvelle question texte, afin d'y recopier les « perles » ou les réponses particulièrement intéressantes.

Figure 6.12

Écran d'analyse de contenu multiple dans Sphinx.

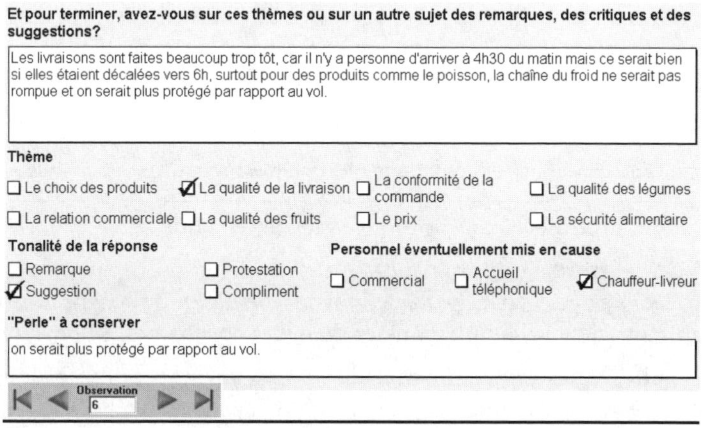

Quand l'analyse de contenu revêt une importance stratégique, et pour éviter une trop grande subjectivité, il est conseillé de la faire exécuter par *deux personnes* en parallèle. On constatera forcément quelques différences entre les deux codifications. Il s'agit alors de valider les codifications identiques puis de discuter les cas « litigieux » entre les deux codeurs et, si possible, une tierce personne. Généralement, un accord se trouve vite sur la codification à retenir finalement pour les quelques cas qui posent problème. À l'issue de cette codification manuelle, le chargé d'études dispose d'une ou plusieurs nouvelles variables qu'il pourra analyser comme des questions classiques d'une enquête, pour établir des tris à plat, croisés, etc.

Analyse de contenu

L'analyse de contenu avec *code-book* se prépare dans l'environnement multimédia de Sphinx. On commence par la création de nouvelles questions dans l'élaboration du questionnaire. On prépare ensuite un environnement personnalisé d'analyse de contenu dans les formulaires multimédias. L'analyse de contenu s'effectue depuis le menu Consulter, Modifier de l'environnement multimédia (voir figure 6.12).

4.5 Regroupement par dictionnaire thématique à partir d'une analyse lexicale

Quand le corpus est très volumineux, il convient de faire appel à une méthode plus automatisée. Celle-ci s'appuie également sur une grille thématique, mais ne requiert pas une lecture systématique de toutes les réponses. Il s'agit de constituer un **dictionnaire thématique.** À chaque thème est associée **une série de mots et d'expressions** qui constituent autant de traces ou d'indices potentiels pour repérer la présence du thème dans la réponse. On pourra repérer par exemple le thème « prix » par les mots « prix », « tarif », « promotion » ou « plus_cher ».

Exemple du dictionnaire thématique que l'on peut constituer pour Valibest

#**Choix_produits**=choix=gamme=variété=étendue

#**Qualité_fruits**=fruit=banane=poire=maturité=pêche=pomme=mûr=orange =fraise=kiwi=nectarine=ananas=raisin=clémentine=brugnon=prune =abricot=citron=pamplemousse=mangue=agrumes=framboise=mandarine

#**Qualité_légumes**=légume=salade=tomate=avocat=pomme_de_terre =carotte=chou=courgette=concombre=batavia=endive=céleri=poireau=oignon =laitue=aubergine=radis=poivron=betterave

#**Relation_commerciale**=représentant=commercial=téléphone=fax=appeler =équipe_commercial=interlocuteur=service_commercial=contact =réclamation=informer=joindre=réactivité=téléphoner=téléphonique =répondeur=relation_commercial=télévendeu*=vendeur

#**Conformité_commande**=commande=recevoir=commander=respecter =prévenir=rupture=conditionnement=retourner=retour=préparation =conforme=contrôler=contrôle=préparateur=conformité

#**Sécurité_alimentaire**=DLC=sécurité_alimentaire=DLC_être_trop_court =hygiène=sanitaire

#**Qualité_livraison**=livraison=livrer=chauffeur=colis=palette=horaire=heure =matin=livreur=camion=8_heure=7_heure=déposer=9_heure=11_heure =6_heure=10_heure=7h30=retard=réceptionner=fragile=8h30=tournée =6h30=écraser=10h30=livrer_trop_tôt=livrer_trop_tard=palettisation=colisage

#**Prix**=prix=tarif=promotion=prix_élever=cher=élever=plus_cher=élevé =proposition=négocier=trop_cher=promotionnel

On appliquera automatiquement ce dictionnaire thématique à l'ensemble des 5 000 réponses textuelles. Il permettra de qualifier très rapidement, mais un peu « grossièrement », un grand ensemble de réponses. Certes, l'analyse de contenu aurait été plus fine mais ô combien plus coûteuse : la lecture et la codification manuelle de 5 000 réponses nécessiterait plusieurs jours de travail. Dans le cas présent, l'application de ce dictionnaire thématique permet de qualifier près de 95 % des réponses, ce qui est très satisfaisant. Précisons que nous nous sommes limités dans notre exemple aux mots et expressions cités au moins à dix reprises.

Regroupement par dictionnaire thématique

Le dictionnaire thématique se prépare dans un traitement de textes et doit obéir aux contraintes de format suivantes (voir encadré « Exemple du dictionnaire thématique que l'on peut constituer pour Valibest ») :

- Le nom des groupes commence par #.
- On liste toutes les composantes du groupe, en les séparant par =.
- On ne place pas un mot ou une expression dans plusieurs groupes.
- Le caractère * indique que l'on prend en compte tous les mots commençant par la chaîne précédente : publicit* pour publicité, publicitaire, etc.
- On enregistre le dictionnaire de regroupements en format texte.

Depuis l'atelier lexical, on clique sur Regrouper, on choisit Regrouper automatiquement, puis Regrouper avec un dictionnaire. On indique alors l'emplacement de notre dictionnaire de regroupements précédemment constitué. On clique sur Fermer, et les groupes sont constitués. Pour créer une nouvelle variable fermée multiple avec autant de modalités que de regroupements thématiques, on choisit Recoder, pour créer une « variable fermée sur les mots marqués du lexique ».

Figure 6.13

Activation d'un dictionnaire thématique dans Sphinx.

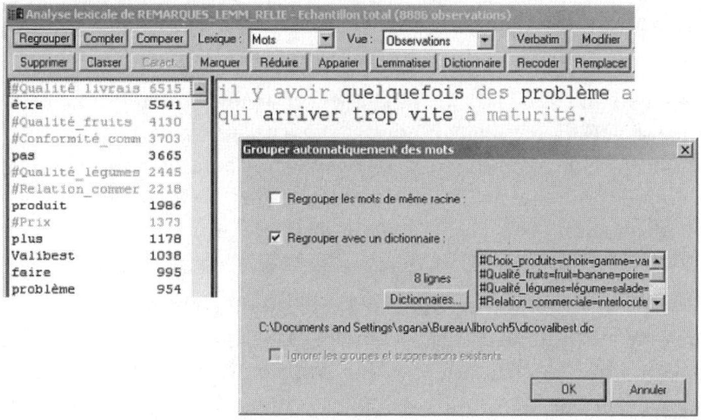

À partir de cette analyse thématique par dictionnaire, on pourra comparer rapidement les motifs d'insatisfaction par agences ou suivre l'évolution des problèmes dans le temps.

Figure 6.14

Analyses sur les thématiques Valibest.

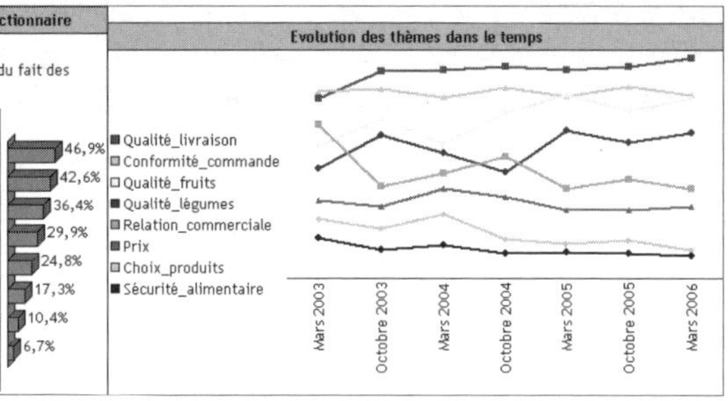

Thèmes issus du regroupement par dictionnaire

Taux de réponse : **94,5%**
Somme des pourcentages différente de 100 du fait des réponses multiples et des suppressions.

	Nb	% obs.
Qualité_livraison	2 316	46,9%
Conformité_commande	2 103	42,6%
Qualité_fruits	1 797	36,4%
Qualité_légumes	1 474	29,9%
Relation_commerciale	1 223	24,8%
Prix	856	17,3%
Choix_produits	513	10,4%
Sécurité_alimentaire	331	6,7%
Total	4 936	

4.6 Les intensités lexicales pour calculer les poids relatifs des thèmes évoqués

On peut aborder la partie finale de l'analyse thématique par une méthode quelque peu différente, qui consiste grâce aux **intensités lexicales** à estimer la proportion de la réponse se référant à un thème donné. Il s'agit d'aller au-delà de la présence ou de l'absence du thème, telles qu'elles sont constatées par l'analyse thématique par dictionnaire. L'intensité lexicale mesure le poids du thème dans la réponse et permet ainsi d'affiner l'analyse. Voici trois exemples où l'importance relative du thème « prix » est différente (voir tableau 6.6).

Tableau 6.6 : Exemples des intensités lexicales calculées sur trois réponses différentes

Texte complet de la réponse	Intensité lexicale du thème « prix »
Les prix sont trop élevés.	100 %
Il faut faire un effort sur le choix, la qualité des légumes, surtout les salades, et sur les **prix** qui sont souvent plus élevés que chez la concurrence.	25 %
L'équipe commerciale a changé récemment et la prestation est de moins bonne qualité. Ils sont moins motivés, moins chaleureux et ne nous informent pas des promotions. Le représentant est beaucoup trop insistant ; il m'appelle constamment sur mon portable. La **hausse des prix** est importante, alors que la qualité n'est pas meilleure.	10 %

L'une des procédures de l'analyse thématique consiste à calculer, pour chaque réponse, l'intensité des thèmes définis dans la grille d'analyse utilisée. Dans l'exemple Valibest, rappelons que la grille thématique comprend huit sujets : la qualité de la livraison, la qualité des fruits, la conformité de la commande, la qualité des légumes, la relation commerciale, le prix, le choix des produits et la sécurité alimentaire. Le calcul des intensités lexicales sur ces huit thèmes donne globalement les résultats suivants : Le thème le plus fréquent est la qualité de la livraison qui pèse près de 7 % du texte des réponses. La hiérarchie des thèmes est d'ailleurs totalement identique à celle fournie par l'analyse dichotomique (présence/absence) présentée dans la section précédente. Ces intensités lexicales permettent d'effectuer également des analyses croisées. En guise d'illustration, on comparera par exemple les intensités thématiques pour trois catégories de clients de Valibest : les grandes surfaces, les restaurateurs et les spécialistes. Dans la figure 6.15, on identifie les préoccupations dominantes de chacune des catégories :

Figure 6.15

Analyses sur les intensités lexicales pour le cas Valibest.

Intensités lexicales des 8 thèmes

	Moyenne
Int. lex. Qualité_livraison	6,66
Int. lex. Qualité_fruits	5,11
Int. lex. Conformité_commande	3,69
Int. lex. Qualité_légumes	2,78
Int. lex. Relation_commerciale	2,50
Int. lex. Prix	1,85
Int. lex. Choix_produits	0,80
Int. lex. Sécurité_alimentaire	0,42

Intensité des thèmes x Type de client

	Grandes surfaces	Restaurateurs	Spécialistes
Int. lex. Qualité_livraison	6,77	6,60	10,18
Int. lex. Qualité_fruits	3,36	5,86	1,21
Int. lex. Conformité_commande	3,15	3,91	3,48
Int. lex. Qualité_légumes	2,54	2,88	2,05
Int. lex. Relation_commerciale	1,94	2,73	1,07
Int. lex. Prix	3,11	1,32	0,00
Int. lex. Choix_produits	0,86	0,78	0,98
Int. lex. Sécurité_alimentaire	0,18	0,52	0,09

contacts/clients / Int. lex. Qualité_livraison p = **31,8%** ; F = **1,15** (**NS**)
contacts/clients / Int. lex. Qualité_fruits p = **<0,1%** ; F = **35,52** (**TS**)
contacts/clients / Int. lex. Conformité_commande p = **<0,1%** ; F = **8,74** (**TS**)
contacts/clients / Int. lex. Qualité_légumes p = **14,9%** ; F = **1,89** (**PS**)
contacts/clients / Int. lex. Relation_commerciale p = **<0,1%** ; F = **8,43** (**TS**)
contacts/clients / Int. lex. Prix p = **<0,1%** ; F = **51,05** (**TS**)
contacts/clients / Int. lex. Choix_produits p = **64,1%** ; F = **0,45** (**NS**)
contacts/clients / Int. lex. Sécurité_alimentaire p = **<0,1%** ; F = **10,51** (**TS**)

- Les grandes surfaces sont concernées par les prix.
- Les restaurateurs s'intéressent plutôt à la qualité des fruits et à la sécurité alimentaire.
- Les spécialistes se focalisent plutôt sur la qualité de la livraison.

Calcul des intensités lexicales

Dans le lexique de l'atelier lexical, on sélectionne une série de mots, d'expressions ou de regroupements thématiques. On clique sur Recoder, puis on choisit Mesures lexicales et Intensité lexicale des mots marqués. Dans le menu déroulant, on sélectionne Pour chaque mot, afin d'obtenir le calcul d'intensité lexicale pour chaque mot ou groupe sélectionné. Autant de nouvelles variables numériques seront alors créées.

Figure 6.16

Calcul d'intensité lexicale dans Sphinx.

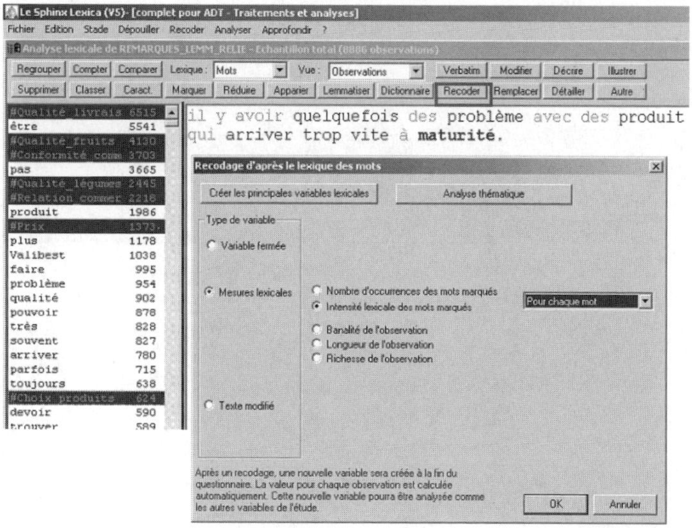

5 La quantification : mesures lexicales

Les mesures lexicales seront utiles, la plupart du temps, pour traiter de la forme de l'expression, comme la longueur des textes, leur richesse ou leur banalité. Il s'agit d'indiquer par une mesure numérique les caractéristiques de l'expression. Les indicateurs les plus fréquemment utilisés sont :

- la **longueur** de la réponse : nombre de mots utilisés ;
- la **richesse** de la réponse : nombre de mots *différents* utilisés ;
- la **banalité** de la réponse : la fréquence moyenne des mots utilisés dans la réponse, mots fréquents (banalité forte) ou rares (banalité basse).

Exemple

Prenons pour cette section un exemple différent avec une étude portant sur la **chanson française**. Nous avons utilisé des mesures lexicales pour décrire le style d'écriture d'une vingtaine d'artistes. Afin de comparer les styles des auteurs, nous avons utilisé quatre indicateurs usuels. On considère tout d'abord la longueur de la chanson (N), puis on mesure sa richesse (V) qui indique la longueur de son lexique. Ainsi, N décompte le nombre total de formes graphiques présentes dans le texte, V le nombre de formes différentes. La répétition (R) indique le nombre de fois où chaque forme du texte se trouve répétée. R = N/V. La banalité (B) calcule la fréquence moyenne de chaque forme au niveau du lexique total. De par leur construction, la longueur et la richesse sont corrélées, tout comme la répétition et la banalité.

Figure 6.17

Caractéristiques lexicales des auteurs de chansons françaises.

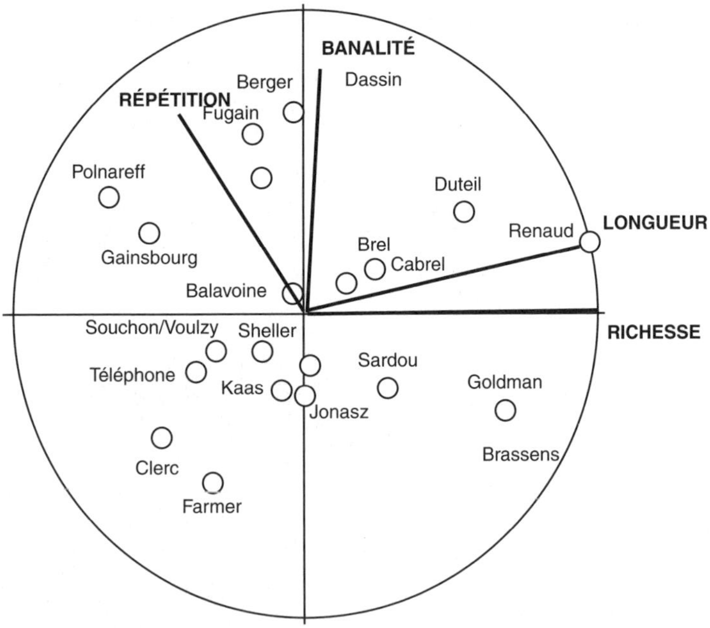

Les artistes de la chanson française se distinguent par leurs options mélodiques mais aussi par les caractéristiques de leurs textes (voir figure 6.17). On retrouve sur cette carte différents types d'écritures. À droite, les auteurs de « chansons à texte », qui se caractérisent par une certaine prolixité : Georges Brassens, Renaud, Yves Duteil, Jean-Jacques Goldman. À l'opposé se retrouvent des artistes préférant la chanson ludique de type « gag », dont le texte n'est qu'un prétexte pour faire « sonner » la musique. Correspondant à ce profil, Serge Gainsbourg ou Michel Polnareff sont d'ailleurs des musiciens prodiges. Sur le second axe, on repère d'une part des chanteurs dont les paroles sont marquées par la simplicité et l'universalité, traitant de thèmes courants voire banals : Michel Berger, Joe Dassin, Michel Fugain. D'autre part, Mylène Farmer ou Julien Clerc traitent de sujets originaux et utilisent volontiers des formes lexicales plus remarquables.

Calcul des mesures lexicales

Depuis l'atelier lexical, on clique sur Recoder, puis sur Mesures lexicales. On peut sélectionner la longueur, la banalité ou la richesse, ce qui créera une nouvelle variable numérique.

Figure 6.18

Calcul des mesures lexicales dans Sphinx.

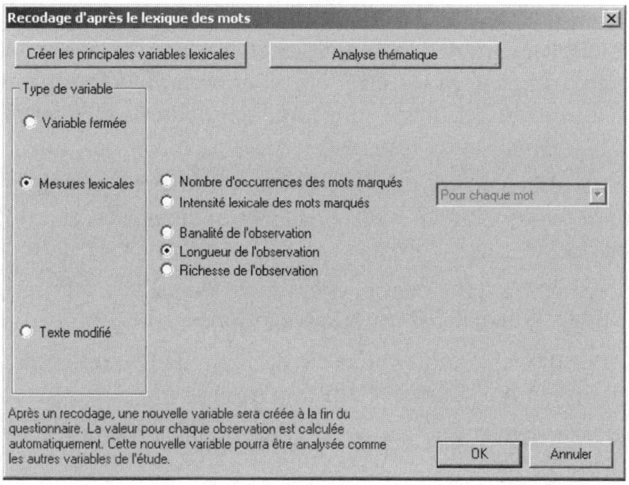

6 L'illustration : verbatims

Produire des extraits des réponses textuelles est un besoin fréquent du chargé d'études et de son client. Au-delà d'une analyse thématique ou de la mise en œuvre de mesures lexicales, qui sont des outils « stratégiques », la restitution brute des réponses aux questions ouvertes est souvent suffisante pour rendre compte des résultats et permettre aux décideurs une réaction opérationnelle aux commentaires enregistrés. Bien entendu, quand le volume des réponses est relativement limité, quelques centaines, il peut se révéler fort utile de proposer les textes complets en annexe du rapport d'analyse. Ceux-ci peuvent être essentiels également pour la production d'un récapitulatif des réponses individuelles. Par exemple, chaque client de Valibest ayant répondu à l'enquête de satisfaction donnera lieu à une « fiche contact » qui sera traitée par le service commercial. En fonction du contenu des remarques établies par le client, on rappellera celui-ci et on assurera un suivi de ses éventuels problèmes afin de les résoudre au plus vite. La restitution des réponses consiste en un ensemble de fonctions appelées « verbatims ». Les citations peuvent être choisies en lisant le texte ou sélectionnées de manière systématique selon le contexte ou selon le contenu.

6.1 Verbatim par contexte

On veut savoir qui dit quoi, ou sélectionner les citations selon les circonstances ou toute autre information contenue dans les réponses aux questions fermées. Ce type de sélection peut être plus ou moins complexe : on peut n'utiliser qu'un seul critère, par exemple ce que disent les femmes ou en combiner plusieurs en s'intéressant aux femmes de moins de 30 ans et diplômées. Dans les enquêtes de satisfaction, le contexte pertinent portera plutôt sur tous ceux ou celles qui déclarent être insatisfaits, l'identité apparaissant comme la signature de chaque citation…

6.2 Verbatim selon le contenu

Il s'agit ici de sélectionner les citations en fonction de ce qui est dit. Cette approche privilégie le contenu qui peut être repéré automatiquement par la présence dans le texte d'un ou plusieurs mots ou par un travail de codification préalable par analyse de contenu ou analyse thématique automatisée.

- Il est possible évidemment de combiner les deux approches, par le contexte et par le contenu, pour restituer le texte par fragments relatifs aux différents angles de vue ou problématiques de l'étude.

Ainsi, l'extraction des verbatims peut être exhaustive ou filtrée. On peut la classer selon un ensemble de critères de sélection, en fonction du contexte ou du contenu, comme :

- les textes d'une certaine catégorie de répondants : hommes, femmes, clients les plus récents, les moins satisfaits (contexte) ;
- les textes visant à illustrer les différents sujets identifiés après l'analyse thématique (contenu) ;
- les réponses contenant un ou plusieurs mots importants (contenu) ;
- les réponses les plus longues ou les plus spécifiques (contenu).

Reprenons notre exemple Valibest et voyons les verbatims selon deux approches différentes d'extraction. La première consiste à illustrer par une dizaine de réponses chacune des huit catégories thématiques. Voici quelques verbatims pour les thèmes de la qualité de la livraison, de la qualité des fruits et du prix.

Thème : qualité de la livraison

** Les livraisons ont lieu beaucoup trop tôt : en effet, il n'y a personne à 4 h 30 du matin. Il serait préférable qu'elles soient décalées vers 6 heures, surtout pour des produits comme le poisson ; ainsi, la chaîne du froid ne serait pas rompue et cela limiterait en outre les risques de vol.*

** Nous souhaiterions que les horaires de livraison soient réguliers et ne varient pas en fonction des chauffeurs : il serait préférable qu'elles aient lieu vers 6 h 30 au lieu de 8 heures.*

** Les livraisons se font en extérieur et, lors d'intempéries, il arrive que les produits soient endommagés malgré une bonne protection.*

Thème : qualité des fruits

** Des problèmes apparaissent parfois avec des produits comme les bananes, qui arrivent trop vite à maturité.*

** La qualité des fruits et légumes nous pose de gros problèmes. Un exemple typique : nous avions commandé des endives et nous avons dû retourner la palette complète, car elles étaient complètement pourries. Cet incident se produit fréquemment ; c'est pourquoi, on ne travaille avec Valibest qu'occasionnellement.*

** Il faut être vigilant sur la qualité des fruits et légumes. Par ailleurs, j'ai remarqué que les prix étaient souvent supérieurs à ceux pratiqués par la majorité des grossistes en France (prix recueillis sur l'Internet).*

Thème : prix

** Le seul grief concerne les prix, plus élevés que ceux pratiqués par mon autre fournisseur.*

** ZZZ Discount est quand même un bon client ; il faudrait donc faire un effort au niveau des prix et du rapport qualité/prix des produits.*

** Si les prix étaient un peu moins élevés, je pourrais commander plus de produits chez Valibest et moins à la centrale.*

Prenons maintenant l'exemple de verbatims extraits en fonction de la présence du mot « **concurrent** » dans la réponse :

** Je souhaiterais plus de diversité, notamment dans les petits légumes, surtout le lundi ; le concurrent de Valibest propose un choix plus étendu sur ces produits.*

** On travaille beaucoup avec les produits frais. Certains jours, si on a besoin de produits en dépannage, on doit s'adresser à un concurrent (Abc Primeurs).*

** Valibest perd du terrain par rapport à un concurrent direct avec qui le contact commercial est moins agréable, mais qui me livre toujours en temps et en heure. Au niveau des tarifs, Valibest était mieux placé en août ; en revanche, en septembre, le concurrent propose des prix plus attractifs.*

Extraction des verbatims

On accède au bouton Verbatim depuis l'atelier lexical. De nombreuses options sont disponibles (voir figure 6.19) et permettent de définir notamment :

- les variables à extraire ;
- la structuration et la présentation du texte extrait ;
- les éventuelles limites ou profils d'extraction.

Figure 6.19

Module d'extraction des verbatims dans Sphinx.

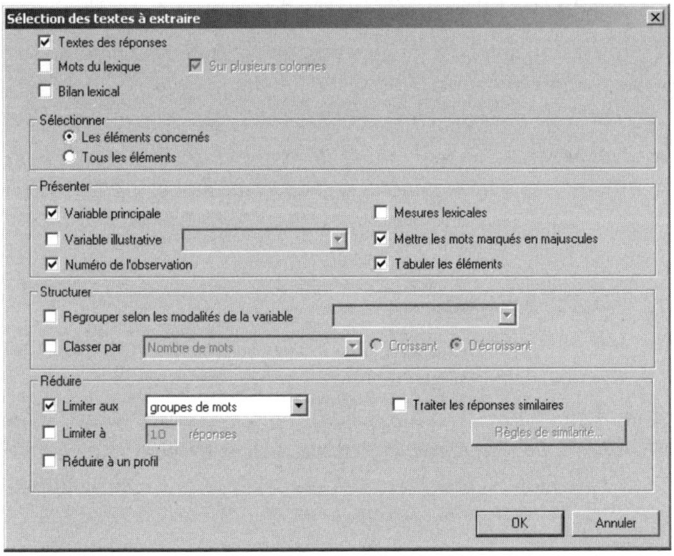

Gestion des nouvelles variables issues de l'analyse textuelle

Souvent, l'analyse de données textuelles développée dans Sphinx génère la création de nouvelles variables, notamment textuelles, numériques et fermées, qui enregistrent les opérations suivantes :

Tableau 6.7 : Exemples de nouvelles variables issues de l'analyse textuelle

Nouvelles variables textuelles	Nouvelles variables numériques	Nouvelles variables fermées
Le texte en version lemmatisée	Les intensités lexicales des mots ou thèmes	Les thèmes des *code-books* créés en vue des analyses de contenu
Le texte « relié » contenant les expressions les plus fréquemment employées	Les mesures lexicales : longueur, banalité, etc.	Les thèmes identifiés suite à un regroupement thématique manuel ou automatique
		Les *n* premiers mots et expressions du lexique recodés en vue d'une analyse factorielle exploratoire
Etc.		

On retrouve ces nouvelles variables dans la liste des questions visualisables depuis le menu Élaboration du questionnaire, Rédiger le questionnaire (voir figure 6.20).

Figure 6.20

Nouvelles variables issues de l'analyse textuelle dans Sphinx.

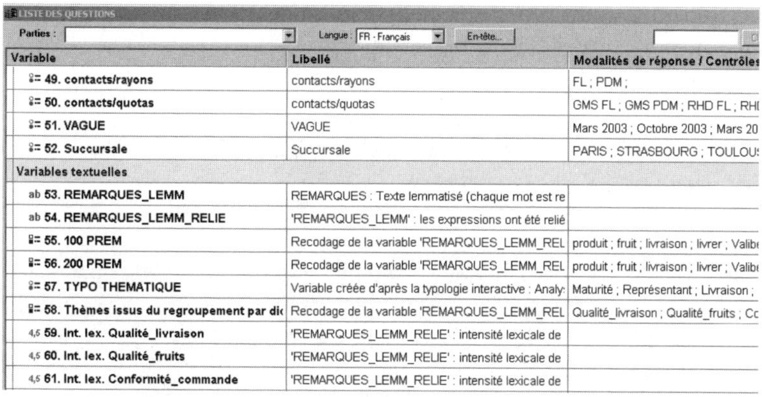

Variable	Libellé	Modalités de réponse / Contrôles
49. contacts/rayons	contacts/rayons	FL ; PDM ;
50. contacts/quotas	contacts/quotas	GMS FL ; GMS PDM ; RHD FL ; RHI
51. VAGUE	VAGUE	Mars 2003 ; Octobre 2003 ; Mars 20
52. Succursale	Succursale	PARIS ; STRASBOURG ; TOULOU
Variables textuelles		
ab 53. REMARQUES_LEMM	REMARQUES : Texte lemmatisé (chaque mot est re	
ab 54. REMARQUES_LEMM_RELIE	'REMARQUES_LEMM' : les expressions ont été relié	
55. 100 PREM	Recodage de la variable 'REMARQUES_LEMM_REL	produit ; fruit ; livraison ; livrer ; Valibe
56. 200 PREM	Recodage de la variable 'REMARQUES_LEMM_REL	produit ; fruit ; livraison ; livrer ; Valibe
57. TYPO THEMATIQUE	Variable créée d'après la typologie interactive : Analy:	Maturité ; Représentant ; Livraison ;
58. Thèmes issus du regroupement par dic	Recodage de la variable 'REMARQUES_LEMM_REL	Qualité_livraison ; Qualité_fruits ; Cc
4,5 59. Int. lex. Qualité_livraison	'REMARQUES_LEMM_RELIE' : intensité lexicale de	
4,5 60. Int. lex. Qualité_fruits	'REMARQUES_LEMM_RELIE' : intensité lexicale de	
4,5 61. Int. lex. Conformité_commande	'REMARQUES_LEMM_RELIE' : intensité lexicale de	

Résumé

Le chargé d'études devra consacrer du temps à l'analyse des réponses textuelles. Les procédures disponibles semblent parfois un peu laborieuses, mêlant des opérations automatiques et des interventions manuelles. Toutefois, la valeur ajoutée de telles analyses ne fait aucun doute. Le temps investi est alors pleinement justifié par des résultats plus riches et plus complets.

Exercices

Les exercices suivants portent sur l'enquête « Loto », disponible dans le répertoire du même nom sur le CD-Rom joint au présent ouvrage.

Exercice 1. Recherches autour du mot « travail » et du verbe « changer »

a. Combien de fois le mot « travail » est-il cité dans le corpus ? Combien de mots commencent par « travail » dans le lexique ? Produisez le lexique relatif autour du verbe « travailler ». Quel(s) enseignement(s) peut-on en tirer ?

b. Regroupez manuellement toutes les formes conjuguées du verbe « changer ». Sur le groupe ainsi constitué recherchez les lexiques relatifs. Que constate-t-on ?

Solution

a. Les fonctions de l'atelier lexical de Sphinx permettent de répondre à ces questions. Le mot « travail » est cité 13 fois dans le corpus. Dans le lexique, six mots commencent par « travail » : travail (13 occurrences), travaillant (1), travaille (2), travaillent (1), travailler (79), travaillerais (8). Le lexique relatif autour du verbe « travailler » indique qu'une grande majorité de gagnants potentiels *arrêterait* de travailler. Le verbe « arrêter » précède « travailler » plus d'une cinquantaine de fois. Quelques-uns des gagnants virtuels continueraient de travailler. On enregistre en effet une dizaine d'occurrences contenant le verbe « continuer » placé avant le verbe « travailler ».

b. Il existe 49 occurrences contenant le verbe « changer » dans l'une de ses différentes formes conjuguées : changer (22 occurrences), changera (2), changerais (24) et changerait (1). On les regroupe manuellement et l'on produit les lexiques relatifs. On s'aperçoit que les non-changements sont rares : « pas » n'est cité que quatre fois après « changer ». Par ailleurs, c'est la « voiture » que les Français souhaiteraient changer en premier lieu en cas de gain. Notons un individu qui avoue qu'il changerait de femme…

Exercice 2. Réduction et lemmatisation

Pour la question n° 9, « Loto-L », après réduction et lemmatisation du lexique, indiquez les dix thèmes principaux tels qu'ils apparaissent au premier abord.

Solution

Regardons le haut du lexique réduit et lemmatisé. Nous produisons la liste des 50 mots les plus fréquents de ce lexique, avec les nombres d'occurrences pour chaque mot (voir tableau 6.8). On constate que les thèmes principaux tels qu'ils apparaissent sont successivement :

- les questions **immobilières** : maison, immobilier, appartement ;
- les **voyages** : voyage, voyager, partir, tour et monde (qui devraient sûrement former l'expression « *tour du monde* ») ;
- la **famille** : enfant, famille ;
- le **placement** : placer, placement, côté (qui doit faire partie de l'expression « mettre de côté », investir ;
- la **voiture** bien sûr ;
- l'**aide** : aider, don, association, œuvre humanitaire ;
- le **travail** : que l'on veut sûrement arrêter, comme nous l'avons vu auparavant,
- les **vacances**.

Ceci constitue une toute première approche rapide. Le chargé d'études ira plus loin dans le lexique pour compléter sa liste de thèmes et pour enrichir les composantes de ceux-ci.

Tableau 6.8 : Lexique réduit et lemmatisé pour l'enquête Loto

Maison	363	Argent	118	Reste	66	Améliorer	48
Faire	357	Monde	93	Appartement	65	Chose	44
Acheter	350	Travailler	91	Vie	64	Achat	41
Voyage	313	Partir	89	Changer	63	Besoin	41
Enfant	288	Immobilier	81	Plus	62	Loisir	41
Placer	237	Profiter	81	Aller	60	Prendre	41
Voiture	196	Vacance	79	Côté	60	Ami	37
Donner	187	Investir	76	Arrêter	58	Vivre	37
Voyager	145	Beau	75	Pouvoir	58	Partager	36
Aider	122	Don	75	Association	57	Gens	34
Famille	122	Petit	75	Partie	56	Humanitaire	34
Pas	120	Mettre	72	Œuvre	52		
Être	119	Placement	71	Tour	51		

Exercice 3. Repérage des segments répétés

Sur le lexique réduit et lemmatisé, repérez les segments répétés cités au moins quinze fois. Sélectionnez les segments pertinents et reliez-les dans une nouvelle variable textuelle.

Solution

On va tout d'abord identifier les segments répétés par la séquence décrite dans l'encadré Sphinx. On obtient la liste ci-dessous. Les segments sont transférés dans une liste et l'on peut choisir ceux qui font sens (les segments qui sont sans intérêt apparaissent barrés).

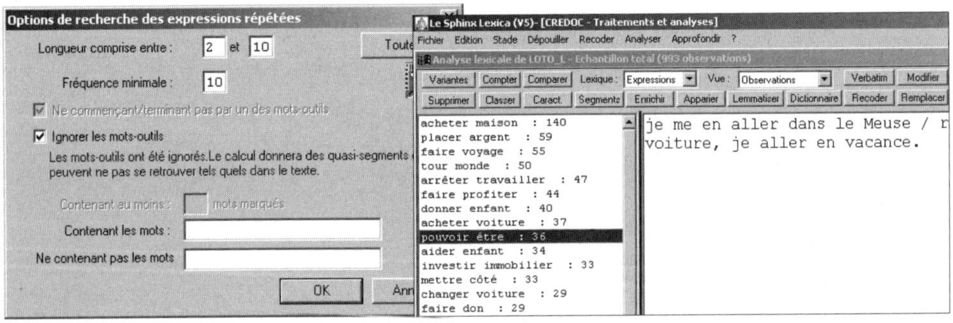

Figures 6.21

Identification des segments pour l'enquête Loto dans Sphinx.

On créera ensuite une nouvelle variable contenant le texte réduit, lemmatisé et relié avec la fonction Recoder, de l'atelier lexical. On choisira Texte modifié, Relier les mots des expressions marquées.

Tableau 6.9 : Liste des segments répétés pour l'enquête Loto (extraits)

Acheter_maison :	140	Investir_immobilier :	33	Beau_voiture :	21
Placer_argent :	59	Mettre_côté :	33	Beau_voyage :	21
Faire_voyage :	55	Changer_voiture :	29	Placer_reste :	21
Tour_monde :	50	Faire_don :	29	Partager_enfant :	17
Arrêter_travailler :	47	Acheter_appartement :	28	~~Acheter_beau :~~	~~16~~
Faire_profiter :	44	Partir_voyage :	27	Achat_maison :	15
Donner_enfant :	40	Faire_plaisir :	26	Argent_côté :	15
Acheter_voiture :	37	Faire_tour_monde :	26	Beau_maison :	15
~~Pouvoir_être :~~	~~36~~	Petit_enfant :	26	Donner_famille :	15
Aider_enfant :	34	Partir_vacances :	25	Profiter_enfant :	15

Exercice 4. Repérage des thématiques principales grâce à une analyse factorielle

Sur le lexique réduit, lemmatisé et relié (variable 10), marquez les 100 formes les plus fréquemment citées, après avoir exclu quelques verbes neutres comme « faire », « avoir », « mettre » ou « être ». Qu'indique cette première recherche exploratoire par analyse factorielle sur les thématiques principales formulées par les Français, en cas de gain au Loto ?

Solution

Il ressort de l'analyse exploratoire quelques informations intéressantes, mais elle ne permet pas d'identifier toutes les thématiques principales. On visualise sur la droite de la carte une forte concentration de termes reliés au don. En haut à gauche se situent des motivations plus hédonistes : arrêter de travailler, profiter de la vie, acquérir une belle maison. En bas à gauche, certains répondants semblent privilégier les placements. Il faut aller plus loin pour découvrir d'autres thématiques.

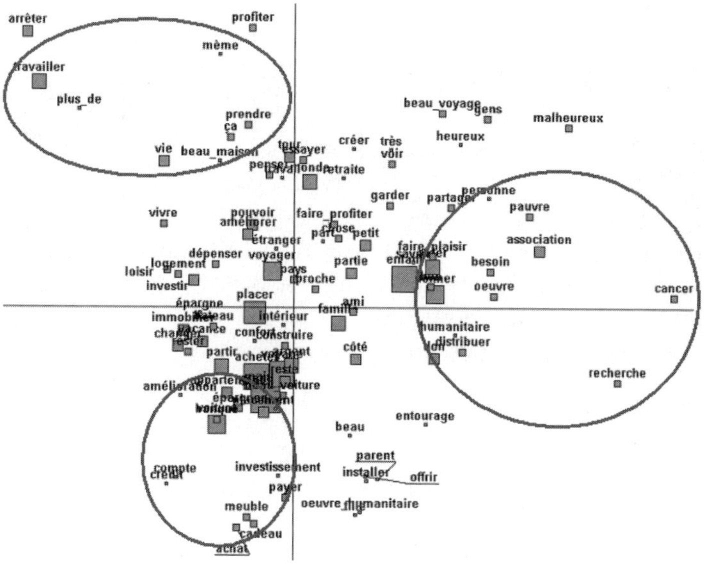

Figure 6.22

Carte des co-occurrences sur le haut du lexique pour l'enquête Loto.

Exercice 5. Analyse de contenu

Sur la base d'un *code-book* relativement simple organisé en trois thèmes, effectuez une analyse de contenu sur les 50 premières réponses. Les trois thèmes proposés sont les suivants :

- don ;
- investissement ;
- jouissance.

Quelle est la hiérarchie des trois thèmes sur ce petit échantillon de réponses ?

Solution

L'analyse de contenu sur les 50 premières réponses donne les résultats suivants :

Figure 6.23

Analyse de contenu sur les 50 premières réponses pour l'enquête Loto.

Analyse de contenu sur les 50 premières réponses

Somme des pourcentages différente de 100 du fait des réponses multiples et des suppressions.

	Nb	% obs.
Jouissance	43	**86,0%**
Investissement	28	**56,0%**
Don	28	**56,0%**
Total	**50**	

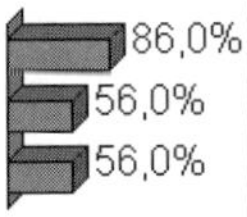

Quand ils envisagent un éventuel gain au Loto, la motivation de « jouissance » est dominante chez les répondants à cette enquête, dans 86 % des cas. Les autres thèmes importants, investissement et don, sont cités dans plus de la moitié des observations.

Exercice 6. Regroupement par dictionnaire thématique et analyses croisées

a. Toujours sur la base des trois thèmes précédemment décrits (don, investissement, jouissance), constituez un dictionnaire thématique incluant mots et expressions. Appliquez ce dictionnaire pour regrouper le lexique réduit, lemmatisé et relié que vous aurez produit suite à la question n° 4. Créez une variable fermée sur ces trois thèmes, que vous nommerez « 3 thèmes dico ». Quelle est alors la hiérarchie des trois thèmes ?

b. Croisez cette nouvelle variable « 3 thèmes dico » en fonction du sexe de la personne interrogée, de la classe d'âge et du niveau de diplôme. Présentez vos conclusions. Les rêves des Français varient-ils en fonction de leurs caractéristiques sociodémographiques ?

Solution

a. La constitution du dictionnaire thématique n'est pas toujours facile. Elle implique une part incontestable de subjectivité. Il convient de réaliser cet exercice en groupe, afin d'éviter des catégorisations trop arbitraires. Sur les mots et expressions cités plus de 20 fois, nous constituons le dictionnaire suivant :

Thème du don

#dons=enfant=faire_profiter=proche=donner=famille=partager=œuvre=ami =distribuer=recherche=association=cadeau=don=cancer=malheureux=aider =pauvre=humanitaire.

Thème de la jouissance

#jouissance=voiture=vacances=voyage=acheter=maison=voyager=appartement =logement=achat=meuble=beau_voyage=pays=arrêter=loisir=tour=monde =partir=dépenser=bateau=profiter=construire=beau_voiture.

Thème du placement

#placement_investissement=placement=placer=côté=épargner=investir =immobilier=payer=banque.

On obtient à peu près les mêmes résultats que pour l'analyse de contenu sur les 50 premières réponses. Ceux-ci s'affinent quelque peu : la jouissance ne représenterait que 80 % des réponses, les dons (57 %) seraient plus fréquemment évoqués que les placements (47 %).

Une analyse plus avancée, qui va plus loin dans la prise en compte des mots et expressions cités au moins dix fois, est disponible à l'adresse : **www.suristat.fr/rubrique29.html**.

b. Le tri croisé entre sexe et thèmes issus du regroupement par dictionnaire montre que les réponses des hommes et des femmes sont quelques peu différentes (chi-deux significatif avec $p = 1{,}8$ %). Les femmes évoquent plus fréquemment le don et les hommes le placement.

Figure 6.24

Tableau croisé des thèmes en fonction du sexe du répondant.

Sexe x Thèmes

	jouissance	dons	placement	Total
Homme	77,9%	48,9%	49,8%	100,0%
Femme	82,1%	63,8%	45,7%	100,0%
Total	80,3%	57,1%	47,5%	100,0%

p = 1,8% ; chi2 = 7,99 ; ddl = 2 (S)
La relation est significative.

Pour le traitement croisé avec l'âge, la relation est très significative ($p = 0{,}1$ %). Les aspirations sont différentes en fonction de l'âge du répondant. Sans surprise, le thème du don concerne particulièrement les plus âgés.

Pour l'impact du niveau de diplôme, la conclusion est incertaine. L'influence de cette variable est jugée « peu significative », la probabilité associée au chi-deux étant à peine supérieure à 5 %.

En guise de synthèse, si l'on représente les croisements simultanés du sexe, de la tranche d'âge et du niveau de diplôme avec les trois thèmes majeurs, les différentes associations sémantiques apparaissent assez clairement (voir chapitre 7) :

- Les plus âgés (situés à droite de la carte), les diplômés de niveau un peu moins élevé et dans une moindre mesure les femmes évoquent plus fréquemment le don.
- Les jeunes (à gauche de la carte factorielle), avec un niveau de diplôme intermédiaire, qui sont plutôt des hommes, sont plus enclins à placer leurs éventuels gains.
- Les adultes âgés de 35 à 50 ans et les plus diplômés (en bas de la carte) semblent en revanche plus orientés vers l'hédonisme.

Figure 6.25

Carte factorielle représentant le thème en fonction du sexe, du diplôme et de la classe d'âge.

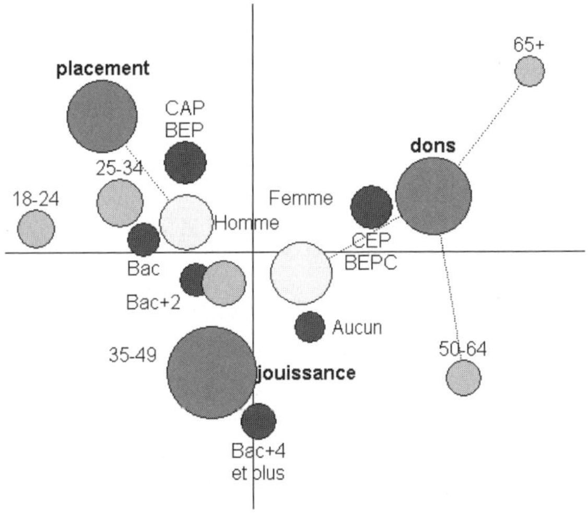

Exercice 7. Calcul des intensités lexicales

Sur la base des trois thèmes constitués grâce au dictionnaire thématique, à l'exercice n° 6, calculez les intensités lexicales de chacun d'entre eux. Croisez ces intensités lexicales selon le sexe de la personne interrogée, sa classe d'âge et son niveau de diplôme. Les résultats constatés confirment-ils les conclusions de l'exercice 6b établies sur la base de tris croisés à partir de la variable fermée ?

Solution

On calcule les intensités lexicales pour chaque thème, en créant trois nouvelles variables par « mesure lexicale », dans l'atelier du même nom et en choisissant sa fonction Recoder.

Les résultats croisés ci-après de la classe d'âge et des trois intensités lexicales confirment que le discours des plus âgés est porté sur la thématique du don, alors que les plus jeunes évoquent plus massivement la jouissance et même le placement. Les résultats pour le sexe et le diplôme sont disponibles avec le lien : **www.suristat.fr/rubrique29.html**.

Figure 6.26

Intensités lexicales sur les trois thèmes principaux en fonction de la classe d'âge.

Intensités lexicales des 3 thèmes par âge

	Int. lex. jouissance	Int. lex. dons	Int. lex. placement
18-24	32,27	8,15	10,86
25-34	30,21	10,25	11,47
35-49	26,30	13,18	8,93
50-64	21,18	22,84	4,52
65+	11,57	31,52	3,59
Total	25,78	15,28	8,60

AGE / Int. lex. jouissance p = **<0,1%** ; F = **23,21** (TS)
AGE / Int. lex. dons p = **<0,1%** ; F = **47,22** (TS)
AGE / Int. lex. placement p = **<0,1%** ; F = **12,96** (TS)

Exercice 8. Calcul de mesures lexicales

Créez une nouvelle variable pour mesurer la longueur des réponses formulées par les répondants. Cette longueur varie-t-elle en fonction du sexe de la personne interrogée, de sa classe d'âge ou de son niveau de diplôme ?

Solution

La longueur se calcule également dans le menu Recoder, de l'atelier lexical ; la case « mesures lexicales » doit être cochée. Un graphe de relation (voir chapitre 5) permet d'identifier rapidement les correspondances significatives entre sexe, âge, diplôme d'une part et longueur de la réponse d'autre part. Seul le niveau de diplôme produirait un impact significatif, la longueur augmentant légèrement pour les répondants les plus diplômés.

Figure 6.27

Graphe de relation entre longueur des réponses, diplôme, âge et sexe.

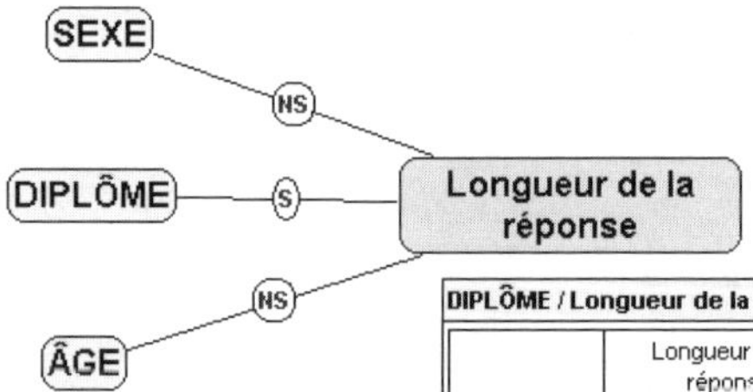

DIPLÔME / Longueur de la réponse	Longueur de la réponse
Bac+4 et plus	**9,33**
CAP BEP	**9,22**
Bac+2	**8,55**
Aucun	**8,45**
Bac	**8,40**
CEP BEPC	8,11

Exercice 9. Verbatims

a. Extrayez les verbatims qui contiennent le mot « avion ». Combien de réponses obtient-on ?

b. Produisez les réponses complètes des femmes dont la CSP est « commerçant/artisan ». Combien de réponses obtient-on ?

c. Extrayez une liste de verbatims classés en fonction des trois thématiques identifiées et regroupées grâce aux dictionnaires. Limitez l'extraction à dix verbatims par thème.

Solution

a. On obtient trois réponses :
   - N° 381 : je louerais un pilote et un *avion*.
   - N° 537 : je ferais un grand voyage en *avion*.
   - N° 653 : je prendrais l'*avion* pour aller en Amérique.

b. On obtient cinq réponses :
   - N° 360 : j'aiderais mes enfants ; et peut-être autour de moi.
   - N° 433 : je donnerais à mes enfants ; j'achèterais une fourrure à ma fille ; je voyagerais en Grèce ; je donnerais à mes voisins qui en ont besoin ; je placerais le reste à la banque.
   - N° 686 : j'aiderais les enfants ; j'effectuerais des placements ; je veillerais à ma santé.
   - N° 697 : j'en donnerais à mes enfants ; j'en placerais pour avoir un train de vie plus confortable.
   - N° 809 : je ferais réparer la toiture de la maison.

c. La fonction Verbatims, de l'atelier lexical, utilisée avec les options de la figure 6.28, permet d'extraire les réponses classées par thèmes.

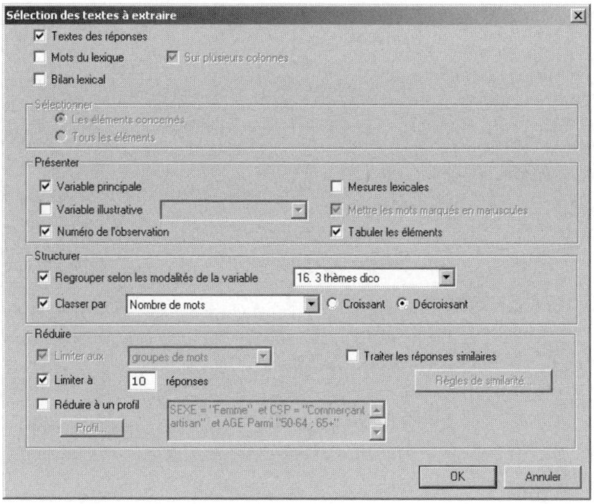

Figure 6.28

Extraction de verbatims pour l'enquête Loto.

Chapitre 7

Les analyses multivariées

Au stade des analyses, les réponses aux questions deviennent des « variables » sur lesquelles on applique des procédures statistiques. Quand on souhaite analyser simultanément plus de deux questions, c'est-à-dire plus de deux variables, on recourt à une série de techniques dites « multivariées ». Celles-ci se caractérisent par un degré de technicité plus élevé et par un adossement plus fort à la statistique. Ainsi, la grande majorité des enquêtes menées dans le monde professionnel fait rarement appel à ces méthodes, souvent perçues comme trop complexes et pas forcément utiles. Nous tenterons donc de les rendre plus accessibles, en nous concentrant non pas sur les formules de calcul mais plutôt sur la pertinence opérationnelle de certaines de ces méthodes particulièrement intéressantes pour de nombreuses disciplines des sciences sociales.

Les analyses multivariées répondent schématiquement à trois objectifs distincts (voir tableau 7.1).

Tableau 7.1 : Objectifs et principes des principales méthodes d'analyse multivariée

Objectif	Principes	Quelques techniques multivariées	Illustrations
Expliquer	Comme pour les analyses bivariées, ou tris croisés, décrites largement au chapitre 5, il s'agit de comprendre comment une variable est éventuellement influencée par une série d'autres variables : lesquelles ont le plus d'impact, lesquelles n'ont pas d'influence, etc.	– Régression multiple – Matrice importance-performance – Arbres de décision	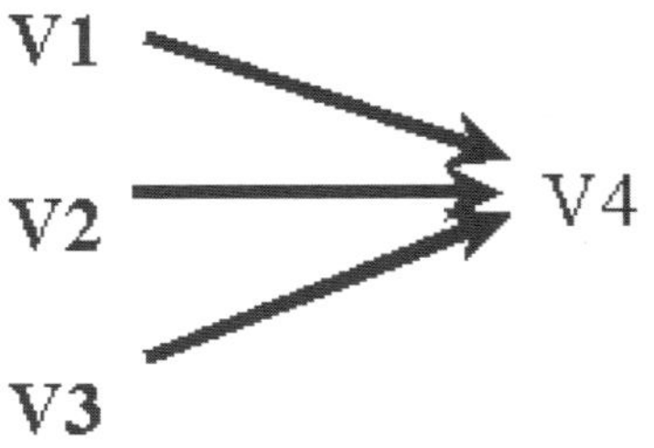
Synthétiser	Il s'agit de simplifier les données en identifiant les variables ou modalités qui sont similaires, qui mesurent la même chose. On peut définir ces groupes de variables « corrélées », afin de restituer les résultats d'un point de vue plus synthétique et donc plus simple.	– Analyse factorielle en composantes principales – Analyse factorielle des correspondances	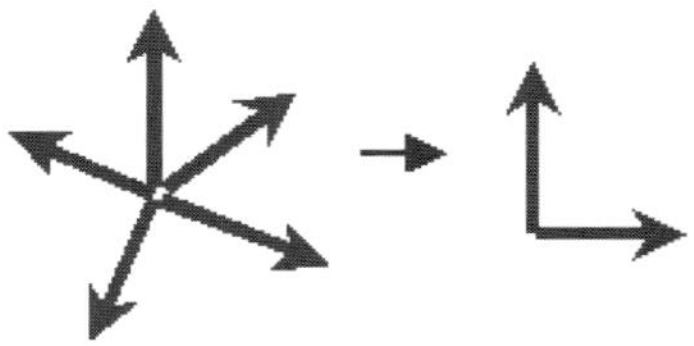
Classifier	Les méthodes de classification s'intéressent non pas aux variables mais aux individus. Toujours dans un objectif de simplification, on cherche à identifier des groupes de répondants aux comportements similaires.	– Analyses typologiques	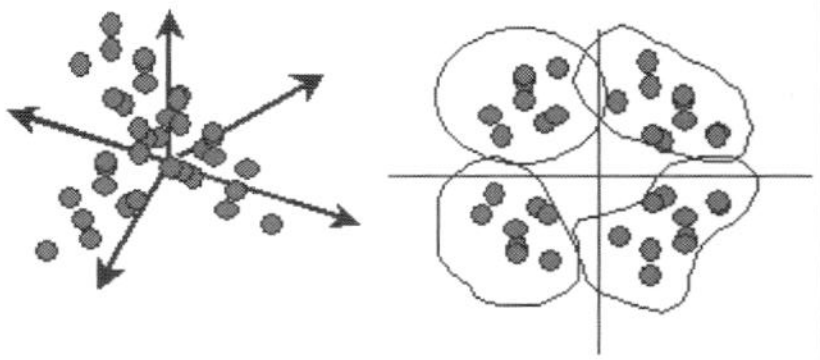

1 Les méthodes multivariées explicatives

Les méthodes multivariées explicatives visent à identifier, parmi un grand groupe de variables, celles qui exercent une influence majeure sur une variable-clé, dont on cherche à connaître les déterminants. Parmi ces méthodes, nous présenterons la régression multiple, la matrice importance-performance et les arbres de décision.

1.1 La régression multiple

Parmi les méthodes multivariées explicatives les plus connues et les plus utiles, on trouve les analyses de régression multiple. On applique cette technique d'analyse aux variables numériques uniquement, c'est-à-dire dans les enquêtes : aux questions ouvertes numériques ; aux questions fermées échelles ; aux questions fermées uniques dichotomiques : oui-non ou 0/1.

Il s'agit d'une extension de l'analyse de régression « simple » décrite au chapitre 5. Au lieu de traiter seulement deux variables, on en traitera trois, quatre ou plus. On cherchera à comprendre comment se comporte une variable y en fonction de plusieurs variables $x1$, $x2$ et $x3$. Prenons un exemple en prolongement de ce que nous avons présenté au chapitre 5. On cherchera à expliquer les notes obtenues en statistique, variable y, par 20 étudiants en fonction cette fois-ci de trois critères : le nombre d'heures de cours de statistique suivies (sur un total de 24 heures possibles) : variable $x1$; la note obtenue en maths au baccalauréat : variable $x2$; le temps, en nombre d'heures, consacré à la révision : variable $x3$. Les données de départ sont celles de la figure 7.1.

Figure 7.1

Tableau de données pour les notes en statistique en fonction des heures de cours suivies, de la note en maths au bac et du temps de révision.

Nb d'heures de cours suivies	Note obtenue en maths au bac	Temps consacré à la révision	Notes en statistique
12	19	10	8
16	18	12	10
12	7	8	9
16	19	12	10
20	3	24	16
16	14	5	7
10	4	12	11
18	11	10	12
18	17	13	11
22	12	22	14
24	11	15	13
24	7	14	15
20	16	15	12
24	6	15	13
14	15	10	9
24	10	13	14
22	6	20	15
16	16	7	9
14	13	6	8
20	1	11	10

L'analyse de régression multiple – dont nous ne fournirons pas ici les formules – procure des résultats numériques pour apprécier les influences respectives des x sur le y étudié. Les logiciels statistiques donnent tout d'abord les paramètres de la droite de régression multiple.

(y) Notes en statistique =+ 0,314 × temps consacré à la révision ($x1$)
+ 0,217 × heures de cours suivies ($x2$)
– 0,085 × note obtenue en maths au bac ($x3$)
+ 4,336 (constante)

On se concentre dans un premier temps sur les **coefficients de corrélation multiple** qui décrivent l'impact de chaque x sur la variable à expliquer (y). On a ici :

Tableau 7.2 : Résultats numériques de la régression multiple

Variable explicative	Intitulé	Coeff. de corrélation multiple	Taux d'erreur	Conclusion
$x1$	Temps consacré à la révision	+0,314	0,001	Effet très significatif
$x2$	Heures de cours suivies	+0,217	0,004	Effet très significatif
$x3$	Note obtenue en maths au bac	–0,085	0,071	Effet non significatif

Il est clair que le temps consacré à la révision constitue le critère qui influence le plus fortement la note obtenue à l'examen de statistique. Le nombre d'heures de cours suivies produit également un impact significatif, mais un petit peu moins fort. Quant à la note obtenue en maths au baccalauréat, son coefficient de corrélation n'étant pas significatif, elle n'influence pas le résultat obtenu en statistique.

Régression multiple

Au stade Traitements et analyses, au sein du menu Approfondir, on retrouve les fonctions de régression multiple. Un premier menu permet de sélectionner la variable à expliquer et les variables explicatives. On accède ensuite à un ensemble de fonctionnalités, dont voici les plus importantes :

- l'équation de la droite de régression, la valeur du coefficient de corrélation multiple et la significativité des paramètres depuis le bouton Régression ;
- la possibilité de lancer le calcul selon la méthode « pas à pas ascendante », depuis la case à cocher « pas à pas » ;
- les coefficients de corrélation entre les variables, avec le bouton Corrélations.

Figure 7.2

La régression multiple dans Sphinx.

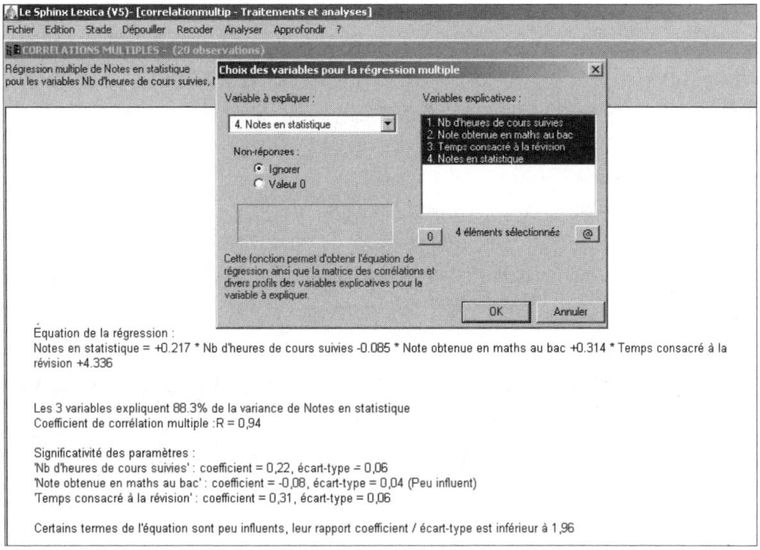

1.2 La matrice importance-performance

La matrice importance-performance est une application particulière de l'analyse de régression multiple. On l'utilise souvent dans le cadre d'une **enquête de satisfaction**. Une enquête de satisfaction comprend généralement une mesure de la satisfaction globale, puis une mesure détaillée d'un ensemble de critères identifiés *a priori* comme les composantes « partielles » de la perception du client ou du collaborateur. Fréquemment, on questionne les individus sur l'importance relative qu'ils accordent à chaque item particulier, afin de mettre en perspective la satisfaction sur chaque critère avec son importance. Une ou plusieurs questions ouvertes enregistrent au final les suggestions, les commentaires ou les remarques que les répondants souhaitent exprimer sur un des thèmes de l'enquête ou sur tout autre point qui n'aurait pas été abordé préalablement dans le questionnaire. Les variables d'identité du répondant sont enregistrées enfin.

La matrice importance-performance permet d'établir la satisfaction du répondant et l'importance qu'il accorde aux différents critères évalués. Cette analyse conduit à la production d'une carte, où chaque critère est placé sur deux dimensions : horizontalement, la **performance** : elle se mesure par la note moyenne du critère sur l'ensemble des répondants, par exemple la moyenne sur 10 ; verticalement, l'**importance** : on peut l'apprécier selon plusieurs méthodes que nous décrirons dans les sections suivantes.

Trois méthodes de mesure de l'importance

Dans un questionnaire de satisfaction, on peut mesurer l'importance d'un critère donné de trois manières : la double évaluation, le rang moyen sur une question fermée ordonnée et la corrélation avec la satisfaction globale.

Double évaluation

Sur chaque critère, deux questions sont posées : l'une sur la satisfaction et l'autre sur l'importance. En général, un groupe de questions mesure tout d'abord la satisfaction, puis une autre série de questions enregistre l'importance sur les mêmes critères.

Êtes-vous satisfait du service après-vente ? Pas du tout satisfait ; Plutôt pas satisfait ; Plutôt satisfait ; Tout à fait satisfait.

Êtes-vous satisfait de notre accueil téléphonique ? Pas du tout satisfait ; Plutôt pas satisfait ; Plutôt satisfait ; Tout à fait satisfait.

Le service après-vente est-il pour vous ? Sans importance ; Peu important ; Assez important ; Très important.

L'accueil téléphonique est-il pour vous ? Sans importance ; Peu important ; Assez important ; Très important.

On mesure alors l'importance pour chaque critère grâce à la moyenne sur la question d'importance correspondante, selon un principe de barème (voir chapitre 2, focus 1). On peut calquer le barème utilisé sur une note sur 10 : Sans importance, 0 point ; Peu important, 2,5 points ; Assez important, 7,5 points ; Très important, 10 points. La moyenne de 8,2 sur un critère donné montre alors qu'il est important.

Rang moyen sur une question fermée ordonnée

La deuxième méthode repose sur une seule question. Il s'agit d'une question fermée ordonnée, où l'on demande au répondant de classer les trois ou quatre items auxquels il accorde le plus d'importance parmi une liste de critères (voir figure 7.3).

Figure 7.3

Exemple de question ordonnée rédigée dans le but de mesurer l'importance.

27. Quelles sont dans l'ordre vos trois attentes principales vis à vis d'un fournisseur parmi les 5 thèmes suivants

1. Le choix des produits 2. La qualité des produits 3. La relation commerciale
4. La sécurité alimentaire 5. La qualité de la livraison

☐ ☐ ☐

Ordonnez 3 réponses.

On calculera pour chaque critère une sorte de « rang moyen » en fonction du classement des répondants. Dans le cas ci-dessus, on doit classer les critères du premier au troisième rang. Si le répondant ne classe pas le critère dans les trois premiers, on affecte 0 point. S'il le classe troisième, il obtient 1 point, puis 2 points en cas de deuxième place et enfin 3 points s'il le cite à la première place. On obtient ainsi un rang moyen, qui indique la position moyenne du critère dans le classement, sur tous les individus interrogés. Plus celui-ci est élevé, mieux le critère a été classé. Plus celui-ci est faible, plus bas est le classement du critère.

Corrélation avec la satisfaction globale

Cette méthode est aujourd'hui la plus couramment utilisée. On mesure l'importance grâce au coefficient de corrélation de chaque critère avec la satisfaction globale, enregistrée grâce à une question spécifique placée en début de questionnaire ; dans tous les cas *avant* les satisfactions partielles. Selon la nature des données, l'indicateur utilisé est le coefficient de corrélation simple ou le plus souvent multiple.

Figure 7.4

Note de satisfaction globale mesurée par une note sur 10.

Quelle note de satisfaction globale sur 10 donnez-vous à Valibest ?(rappel 0=totalement insatisfait à 10=totalement satisfait)

○0 ○1 ○2 ○3 ○4 ○5 ○6 ○7 ○8 ○9 ○10

Ainsi, selon ces principes de calcul, plus la corrélation est forte entre un critère et la note de satisfaction globale (plus elle est proche de 1), plus le critère est lié statistiquement à la satisfaction globale et, par conséquent, plus il est important.

Exemple

Nous présentons ci-après un extrait du questionnaire lié à une enquête de satisfaction réalisée par une société d'assurances auprès de 5 500 de ses clients (voir figure 7.5). On veut identifier, parmi les huit critères étudiés, **ceux qui influencent le plus fortement la satisfaction globale du client**. On utilise la troisième méthode de mesure de l'importance et l'on intègre donc, sur chacun des huit critères, le calcul de la corrélation de chaque satisfaction partielle avec la satisfaction globale.

Figure 7.5

Extrait d'un questionnaire de satisfaction mené par une société d'assurances.

PRODUIT
○ 1.A ○ 2B ○ 3.AB
○ 4.AC ○ 5.ABC ○ 6.Pros
○ 7.Autres

REGION
○ 01.Centre ○ 02.Centre Est ○ 03 Bretagne
○ 04.Rhône-Alpes ○ 05.Picardie ○ 06.Nord
○ 07.Centre_ ○ 08.Sud Midi ○ 09.Sud Ouest
○ 10.Centre Ouest ○ 11.IDF

Etes vous globalement satisfaits de votre société d'assurance XXX ?
○ 1.Satisfaits ○ 2.Non satisfait

Pourquoi non satisfait?

Parmi les points que je viens de vous citer, quels sont pour vous les plus importants dans la relation avec votre assureur ?
☐ 1.Entrer en contact ☐ 2.Qqn de disponible
☐ 3.Horaires de RDV respectés ☐ 4.Réponses précises
☐ 5.Préoccupations prises en compte ☐ 6.Documents rapides
☐ 7.Bien conseillé ☐ 8.Sociétaire reconnu et solidaire

Les produits et services proposés correspondent-ils à vos attentes?
○ 1.Oui tout à fait ○ 2.Partiellement
○ 3.Pas tout à fait

Quels sont les autres produits ou services que vous aimeriez trouver ?

Commentaires éventuels

AGE

CSP
○ 01 Agriculteur ○ 02 Artisan
○ 03.Profession libérale ○ 04.Cadre
○ 05.Fonctionnaire ○ 06.Employé
○ 07.Ouvrier ○ 08.Demandeur d'emploi
○ 09.Retraité ○ 10.Etudiant
○ 11 Autres inactifs (personnes au foyer) ○ 12.Autres actifs

HABITAT
○ 1.dans une ville ○ 2.à la campagne

Globalement, concernant votre relation avec votre société d'assurance : Par rapport aux affirmations ci-dessous, diriez-vous que vous êtes tout à fait d'accord, d'accord, peu d'accord ou pas du tout d'accord ?

	Tout à fait d'accord	D'accord	Peu d'accord	Pas du tout d'accord	NSP
Contact facile avec l'entreprise	○	○	○	○	○
Personnel disponible	○	○	○	○	○
Horaires RDV respectés	○	○	○	○	○
Réponses précises	○	○	○	○	○
Prise en compte de mes préoccupations	○	○	○	○	○
Documents rapides	○	○	○	○	○
Bien conseillé	○	○	○	○	○
Sociétaire reconnu	○	○	○	○	○

On obtient un tableau (voir tableau 7.3) qui indique la moyenne de la satisfaction d'une part et les coefficients de corrélation d'autre part.

Tableau 7.3 : Satisfaction et corrélation avec la note globale pour les huit critères étudiés

	Moyenne de la question de satisfaction (note sur 10)	Coefficient de corrélation (importance)
Contact facile avec l'entreprise	6,79	0,14
Personnel disponible	7,20	0,16
Horaires de rendez-vous respectés	7,68	0,07
Réponses précises	7,66	0,24
Préoccupations prises en compte	7,33	0,42
Documents envoyés rapidement	8,10	0,13
Bien conseillé	7,58	0,29
Sociétaire reconnu	7,21	0,38

À partir de ce tableau, on peut construire la matrice correspondante. Celle-ci est fort appréciée par les décideurs, car elle donne des indications concrètes sur les bonnes actions à mettre en œuvre pour améliorer la perception de l'entreprise.

Figure 7.6

Matrice importance/performance.

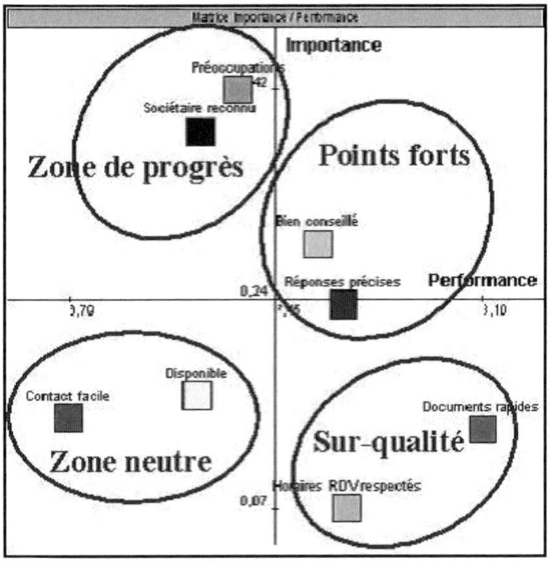

L'interprétation de la matrice ci-dessus s'opère selon les principes suivants :

- En haut à droite, les **points forts** : l'entreprise est jugée positivement sur des critères très importants pour les clients. Il s'agit ici principalement de la qualité du conseil.
- En bas à gauche, la **zone blanche**, ou neutre : ces critères ne sont pas très bien perçus, mais ils sont peu importants. C'est une relative surprise de retrouver dans cette zone la disponibilité du personnel et la facilité de contact avec l'entreprise.

- En bas à droite, la zone de « **surqualité** » : ces critères sont bien évalués, mais ils sont d'une importance moindre pour les clients : respect des horaires de rendez-vous ou rapidité de diffusion des documents.
- En haut à gauche, la **zone prioritaire de progrès** : elle indique les critères importants, insuffisamment bien perçus – la prise en compte des préoccupations et la reconnaissance du client comme un sociétaire.

Matrice importance-performance

Les trois méthodes de mesure de l'importance précédemment décrites sont disponibles dans Sphinx. Depuis le stade Traitements et analyses, dans les tableaux multiples de la version classique de Sphinx, ou dans les tableaux composés des tableaux de bord, il existe un menu spécifique aux analyses importance-performance (voir figure 7.7). Ainsi, il est possible de choisir les variables concernées et la méthode de calcul de l'importance, pour obtenir les tableaux puis les matrices souhaitées.

Figure 7.7

Paramétrage de la matrice importance/performance dans Sphinx.

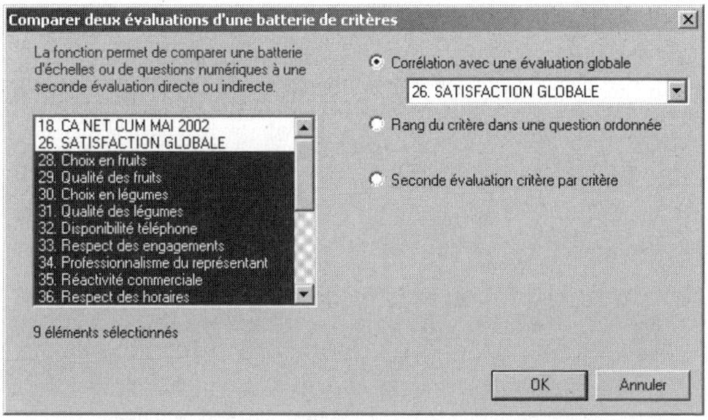

1.3 Les arbres de décision

Parmi les autres méthodes multivariées explicatives, les **arbres de décision** sont très utiles pour identifier les caractéristiques d'une population cible. Ils consistent principalement à expliquer une cible en fonction d'un ensemble de variables, afin d'identifier celles qui ont le plus d'impact. Dans une enquête de satisfaction par exemple, qu'est-ce qui caractérise les clients non satisfaits ? En quelques secondes, l'algorithme de l'arbre de décision effectue tous les croisements possibles. **Il met en avant les variables les plus liées à celle qui nous intéresse**, et surtout **les modalités** qui correspondent le mieux à la cible que l'on cherche à caractériser. Pour ce faire, une très grande série d'analyses croisées sera réalisée en simultané ; celles qui sont les plus intéressantes, c'est-à-dire les plus significatives sur le plan statistique, seront identifiées pour nous.

En guise d'illustration, étudions à nouveau les résultats d'une enquête de satisfaction réalisée par une société d'assurances auprès de ses clients. L'arbre de décision (voir figure 7.8) montre tout d'abord que la variable primordiale est la **prise en compte des préoccupations**. Les clients non satisfaits sont ceux qui pensent que leurs préoccupations ne sont bien prises en compte. Au deuxième niveau, ce sont ceux qui se disent **mal**

conseillés. Enfin, les non-satisfaits se distinguent encore, car ils ne se sentent **pas assez reconnus en tant que « sociétaires »** de la compagnie d'assurance étudiée. Ces conclusions conduiront les responsables de cette société à mettre en œuvre un plan d'actions prioritaires basé sur la considération et la prise en compte des besoins du client. Son but sera de faire progresser ces mauvaises perceptions de la clientèle et d'améliorer la fidélité de celle-ci.

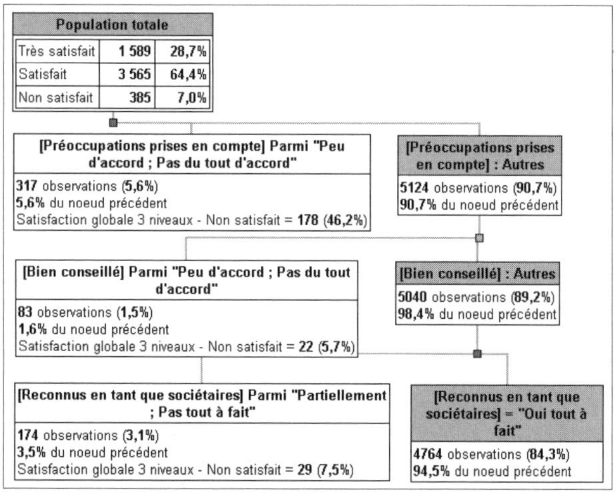

Figure 7.8

Exemple d'arbre de décision pour une enquête de satisfaction.

Arbres de composition, ou arbres de décision

Dans les tableaux de bord, on demande une nouvelle vue et l'on choisit Arbres de composition. À partir de la population totale qui apparaît sur la vue, un clic droit déclenche une décomposition automatique. Le menu ci-après (voir figure 7.9) indique que l'on souhaite expliquer la cible des 372 clients non satisfaits sur trois niveaux. L'arborescence construite sur les variables les plus explicatives apparaît à l'écran (voir figure 7.8) et permet de comprendre les critères spécifiques à la population cible que l'on cherche à analyser.

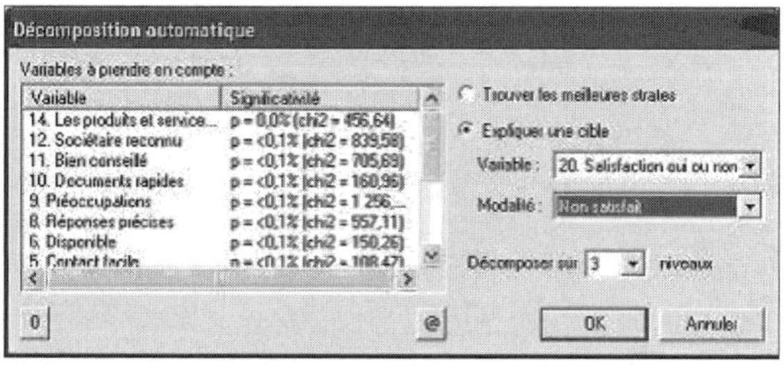

Figure 7.9

Paramétrage des arbres de décision dans Sphinx.

2 Les méthodes multivariées pour synthétiser

L'une des approches de l'analyse multivariée repose sur une volonté de **réduction** et de **simplification** de l'information. Tout chargé d'études a bien conscience qu'un grand nombre de dépouillements est sans doute *superflu* pour restituer les résultats *essentiels* de l'étude. Les analyses dites **factorielles** permettent de rechercher les informations les plus caractéristiques au sein d'un grand tableau complexe, qui serait issu du dépouillement de plusieurs variables, et de les présenter le plus souvent sous forme de **cartes.** Le but est de faire ressortir les originalités. Comme pour une caricature, on choisit de grossir les traits les plus expressifs – les facteurs –, quitte à gommer les détails de moindre importance.

2.1 L'analyse factorielle en composantes principales, ou ACP

Dans une enquête de satisfaction, imaginons qu'on interroge les individus sur une vingtaine de critères. Le point de vue d'un client est-il réellement si précis et si fin ? Ne peut-il pas se **résumer** en deux ou trois arguments, qui seront plus simples et plus légers à manipuler, car moins nombreux, dans la restitution des résultats ? On utilisera l'ACP pour observer les questions redondantes ou celles qui mesurent la même chose car fortement corrélées entre elles. Par exemple, « l'accueil au téléphone » et « la disponibilité des interlocuteurs », qui font dans notre enquête l'objet de deux questions, représentent peut-être en fait la même chose : l'accueil commercial. Tel est le principe central des analyses dites **factorielles.** Celles-ci vont agréger les variables corrélées en « facteurs » qui sont en quelque sorte des regroupements ou plus précisément des **combinaisons** de variables. On pourra ainsi **synthétiser** l'information, puis la restituer sur une carte factorielle, c'est-à-dire sur un plan à deux dimensions, plus **facile à lire.**

Principes

Notons tout d'abord que l'analyse factorielle en composantes principales, ou ACP, s'emploie pour des variables numériques : questions ouvertes numériques, fermées échelles ou fermées uniques binaires. La figure 7.10 représente le principe de l'ACP, où chaque ligne est un répondant et chaque colonne de départ est une question.

Figure 7.10

Réduire une base de données, de 16 variables à 2 facteurs.

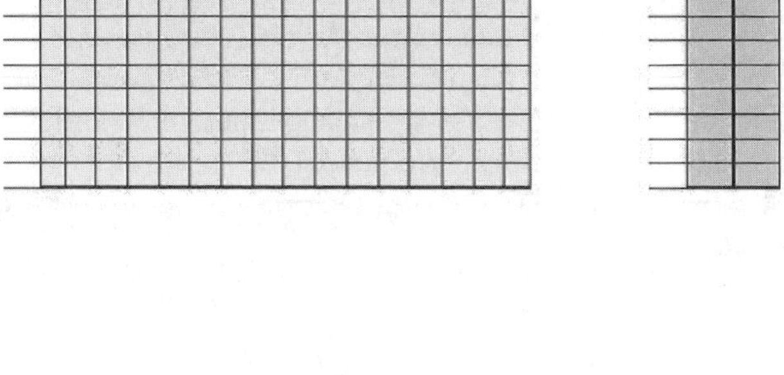

Le principe de l'ACP est assez simple. Il consiste à rechercher la meilleure manière de composer entre elles les évaluations du tableau de départ pour remplacer les *n* critères par quelques colonnes seulement. On les appelle composantes principales. Géométriquement, cela revient à projeter les points d'un espace à *n* dimensions sur le plan de moindre déformation : celui qui conserve le mieux les distances dans l'espace. Pour le définir, on cherche d'abord la droite des moindres carrés, celle qui ajuste le mieux tous les points. C'est la première composante. La seconde composante correspond à la droite perpendiculaire à la première qui, à son tour, ajuste le mieux tous les points. Ces deux droites définissent le premier plan recherché.

Comment interpréter les résultats d'une ACP ?

Après avoir présenté les principes de l'ACP, et afin de mieux appréhender le type de résultats produits et surtout la manière dont il faut les interpréter, nous aurons recours à un exemple.

Exemple

Présentation du cas. On a réalisé une enquête sur un échantillon de plus de 500 touristes en visite dans une célèbre région des Alpes françaises en vue de connaître leurs opinions sur les vacances. Les questions sont formulées ainsi : « Pour vous, les vacances idéales c'est : ... ». Les réponses sont recueillies sur une échelle de Likert à cinq niveaux, allant de « pas d'accord du tout » à « tout à fait d'accord ».

On examine les dix points suivants :

- l'eau et le soleil – variable Soleil ;
- le sport, l'activité physique – variable Sport ;
- la possibilité de nouer des contacts – variable Contacts ;
- les activités organisées– variable Club ;
- la rencontre de gens dans un environnement animé – variable Monde ;
- la recherche du confort – variable Confort ;
- la nature, la campagne, la montagne – variable Nature ;
- une formule tout-compris – variable Tout_compris ;
- le calme, le repos – variable Repos_calme ;
- l'environnement familial – variable Famille.

D'un point de vue sociologique, on s'intéressera particulièrement aux attentes de nos touristes vis-à-vis des vacances. Ces opinions et ces besoins varient-ils selon l'identité des répondants ? Comment les hommes et les femmes se situent-ils par rapport à ces différents aspects ? Ceux qui sont hébergés au camping ont-ils la même opinion que ceux qui dorment à l'hôtel ? L'ACP permet tout d'abord de simplifier, ou de synthétiser, la perception des vacances par les touristes. Leur opinion des vacances s'appuie sur dix critères (questions 2 à 11). Pour faciliter le traitement des résultats, nous tenterons de réduire ces dix dimensions à deux, en réalisant une ACP.

Les productions d'une ACP qui sont particulièrement utiles à la compréhension des résultats sont les suivantes : la **carte factorielle** sur les deux premières composantes ; les **contributions** des variables aux axes factoriels ; le **pourcentage de variance expliquée** par les axes factoriels.

La carte factorielle. Examinons tout d'abord la carte factorielle construite sur les deux premières composantes.

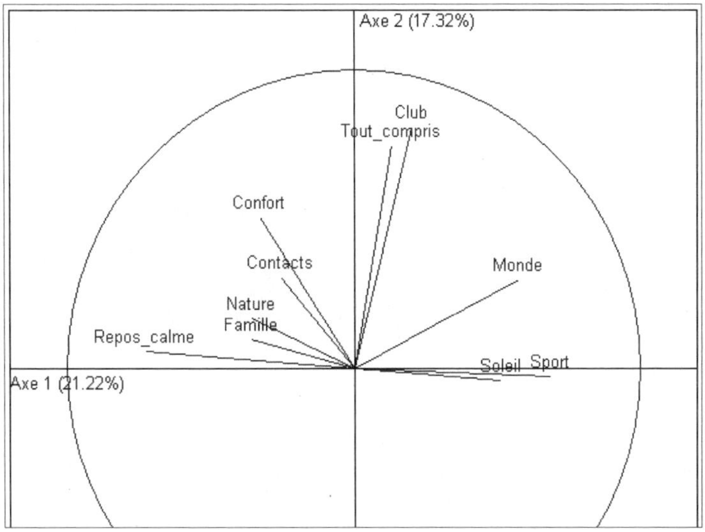

Figure 7.11

Carte factorielle représentant les deux premières composantes et la position des variables étudiées sur celles-ci.

Sur le premier axe horizontal s'opposent à l'ouest les touristes recherchant confort, repos, nature, famille et contacts avec le pays ; à l'est, ceux attirés par le monde, le soleil et le sport. Cela représente sans doute l'opposition entre « l'ambiance stations » et les « vacances repos ».

Sur la deuxième composante verticale s'opposent au nord l'approche consommatrice des vacances (club et tout-compris) à celle des vacances centrées sur la découverte (*), au sud de la carte.

(*) Cette dernière dimension est déduite par symétrie, par opposition aux variables Club et Tout_compris. Mais aucune variable de l'enquête ne permet de la matérialiser. Si l'on avait questionné les touristes sur l'importance de la découverte, sans doute aurait-on retrouvé cette variable le long de l'axe vertical, orienté vers le sud.

Les contributions des variables aux axes factoriels. Si l'on regarde les résultats numériques et notamment les contributions des variables aux deux premiers facteurs (voir tableau 7.4), on peut corroborer cette interprétation. Le facteur 1, le 1er axe horizontal, se compose positivement des variables Sport (pour 22 %), puis Monde et Soleil. La variable Repos_calme pèse négativement sur ce facteur à hauteur de –25 %. Ceci est cohérent avec la représentation visuelle proposée par la carte : sur l'axe horizontal s'élancent à droite les variables Soleil, Sport et Monde ; à gauche Repos_calme (*). Quant au second axe, il est constitué par les variables Club et Tout_compris, et il représente l'approche « packagée » des vacances.

(*) La longueur du trait correspond au poids de la variable sur l'axe : plus le trait est grand, plus la contribution à l'axe est forte.

Tableau 7.4 : Contribution des variables étudiées aux deux premières composantes

CONTRIBUTIONS POSITIVES			
Axe 1 (+22 %)		Axe 2 (+18 %)	
Sport	+22 %	**Club**	+37 %
Monde	+15 %	**Tout_compris**	+32 %
Soleil	+12 %	**Confort**	+15 %
Club	+2 %	**Contacts**	+5 %
		Monde	+5 %
CONTRIBUTIONS NÉGATIVES			
Repos_calme	–25 %		
Nature	–6 %		
Famille	–6 %		
Confort	–5 %		
Contacts	–3 %		

Grâce à cette interprétation, on peut désormais substituer à notre carte d'ACP une carte de synthèse où seules les deux dimensions principales sont exprimées et où des points sur la carte représentent la position de nos répondants.

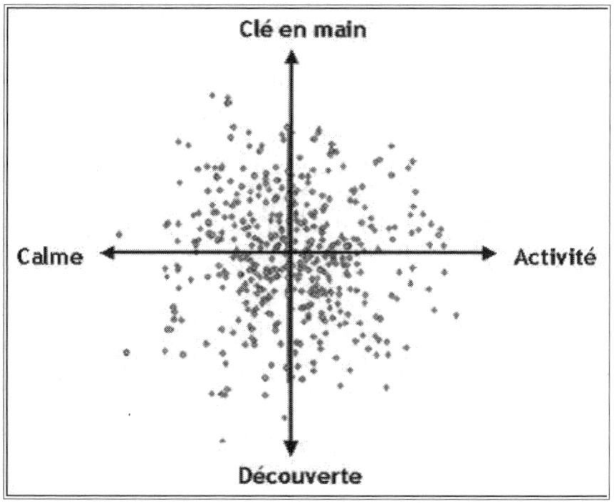

Figure 7.12

Représentation et interprétation des deux premières composantes.

Le pourcentage de variance expliquée. 22 % pour l'axe 1 et 18 % pour l'axe 2. Au total, la variance restituée par les deux axes, à savoir les deux premières composantes, atteint 40 %, ce qui est acceptable mais pas très bon. En général, on dit qu'il faut faire en sorte que l'information conservée, ici 40 %, soit supérieure à celle que l'on perd en rejetant les autres composantes, 60 % ici. Mais plus le nombre de variables est important, plus il est difficile de résumer l'information avec deux dimensions seulement. La prise en compte d'une troisième composante augmente sans nul doute la qualité de la restitution, mais complique du même coup la restitution synthétique des résultats. De toute façon, au-delà d'une dizaine de variables à synthétiser, il est souvent nécessaire de recourir à une troisième composante pour restituer correctement l'information. Dans notre exemple des touristes du lac, la troisième dimension, l'axe 3, ajoute 13 % de variance expliquée, pour un total de 53 %, ce qui devient tout à fait acceptable.

Tableau 7.5 : Contribution des variables étudiées aux trois premières composantes

CONTRIBUTIONS POSITIVES					
Axe 1 (+22 %)		Axe 2 (+18 %)		Axe 3 (+13 %)	
Sport	22%	**Club**	37 %	**Famille**	25 %
Monde	15%	**Tout_compris**	32 %	**Soleil**	20 %
Soleil	12%	**Confort**	15 %	**Confort**	9 %
Club	2%	**Contacts**	5 %	**Repos_calme**	4 %
		Monde	5 %		
CONTRIBUTIONS NÉGATIVES					
Repos_calme	–25 %			**Nature**	–28 %
Nature	–6 %			**Contacts**	–9 %
Famille	–6 %			**Sport**	–1 %
Confort	–5 %				
Contacts	–3 %				

Comment qualifier ce troisième axe ? La famille, le confort et le soleil pèsent positivement d'une part, et la nature et les contacts négativement d'autre part. On pourrait le qualifier en opposant « l'ouverture » au « repli ». La représentation visuelle de la figure 7.13 devient beaucoup plus délicate avec un troisième axe dans l'espace, mais elle enrichit d'autant l'analyse.

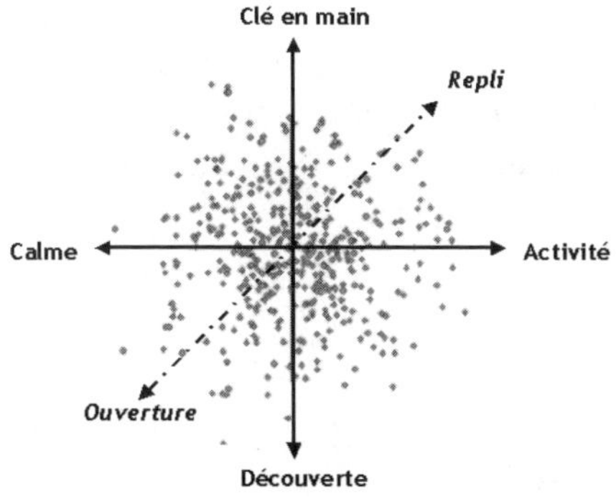

Figure 7.13

Représentation et interprétation des trois premières composantes.

Analyse en composantes principales

Depuis le stade Traitements et analyses, le menu Approfondir fournit les fonctionnalités nécessaires au lancement d'une ACP. On sélectionne les variables à prendre en compte et l'on obtient immédiatement la carte factorielle construite sur les deux premières composantes. Les options principales sont les suivantes :

- Le bouton Contributions indique le poids factoriel des variables qui se combinent pour former les différents axes. On peut lire également le pourcentage de variance restituée par chaque axe.
- La case à cocher Observations permet de visualiser la position des individus sur les axes représentés.
- Le bouton Composantes permet d'afficher les 3e, 4e et 5e facteurs, que l'on peut représenter sur la carte deux par deux.
- Le bouton Calculs fournit le détail des paramètres statistiques propres à l'ACP réalisée.

Figure 7.14

L'analyse en composantes principales dans Sphinx.

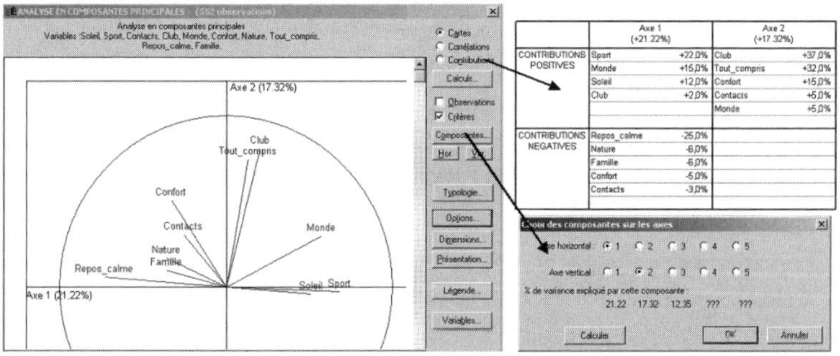

2.2 L'analyse factorielle des correspondances, ou AFC

Sur les mêmes principes de base que l'ACP précédemment décrite, l'analyse factorielle des correspondances, ou AFC, s'applique quant à elle aux **variables nominales** – les questions fermées. Avec cette technique, on s'intéresse non pas aux combinaisons de variables mais aux **combinaisons de modalités** afin d'identifier les grandes dimensions des résultats, et les modalités qui sont liées statistiquement. L'AFC sera employée surtout pour croiser simultanément plus de deux variables nominales – les réponses à des questions fermées.

Partons d'un nouvel exemple qui concerne cette fois-ci une étude d'audience des radios. On veut étudier les relations entre les réponses à quatre questions fermées :

- la radio écoutée – question avec dix modalités de réponse ;
- la tranche d'âge – six modalités ;
- la tranche de revenu – quatre modalités ;
- le niveau d'études – cinq modalités.

L'AFC sera particulièrement utile pour visualiser et approfondir les résultats que l'on pourrait obtenir *via* un tableau croisé multiple (voir figure 7.15) incluant les quatre variables à analyser et leurs 25 modalités. Comme on le voit, ce tableau n'est guère parlant et peu exploitable en l'état.

Figure 7.15

Tableau croisé multiple sur la radio écoutée en fonction du diplôme, du revenu et de l'âge.

Radio x Age x Revenu x Niveau d'études

	Scolarité obliga toire	CAP BEP	BEPC	Bac	Supér ieur	NIVEAU
France Inter	68	49	27	70	141	355
Europe 1	93	86	36	72	75	362
RMC	17	15	8	14	11	65
RTL	39	28	22	19	20	128
Antenne 7	66	82	21	47	55	271
Contrebande	7	14	11	14	27	73
Sud-Est	42	65	27	36	37	207
Alpes Info	52	38	13	13	17	133
Shining	13	11	8	11	16	59
Couleur 3	8	8	5	11	13	45
RADIO ECOUTEE	405	396	178	307	412	1 698
-20ans	101	145	64	146	157	613
30-40 ans	63	97	25	80	100	365
40-50 ans	70	62	31	33	57	253
50-60 ans	79	46	23	26	37	211
+60 ans	147	48	47	33	53	328
AGE	460	398	190	318	404	1 770
-500	66	29	15	14	17	141
500-1000	155	127	53	82	48	465
1000-1500	75	107	41	74	102	399
+1500	36	66	31	84	173	390
REVENU	332	329	140	254	340	1 395

Les productions d'une AFC utiles à la compréhension des résultats sont comme pour l'ACP une **carte factorielle** sur les deux premières composantes, les **contributions** des modalités aux axes factoriels et le **pourcentage de variance expliquée** par les axes factoriels.

Principes de lecture d'une carte factorielle

Voyons tout d'abord la carte d'AFC issue du croisement simultané de la radio écoutée, de la tranche d'âge, de la tranche de revenu et du niveau d'études.

Figure 7.16

Carte d'AFC pour représenter la radio écoutée en fonction du diplôme, du revenu et de l'âge.

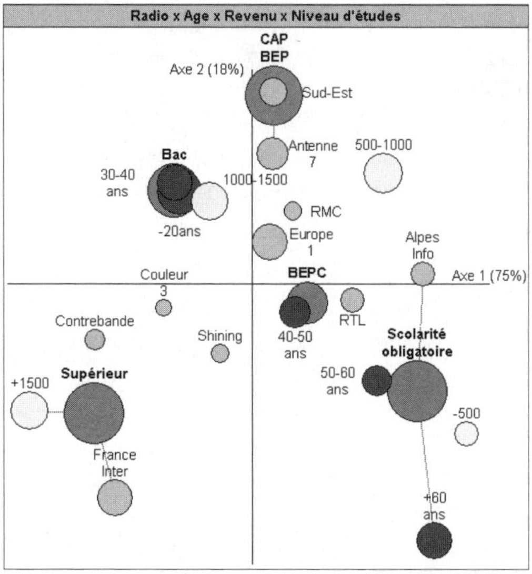

L'interprétation de la carte d'AFC obéit aux règles suivantes :

En marge, les modalités originales, comme :

- Sud-Est, Antenne 7, avec les CAP-BEP d'une part ;
- France Inter, +1 500 € et Supérieur d'autre part.

Au centre les modalités « sans surprise »

Les 40-50 ans, les BEPC et ceux qui écoutent Europe 1 sont plus près du centre de la carte. Cela signifie que les 40-50 ans, les titulaires d'un BEPC ont des habitudes d'écoute voisines de celles de l'échantillon et que la structure de l'audience d'Europe 1 reflète assez bien les poids de chaque niveau d'âge, de revenu et de diplôme.

Proximité = attirance ou ressemblance

Lorsqu'une modalité est proche d'une autre, cela veut dire que les effectifs répondant aux deux conditions sont plus nombreux que l'effectif qui aurait résulté d'une répartition proportionnelle. Par exemple, la proportion des +1 500 € dans l'audience de France Inter est bien plus forte que dans l'échantillon total.

Éloignement = répulsion ou dissemblance

L'éloignement d'une modalité par rapport à une autre indique une répulsion. Par exemple, les plus de 60 ans, au sud, sont proportionnellement bien moins nombreux parmi les auditeurs de Sud-Est, au nord, que dans l'échantillon total.

Les contributions des modalités aux axes factoriels

Comme pour l'ACP, ce sont les poids de chaque modalité sur un axe qui permettent d'en comprendre la signification. Dans notre exemple, comme le premier axe pèse pour 75 % de la variance expliquée, c'est donc lui qui permet de comprendre la géographie de la carte :

- à droite, **une audience âgée, peu diplômée et plutôt populaire** : la modalité « scolarité obligatoire » pèse pour 20 % et « +60 ans » pour 17 %, « – 500 € » pour 4 % ;
- à gauche, **une audience de jeunes diplômés plutôt aisés** : la catégorie « 20-30 ans » représente –7 % de l'axe, « Supérieur » –6 % et « +1 500 € » –4 %.

Figure 7.17

Contribution des modalités étudiées sur le premier axe factoriel.

CONTRIBUTIONS POSITIVES	
Scolarité	+19.40%
+60 ans	+17.08%
RTL	+4.30%
Europe 1	+4.16%
-500	+4.02%
50-60 ans	+3.52%
500-1000	+3.36%
Alpes Info	+1.46%
RMC	+1.03%
40-50 ans	+0.63%
BEPC	+0.49%
CONTRIBUTIONS NEGATIVES	
20-30 ans	-6.94%
Supérieur	-6.44%
Contrebande	-5.83%
Sud-Est	-4.78%
1500	-3.89%
Shining	-2.85%
30-40 ans	-2.18%
Couleur 3	-2.05%
Antenne 7	-1.89%
-20 ans	-1.77%
Bac	-1.27%

En fonction de la compréhension de la géographie de notre carte factorielle, on visualise la position de chaque radio selon les caractéristiques générales des audiences ; ainsi, les annonceurs potentiels peuvent choisir les médias les mieux adaptés à leur cible.

Le pourcentage de variance expliquée pour exprimer la qualité de la représentation

On appelle lien la somme des attractions-répulsions reliant les données entre elles. Sur la carte figurent les pourcentages du lien restitués suivant l'axe horizontal et l'axe vertical. Plus la somme de ces deux pourcentages est forte, plus la « caricature » de la carte factorielle est proche de la réalité. L'essentiel des écarts à l'indépendance, ou du chi-deux, est restitué. Dans notre exemple, la carte restitue 93 % de l'information contenue dans le tableau, ce qui traduit une représentation excellente. En effet, pour l'AFC également, le seuil de 50 % est satisfaisant pour convenir d'une restitution de bonne qualité.

AFC

On obtient les analyses factorielles des correspondances à partir de plusieurs menus différents du logiciel. Nous en présentons une, qui nous semble la plus opérationnelle. Depuis Tableaux de bord, on sélectionne dans la liste des variables en haut à gauche celles que l'on souhaite intégrer à notre AFC. On place ces variables sur la feuille de travail sous forme de tableau à plat tout d'abord, puis on les groupe en les sélectionnant toutes, on clique droit puis on choisit Grouper (voir figure 7.18, image 1). On obtient alors un tableau croisé multiple, très difficile à lire… Lorsque l'on clique sur l'icône correspondante (voir figure 7.18, image 2), la carte factorielle apparaît. Pour ôter le tableau, il suffit de cliquer sur l'icône le représentant (voir figure 7.18, image 3). Seule une carte subsiste, dont on peut modifier les options de représentation par un double-clic puis en choisissant le bouton Carte.

Figure 7.18

Paramétrage de l'AFC dans Sphinx.

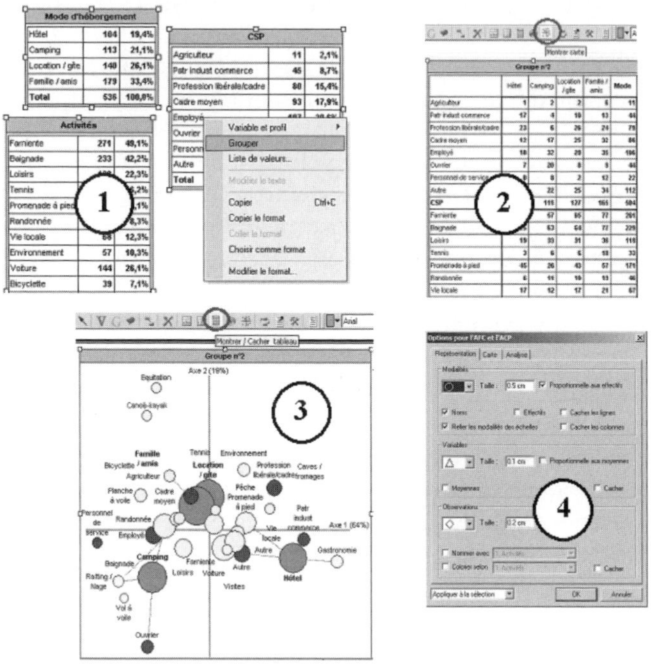

Notons par ailleurs que sur la carte factorielle Sphinx trace un trait entre certaines modalités, afin de signaler les relations positives et significatives sur le plan statistique, du point de vue du chi-deux. Ainsi, dans notre exemple, sont tracées sur la carte les correspondances positives signalées en bleu dans le tableau croisé : gastronomie et hôtel, ouvrier et camping, etc.

3 Les méthodes multivariées pour classifier : les typologies

Dans les méthodes présentées à la section précédente, il s'agissait de regrouper les variables (ACP) ou les modalités (AFC), de façon à simplifier la restitution des résultats et à synthétiser un grand nombre de mesures par des « combinaisons ». L'analyse typologique permet de procéder de la même manière sur les *individus.* Toujours dans un souci de synthèse, ou de segmentation en marketing, on cherche à repérer des **groupes de personnes dont les réponses sont similaires**, afin de restituer les résultats de notre enquête d'une manière simplifiée. C'est selon ces méthodes qu'ont été construites les typologies de « styles de vie » développées en France par le CCA de Bernard Cathelat, dont l'objectif était de décrire les courants de la société française, en matière de consommation notamment. De nombreuses méthodes sont disponibles pour aboutir à des classifications de répondants. Nous présenterons les plus répandues et celles qui sont aussi les plus accessibles.

3.1 Classification à vue, orientée par l'utilisateur

La classification à vue débute par la visualisation d'une carte factorielle issue en général d'une ACP ou d'une AFC. Sur le plan sont représentés tous les individus, en fonction de leurs réponses aux questions prises en compte dans l'analyse factorielle correspondante. Selon l'aspect du nuage de points, le chargé d'études décide du nombre de groupes à constituer. Dans l'exemple ci-après, il voudra sans doute créer *cinq classes*, un groupe pour chaque quadrant de la carte d'ACP et un groupe central pour capter les touristes **neutres**. Ainsi, au nord-est, on a les touristes **bronzés** recherchant des activités clés en main. Au nord-ouest, les **pépères**, qui apprécient des vacances calmes et organisées. Au sud-ouest, les **contemplatifs,** amateurs de découverte et de calme. Enfin, au sud-est, on trouve les **routards**, qui sont des actifs en quête de découverte.

La classification à vue consiste à placer directement sur la carte factorielle les centres de classe aux endroits envisagés et à les déplacer jusqu'à ce que les individus soient correctement associés aux groupes souhaités. On affecte chaque individu à la classe dont il est le plus proche sur le plan. La couleur du point permet de savoir à quelle classe l'individu est rattaché. À l'issue de ce procédé itératif, on enregistre l'appartenance des individus à la classe correspondante.

Classification à vue avec Sphinx

La classification à vue est activée depuis une carte factorielle, ACP ou AFC, grâce au bouton Typologie. On définit le nombre de groupes à créer, leurs noms éventuellement, puis on place progressivement sur la carte les centres de classes tels qu'on les envisage. Grâce aux couleurs, on vérifie que les individus appartiennent à la classe qu'on voulait leur affecter. Afin d'enregistrer l'appartenance de chaque individu à l'un des groupes que nous avons constitués, on clique sur le bouton Variables, on sélectionne Fermée sur la typologie interactive, puis on clique enfin sur OK. Cette dernière opération est essentielle pour mener ensuite des analyses complémentaires sur la typologie ainsi constituée. Ce faisant, Sphinx crée une nouvelle variable dans l'enquête, qu'il nous demande de nommer et qui viendra s'ajouter à notre liste de questions.

Figure 7.19

La classification à vue dans Sphinx.

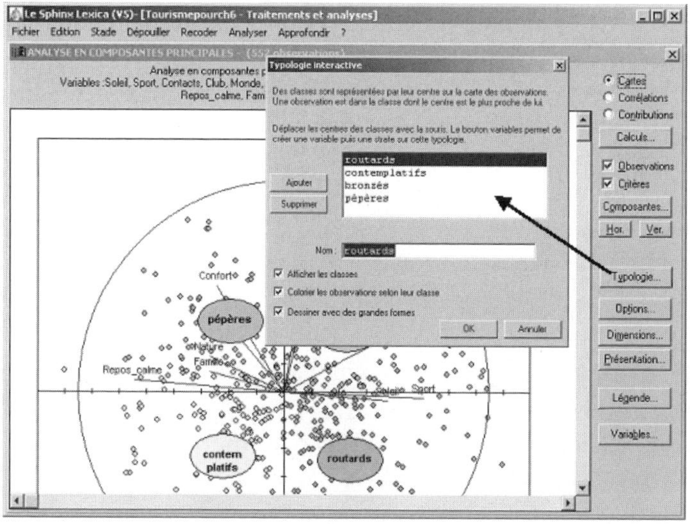

Voici quelques recommandations en vue d'optimiser cette classification à vue :

- Augmentez la taille des points qui représentent les individus en cliquant sur le bouton Présentation ; ensuite, grossissez les points en cliquant sur l'icône +, en haut à droite.
- Grossissez la représentation de la carte en cliquant sur le raccourci F5.
- Éliminez les variables de la carte, qui ne sont plus vraiment utiles à ce stade si nos axes sont correctement interprétés. Pour ce faire, décochez les « critères » en haut à droite de l'écran.

3.2 Classification automatique par les centres mobiles

L'une des méthodes de classification les plus connues est dite « par les centres mobiles ». Cette technique permet de décomposer un ensemble d'individus en un nombre *n* de classes choisi *a priori*. Il s'agit d'un processus itératif qui produit successivement plusieurs solutions en conservant toujours la meilleure. Il peut être initialisé : au hasard par le logiciel ou par l'utilisateur de la méthode (partition initiale), qui indique à l'outil une variable importante susceptible de servir de point de départ, car elle découpe déjà notre population de répondants d'une manière pertinente – le mode d'hébergement dans le cas des touristes par exemple.

En fonction de la position des centres de classe, placée automatiquement par le logiciel ou « manuellement » par le chargé d'études, on affecte chaque individu à la classe dont il est le plus proche.

La classification automatique revient à confier au logiciel de traitement de données la tâche de placer progressivement les centres de classe, afin que ceux-ci produisent une typologie qui discrimine le mieux possible les groupes ainsi composés. Le chargé d'études indique cependant au préalable le nombre de classes qu'il souhaite constituer. Voyons ce que propose Sphinx en matière de classification automatique.

Classification automatique

La classification automatique est disponible dans le menu Approfondir, du stade Traitements et analyses. Elle permet notamment de déterminer automatiquement plusieurs scénarios de classification ; de rechercher une typologie en fonction d'un nombre de classes prédéterminé ou selon une partition initiale portant sur l'une des variables de l'enquête.

Une fois l'analyse lancée, on obtient dans un écran spécifique de nombreux éléments numériques et statistiques qui permettent d'interpréter la classification (voir Classes identifiées, figure 7.20) et d'évaluer sa qualité. Le menu en question fournit tout d'abord des indicateurs décrivant la qualité de la classification obtenue :

- L'homogénéité : la distance (euclidienne) moyenne des observations au centre de leur classe respective doit être la plus petite possible.
- La répartition : l'écart type du nombre d'individus dans chaque classe doit être le plus petit possible.
- La dispersion : la distance (euclidienne) moyenne des classes entre elles doit être la plus grande possible.

Un indicateur global est enfin calculé, qui combine le nombre de classes et les trois indicateurs précédemment exposés.

Figure 7.20

Le menu de classification automatique dans Sphinx.

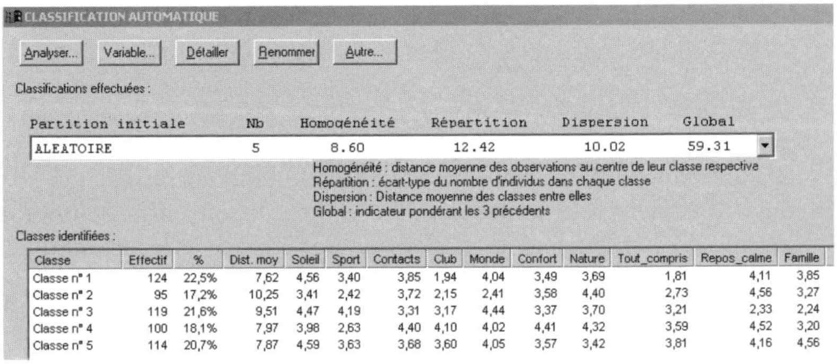

Classe	Effectif	%	Dist. moy	Soleil	Sport	Contacts	Club	Monde	Confort	Nature	Tout_compris	Repos_calme	Famille
Classe n° 1	124	22,5%	7,62	4,56	3,40	3,85	1,94	4,04	3,49	3,69	1,81	4,11	3,85
Classe n° 2	95	17,2%	10,25	3,41	2,42	3,72	2,15	2,41	3,58	4,40	2,73	4,56	3,27
Classe n° 3	119	21,6%	9,51	4,47	4,19	3,31	3,17	4,44	3,37	3,70	3,21	2,33	2,24
Classe n° 4	100	18,1%	7,97	3,98	2,63	4,40	4,10	4,02	4,41	4,32	3,59	4,52	3,20
Classe n° 5	114	20,7%	7,87	4,59	3,63	3,68	3,60	4,05	3,57	3,42	3,81	4,16	4,56

Le bouton Analyser sert à enregistrer l'appartenance des individus à l'un des *n* groupes dans une variable fermée unique ; puis à lancer l'analyse de variance correspondante ; enfin à visualiser la position des groupes sur un plan factoriel combinant toutes les variables prises en compte dans l'analyse (voir figure 7.21). On peut alors interpréter, puis renommer, les groupes. En fonction des scores disponibles dans le tableau ci-dessus et de la carte factorielle, il apparaît ici par exemple que la classe n° 4 correspond plus ou moins à nos « bronzés »…

Figure 7.21

Analyse en composantes principales sur les groupes issus de la classification automatique.

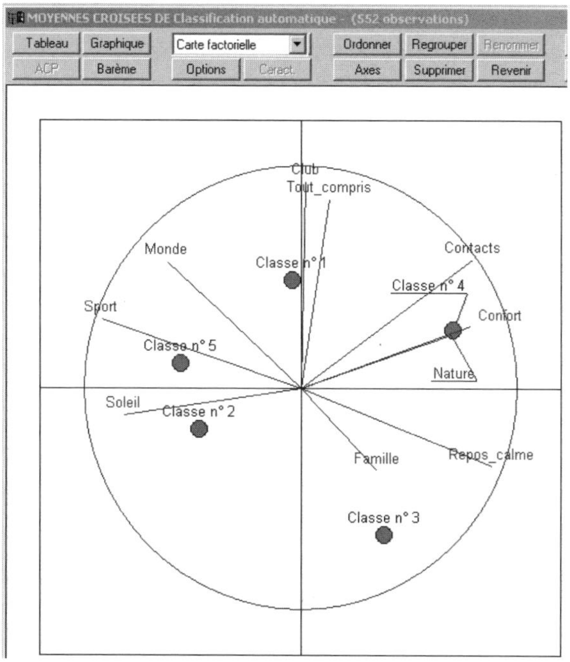

3.3 Classification hiérarchique ascendante

On considère la classification hiérarchique ascendante comme l'une des plus puissantes méthodes d'analyse typologique. Pas à pas, on regroupe deux unités, en privilégiant à chaque étape la similarité la plus forte, en fonction de la distance soit entre deux individus (forcément à la toute première étape…), soit entre deux groupes, soit entre un groupe et un individu. La visualisation de ce procédé se fait *via* un graphe de regroupement, appelé dendogramme, dont nous donnons un exemple (voir figure 7.22). On procède ainsi jusqu'à parvenir à un nombre de groupes optimal. Celui-ci sera atteint lorsque l'ajout d'un nouveau regroupement ne ferait pas gagner en capacité discriminatoire.

Dans notre cas des touristes, la classification hiérarchique propose une partition en trois classes (voir carte factorielle, figure 7.23). Dans la classe 1 de la typologie hiérarchique, on retrouve nos « routards » de la classification à vue. Les « contemplatifs » se situent dans la classe n° 2, tandis que la classe n° 3 accueille les « routards » et les « bronzés ». Logiquement, les touristes « neutres » sont dilués dans les trois classes.

Figure 7.22

Exemple de dendogramme.

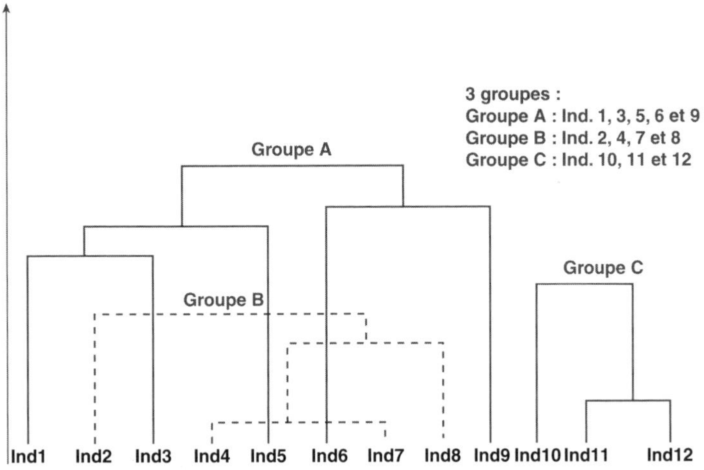

Figure 7.23

Interprétation des groupes issus de la classification hiérarchique.

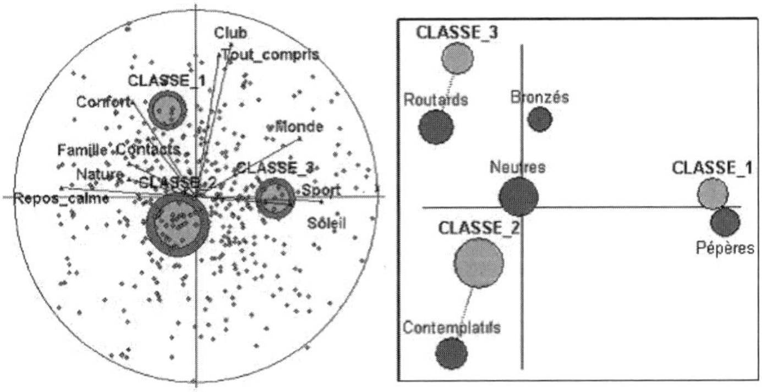

3.4 Quelle classification choisir ?

Comme on l'aura sans doute compris, une étude donnée aboutit toujours à différents scénarios de classification. Il faut alors choisir parmi ces multiples solutions celle que l'on doit retenir. Pour ce faire, on **compare les différents scénarios** sur les variables « internes », selon leur capacité « discriminante » à **composer des groupes les plus différents possibles**. Par ailleurs, sur les variables « externes », il est très intéressant de décrire et d'analyser la population de chacun des types ainsi dégagés sur la carte. Cela peut servir à vérifier des hypothèses les concernant ou à décrire leur identité et à analyser plus finement leur comportement, leurs opinions ou leurs attentes.

Analyse sur les variables internes

L'analyse sur les variables dites internes porte sur les variables utilisées pour construire la typologie. Elle permet de vérifier que chaque groupe obtient des valeurs statistiquement différentes sur les variables employées dans la construction de la typologie. Si la typologie a été construite à partir d'une ACP, on réalise une analyse de variance sur ces variables internes et on compare les résultats pour plusieurs scénarios de classification, afin de déterminer lequel est le « meilleur ». Dans les deux figures ci-dessous, issues des graphes de relation présentés au chapitre 5, on compare les résultats pour deux solutions : la première issue d'une classification à vue, la seconde issue d'une classification hiérarchique.

Figure 7.24

Comparaison de deux scénarios de typologie grâce aux graphes de relation.

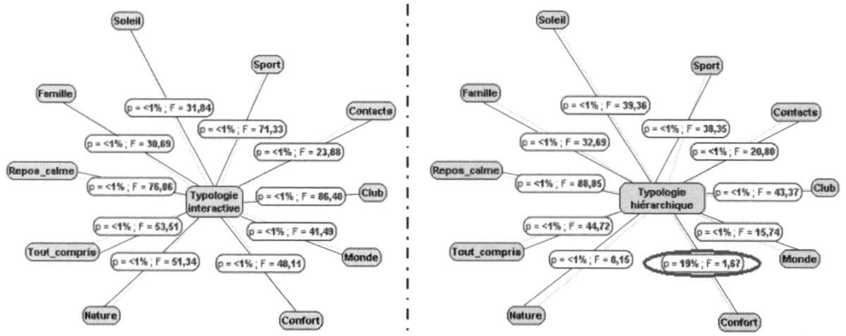

Les deux typologies sont bonnes, car les analyses de variance sur les variables internes sont pratiquement toutes significatives : TS, pour $p < 0{,}1$ %. Toutefois, la classification de droite enregistre une variable peu significative : $p = 7{,}2$ % pour la variable Confort. Elle est donc légèrement moins bonne que celle de gauche. Cela signifie que la classification à vue produit ici *des groupes globalement plus différents*. On sélectionnera donc plutôt la typologie à vue, à moins que l'on parvienne après plusieurs essais à une typologie automatique qui produirait de meilleurs résultats.

Analyse sur les variables externes

Avec les nouvelles variables fermées créées à partir des classifications, on réalise des analyses croisées sur d'autres variables de l'enquête. Celles-ci sont dites externes, car on ne les a pas utilisées pour construire la typologie. Souvent, il s'agit des variables d'identité de l'enquête qui serviront à qualifier les populations de chaque classe et donc à mieux comprendre comment se découpe la population étudiée. Là aussi, on utilise les graphes de relation pour mieux visualiser les résultats de ces analyses croisées.

Dans la figure 7.25, on a croisé le groupe issu de la typologie à vue par la CSP, le sexe, l'âge, le mode d'hébergement et les activités du touriste interrogé. Comme on peut le lire, la variable Sexe n'est pas significative. En revanche, les groupes sont statistiquement différents selon l'âge, la CSP, le mode d'hébergement et les activités pratiquées ; ils sont tous « très significatifs ». Grâce à des tableaux de bord ou à une carte factorielle, on pourra ensuite connaître un peu mieux les caractéristiques de nos groupes.

Figure 7.25

Analyse sur les variables externes par graphes de relation.

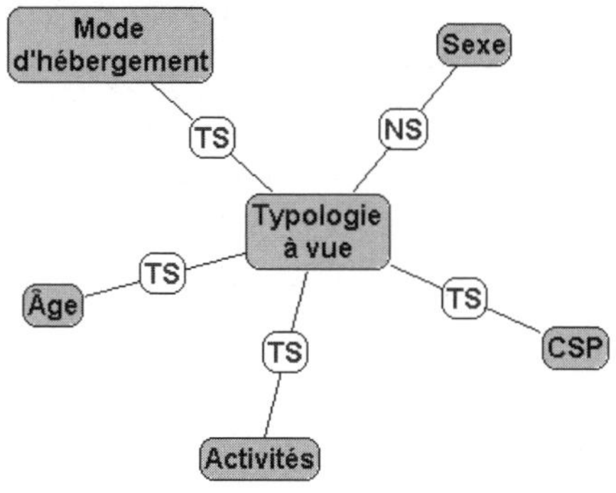

Puisqu'on sait qu'elles sont significatives, comme nous venons de le voir, on croise alors la classe du touriste par l'âge, le mode d'hébergement, la CSP et les activités pratiquées. Plus synthétique pour analyser les relations entre ces cinq variables, l'AFC permet de produire la carte de la figure 7.26. Que nous enseigne-t-elle ?

Figure 7.26

AFC représentant le groupe du touriste en fonction de l'âge, du mode d'héber-gement, de la CSP et des activités.

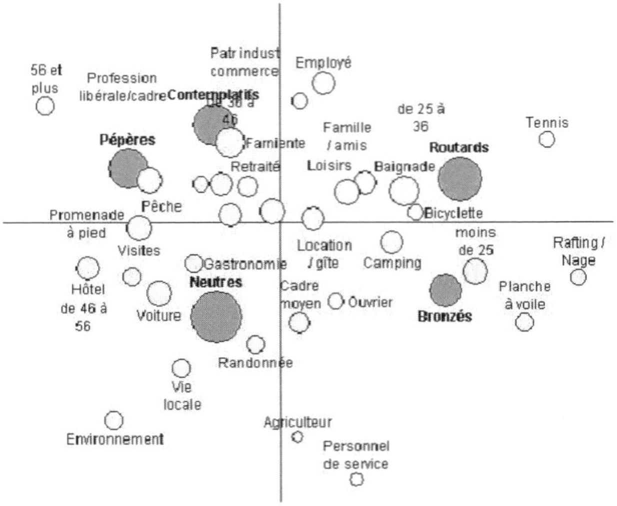

Les « bronzés » sont plutôt des jeunes de moins de 25 ans ; ils pratiquent la planche à voile et fréquentent les campings. Les « routards » sont âgés de 25 à 36 ans, ils aiment pratiquer la bicyclette, la baignade mais aussi le tennis. Ils sont souvent logés dans la famille ou chez des amis. Sans surprise, les « pépères » et les « contemplatifs » sont les plus âgés. Ils sont cadres, commerçants ou exercent une profession libérale. On les retrouvera plutôt dans des hôtels. Leurs activités favorites sont la pêche, les visites ou les promenades à pied.

Cet exemple tiré d'une étude réelle a donné lieu à la redéfinition de la politique de communication de la région concernée. Bien évidemment, l'examen des cartes factorielles n'a fait que stimuler et organiser une réflexion nourrie de bien d'autres considérations. Le but ici n'est pas toutefois d'examiner le fond, mais de souligner comment l'analyse de données multivariées permet de synthétiser sans pour autant réduire la complexité du système étudié. Quelques cartes suffisent à mettre en évidence les relations et traits remarquables qui se dégagent des données. Sans aucun chiffre, elles nous apprennent tout autant, voire plus, que les 16 tris à plat et les plusieurs dizaines de tris croisés auxquels l'usage des seules méthodes élémentaires nous aurait naturellement conduits.

Résumé

Utilisées avec modération et en toute connaissance de cause, les analyses multivariées permettent au chargé d'études de dégager et de représenter efficacement les informations essentielles contenues dans les résultats d'une enquête. Au-delà de la maîtrise des techniques statistiques qui les sous-tendent, elles requièrent une capacité d'interprétation et donc une excellente compréhension du sujet de l'étude. Par ailleurs, elles nécessitent un certain talent dans la mise en forme des résultats, pour que les chiffres et les statistiques se transforment en informations utiles à la connaissance et à la prise de décision.

Exercices

La série d'exercices ci-après s'effectue à partir de l'enquête « Young », figurant sur le CD-Rom joint à cet ouvrage. L'étude porte sur les comportements de consommation des jeunes.

Attention : les corrigés des exercices suivants se basent sur les réponses brutes *avant* les nettoyages des données, proposés dans les exercices du chapitre 3. Le lecteur ayant réalisé ces exercices avec succès obtiendra des résultats très légèrement différents aux exercices suivants.

Exercice 1. ACP Young

Réalisez une analyse en composantes principales sur les déterminants de la décision d'achat (Q2 à Q8).

a. Identifiez les deux premiers facteurs et interprétez-les. Pourquoi ne peut-on guère se satisfaire de cette restitution à deux composantes ?

b. Recherchez la troisième composante et interprétez-la.

Solution

a. On obtient les contributions suivantes sur les deux premiers facteurs :

Tableau 7.6 : Contribution des variables étudiées aux deux premières composantes des déterminants de la décision d'achat

CONTRIBUTIONS POSITIVES			
Axe 1		**Axe 2**	
Marque	+30 %	Praticité	+22 %
Image	+25 %	Respect de l'environnement et des droits	+18 %
Qualité	+16 %	Prix	+13 %
Mode	+14 %	Qualité	+7 %
CONTRIBUTIONS NÉGATIVES			
Prix	–2 %	Mode	–21 %
		Image	–12 %

Le premier facteur combine marque et image, un peu de mode et de qualité : ce sont les facteurs **affectifs**. L'axe 2 réunit la praticité, le respect de l'environnement et des droits, le prix, qui sont des facteurs plus **rationnels**.

Cette restitution en deux composantes n'est guère satisfaisante, car elle ne récupère que 42 % de la variance, à savoir la somme des variances expliquées par les deux premiers axes factoriels.

b. L'axe 3 (auquel on accède depuis le bouton Composantes, de l'ACP) restitue 15 % de variance supplémentaire. Il est constitué majoritairement, +42 %, par la variable Prix. Il s'agit donc de la composante économique de la consommation.

Tableau 7.7 : Contribution des variables étudiées à la troisième composante des déterminants de la décision d'achat

CONTRIBUTIONS POSITIVES	
Axe 3	
Prix	**+42 %**
Mode	+14 %
Praticité	+7 %
Image	+6 %
CONTRIBUTIONS NÉGATIVES	
Qualité	–25 %
Marque	–1 %

Exercice 2. Classifications Young

Sur cette ACP, effectuez trois classifications : à vue, automatique avec *n* groupes et avec *n*+1 groupes, par exemple trois et quatre groupes. Choisissez parmi ces trois scénarios la solution qui vous paraît la meilleure. Décrivez les groupes ainsi constitués et nommez-les.

Réalisez une analyse sur les variables externes en croisant vos classes en fonction du sexe, de l'âge, du niveau de diplôme notamment. Quelle autre variable est déterminante pour expliquer l'appartenance à la classe ?

Solution

1. On peut réaliser la classification à vue en constituant cinq groupes :
   - les **affectifs**, qui sont forts sur le premier axe et faibles sur le second ;
   - les **rationnels**, à l'inverse, qui sont forts sur le second axe et faibles sur le premier ;
   - les **influencés**, qui ont des scores élevés sur les deux axes ;
   - les **autonomes**, faibles sur les deux dimensions ;
   - les **neutres**, qui sont situés au centre du nuage de points.

Figure 7.27

Représentation des groupes de jeunes consommateurs sur la carte d'ACP.

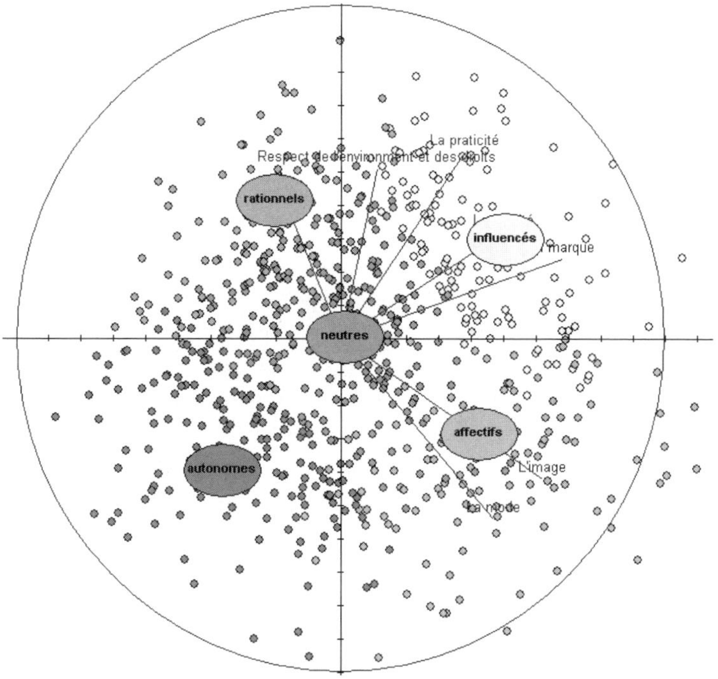

2. Pour constituer les scénarios 2 et 3, on utilisera la fonction Classification automatique, de Sphinx. On peut créer par exemple une solution à quatre groupes et une autre à cinq groupes. Cette dernière peut d'ailleurs utiliser la nouvelle variable enregistrant les groupes de la classification à vue, en guise de partition initiale.
3. Pour évaluer ces trois scénarios, on utilisera les graphes de relation (voir chapitre 5) et l'on y éditera les tests F issus des analyses de variance réalisées sur les variables dites internes. La meilleure est celle qui produit les F les plus élevés (voir section 3.4).
4. Afin de nommer pertinemment des groupes constitués par une classification automatique, on produit le tableau des moyennes obtenues par chaque type de répondants (voir figure 7.28). Pour nous aider visuellement, on peut demander à Sphinx d'indiquer les moyennes significativement plus fortes et plus faibles. À cet effet, on choisit l'onglet Tests, Colorier les cases significatives.

Figure 7.28

Moyennes des cinq groupes issus d'une classification automatique sur les variables internes.

Typologie automatique à 5 groupes					
	Classe n° 1	Classe n° 2	Classe n° 3	Classe n° 4	Classe n° 5
Le prix	**5,8**	**6,5**	**5,7**	8,7	1,8
La qualité	6,8	8,5	**7,2**	6,9	**7,8**
La mode	2,0	1,1	8,4	1,3	0,9
Respect de l'environment et des droits	0,8	1,9	0,8	2,0	**1,1**
La marque	0,9	8,2	3,8	0,9	0,8
La praticité	0,9	8,0	**6,6**	8,6	8,1
L'image	2,1	**3,4**	7,5	2,4	**3,1**

Voici l'interprétation que nous pouvons donner du cas ci-dessus :

- Classe n° 1 : elle est faible sur toutes les variables et on y retrouve les « autonomes » ou « **indépendants** ».
- Classe n° 2 : elle est forte sur la qualité, la marque et la praticité ; ce sont les « **exigeants** ».
- Classe n° 3 : ses scores sont les plus élevés, en particulier sur la mode et l'image ; ce sont les ***fashion victims***.
- Classe n° 4 : elle est la plus sensible au prix mais aussi à la praticité et au respect des droits et de l'environnement ; on pourrait qualifier ses membres de ***fair traders*** (de *fair trade*, qui signifie commerce équitable).
- Classe n° 5 : elle se caractérise par une faible importance accordée au prix, à la mode et à la marque. On note toutefois un score relativement fort sur la praticité. Ce groupe inclurait les « **fonctionnels** ».

5. C'est sans doute un graphe de relation qui permet de présenter les résultats de ces divers croisements de la manière la plus synthétique. Le sexe et l'âge sont très statistiquement différents en fonction du groupe, alors que l'impact du niveau d'études semble relativement limité (voir figure 7.29).

Figure 7.29

Graphe de relation entre le groupe de consommation, l'âge, le sexe et le niveau d'études.

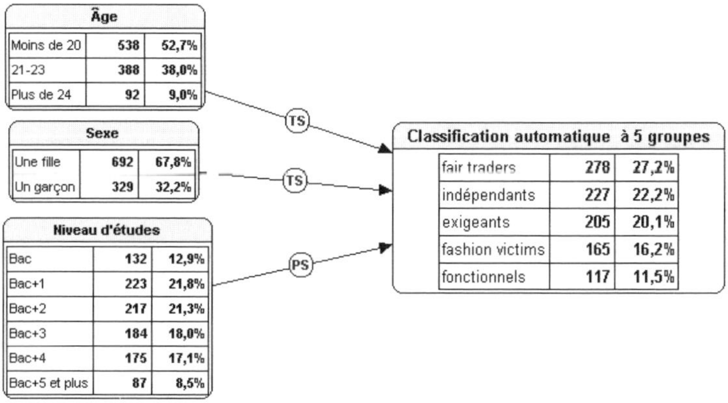

Une autre variable déterminante doit être bien évidemment la classe de produits choisie par le répondant. Rappelons qu'en début de questionnaire le consommateur décrit son comportement d'achat en se référant précisément à une acquisition récente. Afin de valider cette influence du produit acquis sur les schémas de consommation, il convient de recoder la variable textuelle Produit (Q1 de l'enquête) en constituant des familles de produits, puis de croiser cette variable fermée avec les différents styles de consommation identifiés grâce à la typologie précédemment décrite. Le complément de cette correction figure sur le lien : **www.suristat.fr/rubrique29.html**.

Exercice 3. AFC Young

Réalisez une analyse factorielle des correspondances en incluant les variables suivantes de l'enquête, Âge, Sexe, Niveau d'éducation et Centres d'intérêts, et la variable fermée issue de la classification (voir exercice précédent). Commentez les résultats de cette AFC.

Solution

La figure 7.30 montre que :

- Les filles, surtout les plus jeunes et les moins diplômées, sont plus nombreuses dans les groupes des *fashion victims*, des indépendants et des fonctionnels.
- Les garçons plus âgés et plus diplômés se retrouvent, en revanche, plutôt chez les *fair traders* et les exigeants ; ils utilisent plus leurs ordinateurs.
- En bas à gauche, on identifie un groupe de jeunes plutôt fonctionnels et indépendants qui aiment la culture, la littérature mais aussi le caritatif.

Figure 7.30

Carte d'AFC du groupe de consommation selon l'âge, le sexe, le diplôme et les centres d'intérêt.

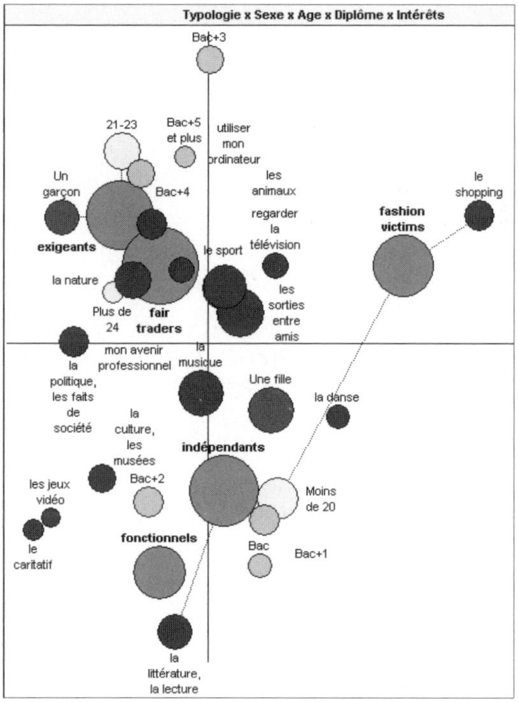

Tout ceci tend à prouver l'existence de plusieurs profils de jeunes acheteurs, qui se positionnent différemment face aux schémas classiques de consommation.

Exercice 4. Arbres de décision Young

Sur la classe des consommateurs les plus « affectifs », constituée dans le cadre de l'exercice 2, réalisez un arbre de décision afin de déterminer les trois variables qui expliquent le plus nettement l'appartenance à ce groupe.

Solution

On construit un arbre de décision pour identifier les variables qui expliquent l'appartenance à la classe des *fashion victims*. Selon la décomposition automatique obtenue ci-dessous, les trois variables les plus significatives sont :

- l'importance d'adopter un style de vie comparable à celui de ses amis ;
- l'importance du « pouvoir » comme valeur personnelle ;
- l'impact légèrement reconnu des célébrités dans les comportements d'achat.

On a exclu de l'analyse les variables internes à l'ACP utilisées pour la construction de la typologie.

Exercice 5. Matrice importance-performance sur Valibest

L'exercice ci-après s'effectue à partir de l'enquête « Valibest » qui figure sur le CD-Rom joint à cet ouvrage. Il s'agit d'une enquête de satisfaction.

a. Construisez et commentez la matrice importance-performance représentant la position des 12 critères disponibles dans l'enquête. Utilisez la méthode qui mobilise le calcul de corrélation avec une satisfaction globale.

b. Quelle autre méthode pourrait-on utiliser dans cette enquête en vue de produire la matrice importance-performance ? Comment faudrait-il alors procéder ? Mettez en œuvre cette seconde méthode. Commentez les résultats et comparez-les avec la première méthode de corrélation avec une satisfaction globale.

Solution

a. La matrice importance-performance mise en place sur le cas Valibest grâce aux corrélations avec la satisfaction donne les résultats suivants (voir figure 7.31) :

   – Les points forts de la société, que l'on observe en haut à droite, sont sans conteste la performance commerciale, la sécurité et la traçabilité.

   – La surqualité se situe surtout au niveau des conditions de livraison, en bas à droite.

– La qualité des fruits et des légumes en elle-même devra progresser dans l'avenir pour ne plus trop affecter la satisfaction globale ; elle apparaît en effet dans la zone de progrès en haut à gauche.

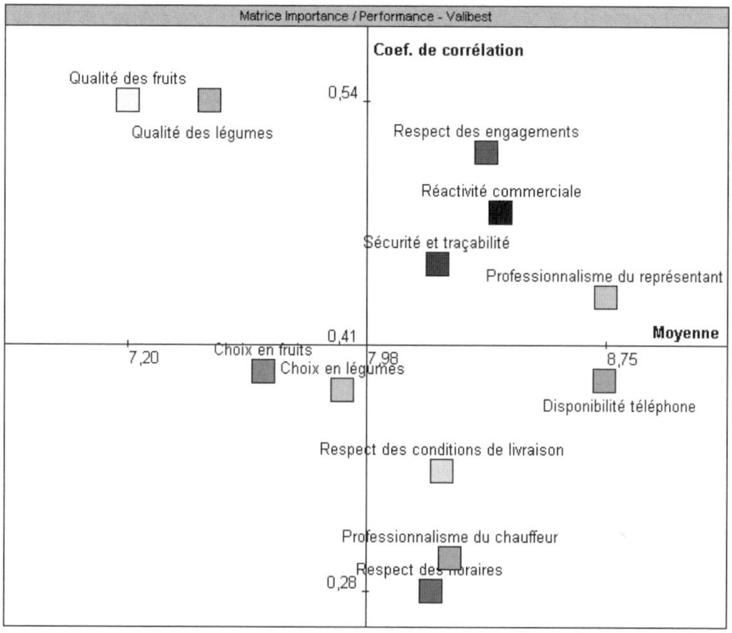

Figure 7.31

Matrice importance-performance pour le cas Valibest.

b. Le questionnaire Valibest comprend une question fermée ordonnée, où le client classe ses trois attentes principales vis-à-vis d'un fournisseur parmi cinq thèmes : le choix des produits, la qualité des produits, la relation commerciale, la sécurité alimentaire et la qualité de la livraison. On peut donc utiliser le rang moyen de chaque critère comme indicateur d'importance. On obtient les notes de satisfaction correspondantes en regroupant les 12 critères de base sur ces cinq dimensions et en créant cinq nouvelles variables calculées.

Tableau 7.8 : Regroupement des 12 critères de satisfaction selon 5 grands thèmes

Thème	Moyenne de la satisfaction sur les questions suivantes
Choix des produits	Choix proposé en fruits Choix proposé en légumes
Qualité des produits	Qualité des fruits Qualité des légumes
Relation commerciale	Disponibilité de l'équipe commerciale au téléphone Respect des engagements pris lors de la commande Professionnalisme du représentant Réactivité de l'équipe commerciale

Tableau 7.8 : Regroupement des 12 critères de satisfaction selon 5 grands thèmes

Thème	Moyenne de la satisfaction sur les questions suivantes
Qualité de la livraison	Respect des horaires de livraison Respect des conditions de livraison Professionnalisme du chauffeur
Sécurité alimentaire	Confiance accordée en matière de sécurité alimentaire

On créera donc quatre nouvelles variables calculées – c'est inutile pour la sécurité alimentaire car il n'y a qu'une seule question – en combinant les 12 questions de départ. Pour le choix des produits par exemple, on aura : choix des produits = moyenne (choix proposé en fruits ; choix proposé en légumes) et ainsi de suite. La suite du corrigé de la question 5.2, plus difficile et qui demande de plus longs développements, est disponible sur le lien suivant : **www.suristat.fr/rubrique29.html**.

Exercice 6. Régression multiple – automobiles

L'exercice ci-après s'effectue à partir de l'enquête « Automobiles », qui figure sur le CD-Rom joint à cet ouvrage. Expliquez les dépenses mensuelles consacrées à l'automobile (Q22) en fonction de l'ancienneté du véhicule (Q6), du temps consacré à son entretien (Q20) et du kilométrage mensuel (Q21). Quelle(s) variable(s) a (ont) une influence significative sur les dépenses ? Commentez les résultats.

Solution

Après mise en place de la régression multiple, on obtient les résultats suivants :

- Équation de la régression :
  dépense = +0,67 × kilométrage + 68,07 × entretien – 18,44 × ancienneté – 25,3.
- Les trois variables expliquent 80,8 % de la variance de dépense. Le coefficient de corrélation multiple (R) est de 0,9, ce qui est excellent.
- Significativité des paramètres :
  - Kilométrage :
    coefficient = 0,68 ; écart type = 0,04 ; variation SCR = 0,77 ; F partiel = 279,00.
  - Entretien :
    coefficient = 68,07 ; écart type = 12,98 ; variation SCR = 0,04 ; F partiel = 27,51.
  - Ancienneté : coefficient = –18,44 ; écart type = 11,28 ; variation SCR = 0,00 ;
    F partiel = 2,67 (peu influent).

C'est le kilométrage qui pèse très fortement sur les dépenses consacrées à l'automobile, tandis que le temps consacré à son entretien est peu influent. L'ancienneté du véhicule n'a pas d'impact significatif.

Chapitre 8

La présentation des résultats

La tâche ultime qui revient au chargé d'études n'est pas la plus facile. À l'issue d'un long et minutieux travail de préparation, de mise en œuvre puis d'analyse, il doit finalement présenter les résultats de l'enquête. Cette dernière étape requiert un savoir-faire bien différent de ceux qu'il a mobilisés dans les phases antérieures de l'étude. Il lui faudra en effet faire preuve de qualités de synthèse, de pédagogie et d'un sens aigu de la communication. Les questions que le chargé d'études se pose au moment de la rédaction de son rapport ou de son diaporama de présentation sont généralement les suivantes :

– Comment dois-je organiser le plan de ma présentation ?
– Quels sont les résultats à mettre en avant et ceux que je dois éventuellement occulter ?
– Quel niveau de détail dois-je fournir dans la restitution des résultats ?
– Quelles représentations des résultats dois-je privilégier : tableaux, graphiques ou cartes ?
– Comment trouver le bon équilibre entre le texte et les représentations visuelles ?

Dans ce dernier chapitre, nous tenterons d'apporter des réponses à ces questions essentielles.

1 Le plan de la présentation

Durant le stade du traitement et de l'analyse des résultats, le chargé d'études aura généralement suivi un schéma de dépouillement en enchaînant les étapes suivantes :

- **nettoyage** des données ;
- dépouillements **à plat** ;
- **recodage** de certaines réponses : numériques, codes et dates ;
- **calculs** ou combinaisons de nouvelles variables ;
- analyse, et souvent recodage, des **réponses textuelles** ;
- traitements **croisés**, afin d'établir d'éventuelles relations entre différentes questions et d'expliquer certains phénomènes par d'autres ;
- analyses **multivariées** pour synthétiser ou affiner l'explication des réponses à certaines questions clés.

L'erreur basique consisterait bien évidemment à construire le plan de son rapport en reprenant ces différentes séquences et à structurer son argumentation en suivant la succession des techniques utilisées. Au contraire, en se libérant des aspects techniques, le corps du rapport s'articulera : soit en fonction des **thèmes de l'enquête**, qui ont préalablement servi à structurer le questionnaire ; soit, mieux encore, en fonction des **grands enseignements** issus de l'analyse des résultats.

Le plan classique d'un rapport d'étude pourra inclure les parties suivantes, dont nous détaillerons successivement le contenu :

1. rappel de l'objectif de l'étude ;
2. notes méthodologiques ;
3. résumé managérial ;
4. résultats de l'enquête structurés par thèmes ;
5. préconisations.

L'exemple qui servira de trame dans ce chapitre est une enquête réalisée pour une banque, dans le but d'évaluer ses actions de sponsoring sportif. Le questionnaire correspondant compte une petite quarantaine de questions.

1.1 Le rappel de l'objectif de l'étude

Il s'agit tout d'abord de reformuler en quelques lignes le champ d'investigation tel qu'il a été défini au tout début de l'étude. Ce paragraphe doit être court ; il sert à replacer le lecteur dans le contexte de l'enquête et à bien rappeler les raisons de celle-ci.

Prenons donc l'exemple d'une enquête réalisée pour le compte de la Compagnie globale, qui depuis plusieurs années parraine le rugby au plan national. Elle est notamment sponsor officiel de l'équipe de France de rugby ainsi que du championnat national : le Top 14. L'objectif de l'enquête est de tester l'efficacité de ses actions de parrainage sur une population cible âgée de 18 à 30 ans, à dominante masculine. On souhaite vérifier que les individus soumis à ses messages de sponsoring développent une image plus positive de la banque. Les questions que les managers de la Compagnie globale se posent plus spécifiquement sont les suivantes :

- Quel intérêt suscite le rugby sur cette population cible ?
- Quelle est l'image du rugby ?
- Ces éléments varient-ils en fonction des caractéristiques de l'individu : sexe, âge, niveau d'études ?
- La notoriété et surtout l'image de la Compagnie globale sont-elles améliorées pour les personnes qui s'intéressent au rugby, pour celles qui suivent régulièrement les retransmissions télévisées de ce sport ?
- L'association de la banque avec le rugby est-elle bien acceptée, favorise-t-elle par là même le transfert d'une image positive ?

1.2 Notes méthodologiques

Cette section consiste à rappeler les principaux fondements méthodologiques de l'enquête : la structure du questionnaire, les options de collecte de données, l'échantillon, les outils et les techniques d'analyse.

La structure du questionnaire

On rappelle succinctement les grandes parties du questionnaire pour que le lecteur saisisse la logique globale du protocole d'interrogation. Le questionnaire comprend 38 questions, dont neuf questions ouvertes, et se déroule selon le plan suivant :

- intérêt par rapport au rugby et exposition aux retransmissions télévisées de ce sport ;
- image du rugby ;
- à des fins de comparaison, intérêt par rapport au football et exposition aux retransmissions télévisées ;
- image du football ;
- notoriété des banques ;
- image de la Compagnie globale ;
- image du Crédit rural à titre de comparaison ;
- perception de l'association Compagnie globale/rugby ;
- questions d'identité.

Le questionnaire complet figure sur le lien suivant : **www.suristat.fr/rubrique29.html**.

La collecte des données

Plusieurs renseignements sont nécessaires pour comprendre et aussi évaluer l'approche retenue par les réalisateurs de l'enquête : la **période** pendant laquelle l'étude a été réalisée : du 15 au 30 novembre 2006 dans notre exemple ; la **méthode de collecte** des réponses : par l'Internet, suite à l'envoi d'un courrier électronique dans notre cas ; le **nombre de personnes contactées** ou sollicitées et la source des contacts (qui renvoie à la **méthode d'échantillonnage**) : pour l'enquête de la Compagnie globale, on a acheté un fichier d'adresses e-mail auprès d'une société de routage. Il s'agit d'un échantillon de 1 000 jeunes Français, *représentatif* de la cible visée – en l'occurrence une population à dominante masculine, diplômée, âgée de 18 à 30 ans.

La composition de l'échantillon de répondants

Outre le nombre final de répondants, 307 personnes, soit un taux de réponse de 31 %, on précisera, dans le cas d'un sondage, l'erreur statistique associée à la taille de cet échantillon ; ici elle aurait été de 5,6 points (voir chapitre 3 pour ce calcul). On présentera les caractéristiques essentielles de la base de répondants afin de bien identifier la nature de la population interrogée, que l'on qualifiera par quelques commentaires.

Figure 8.1

Caractéristiques de l'échantillon interrogé.

Votre sexe :

	Nb	
Féminin	153	49,8%
Masculin	154	50,2%
Total	307	

Votre âge

Moyenne = **23,86**

	Nb	
Moins de 20	87	28,3%
De 20 à 24	166	54,1%
25 et plus	54	17,6%
Total	307	

Quel est votre niveau d'études ?

	Nb	
Doctorat, master, diplôme d'ingénieur	39	12,7%
Licence, maîtrise (bac + 3 ou 4)	127	41,4%
DUT, BTS, DEUG (bac +2)	70	22,8%
Bac	50	16,3%
Inférieur au bac	21	6,8%
Total	307	

La population est instruite, assez jeune (la moyenne d'âge est de 24 ans) et répartie équitablement entre hommes et femmes.

Les outils d'analyse

Il peut être utile de préciser les logiciels utilisés pour déployer l'enquête et analyser les réponses. Dans notre exemple, il s'agit bien entendu du logiciel Sphinx.

1.3 Le résumé managérial

Ce résumé est fondamental. Il permet au lecteur, éventuellement pressé, de prendre très rapidement connaissance des conclusions essentielles de l'enquête, sans entrer dans les détails. Celles-ci représentent entre 8 et 15 points clés, que l'on présentera sous une forme très directe, peu rédigée, avec quelques chiffres repères. Il s'agit d'un exercice de synthèse difficile, mais primordial.

- Le rugby intéresse un répondant sur deux, mais ne « passionne » qu'une personne sur trois.
- Son image est dominée par la violence, l'aspect physique mais aussi le respect.
- Son public cible est clairement masculin, avec un niveau de diplôme rarement supérieur au bac + 2.
- Cette cible voit le rugby très positivement, le considérant comme « puissant » et « respectueux ».
- L'intérêt pour le rugby n'affecte pas significativement la notoriété de la Compagnie globale.
- En revanche, les plus intéressés et les plus passionnés par l'ovalie expriment une image nettement plus positive de la banque. Ils la perçoivent comme plus sportive, plus dynamique et plus proche.
- L'association entre Compagnie globale et rugby est bien acceptée par 50 % des répondants, qui sont toujours les adeptes de cette discipline.

1.4 Résultats de l'enquête structurés par thèmes

Comment structurer les résultats de cette enquête par thèmes ? Il suffit de reprendre les sous-thèmes tels qu'identifiés autour du champ d'investigation (voir chapitre 1). Encore une fois, il apparaît fondamental de bien rédiger ce champ d'investigation, de le découper clairement en sous-thèmes, car c'est de cette construction initiale que s'inspireront naturellement la rédaction du questionnaire puis, au final, la présentation des résultats.

Dans notre exemple, les résultats de l'enquête couvriront successivement :

1. **l'intérêt** suscité globalement par le rugby, ainsi qu'une comparaison avec le football ;
2. **l'image** de ce sport, comparée encore au football ;
3. une description du **profil** sociodémographique du fan de rugby, c'est-à-dire la description de la population qui témoigne d'un intérêt supérieur et d'une image plus positive ;
4. **l'impact de l'intérêt** pour le rugby sur la notoriété et l'image de la Compagnie globale, par rapport à celle du Crédit rural, la banque leader du marché ;
5. **l'impact de l'exposition** aux retransmissions des compétitions sur la notoriété et l'image de la Compagnie glocale, toujours comparée à celle du Crédit rural ;
6. **l'acceptation** de l'association Compagnie globale/rugby et son impact sur l'image de la banque.

Il sera souvent utile d'insérer dans cette partie quelques notes méthodologiques, afin d'expliquer au lecteur (éventuellement profane) les fondements statistiques qui président à l'obtention de certains résultats. Par exemple :

- la façon dont on a établi qu'une relation entre deux variables est significative ou non, c'est-à-dire, sans entrer dans les détails, le principe des tests d'indépendance du chi-deux, de Fisher ou de corrélation (voir chapitre 5) ;
- le principe et la technique de construction de la matrice importance-performance (voir chapitre 7) ;
- les principes de recodage des réponses textuelles, (voir chapitre 6) ;
- la méthode de calcul pour de nouvelles variables ou des combinaisons de variables existantes ;
- la méthode utilisée pour bâtir la typologie présentée, à partir éventuellement d'une analyse factorielle dont on devra rappeler succinctement les fondements (voir chapitre 7).

La restitution des résultats doit se concentrer sur les contenus et non sur les méthodes déployées pour les faire émerger. L'analyse et les traitements des réponses sont des opérations qui se déroulent à l'abri des regards, tandis que les résultats sont livrés au grand jour. Il est donc essentiel de réaliser un travail d'agencement logique et esthétique, afin que la présentation revête une forme à la fois agréable et digeste... Le chargé d'études, jusqu'alors technicien zélé, doit se métamorphoser en homme ou en femme de communication. Et ce changement de casquette requiert des qualités bien différentes, pour ne pas dire antinomiques.

Nous ne livrerons pas ici tous les résultats de l'enquête sur l'impact des opérations de parrainage menées par la Compagnie globale. Quelques extraits contribueront cependant à mieux illustrer nos propositions.

Le rugby : on le suit avec plaisir mais il passionne encore assez peu

- 50 % des répondants se disent intéressés par le rugby, 60 % par le football.
- Les deux tiers suivent un match de rugby avec plaisir ; même chose pour le football.
- Seul un tiers des répondants se dit « passionné », contre les deux tiers pour le football.

Figure 8.2

Résultats des questions d'intérêt par rapport au rugby.

Intérêt et exposition / Rugby

	Pas du tout	Plutôt non	Plutôt oui	Tout à fait
Vous intéressez-vous au rugby?	**63**	**92**	**110**	**42**
Suivez-vous les matches avec plaisir?	**43**	**70**	**124**	**70**
Etes vous un(e) passionné(e) de rugby?	**110**	**106**	**73**	**17**

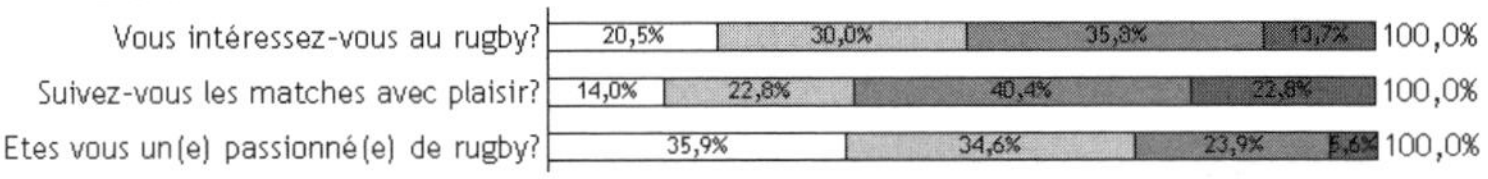

Justifications :

- Les trois questions sont présentées ensemble comme appartenant à un groupe : cela semble judicieux dans la mesure où les modalités sont identiques et conseillé car bien plus synthétique.
- Les effectifs sont indiqués dans le tableau et les pourcentages sur le graphique, ce qui évite la redondance des chiffres.
- Le graphique recourt à des couleurs vertes et rouges dégradées, ce qui facilite la représentation visuelle.
- Le titre du paragraphe résume le contenu des résultats présentés ensuite.
- Les commentaires sont directs, introduits par des tirets.
- Les pourcentages et les proportions sont alternés pour varier le style d'expression.
- La comparaison est immédiate entre les résultats du rugby et ceux du football. C'est un peu plus lourd, mais beaucoup plus efficace pour situer la perception de ce sport par rapport à un autre ; dans l'absolu, l'information est insuffisante pour faire sens.

Une image dominée par la violence, le physique mais aussi par le respect

- D'un point de vue négatif émerge une image claire dominée par la violence et la brutalité.
- Sous un angle plus valorisant se dégagent l'engagement physique, la puissance, la force, la virilité.
- À noter que le respect apparaît comme une troisième dimension distinctive pour le rugby.
- Le football est perçu comme un sport plus technique et tactique, mais aussi comme un spectacle très médiatique, populaire, où passion et argent s'entremêlent.
- Le collectif et l'équipe sont des attributs partagés par les deux sports.

Seuls les dix adjectifs les plus fréquents sont présentés pour les deux sports.

Justifications :

- On opère une sélection des dix adjectifs les plus cités pour synthétiser le propos ; l'ensemble du verbatim est présenté en annexe.
- On regroupe les dimensions dans les commentaires pour faire émerger quelques idées au lieu de dix adjectifs.
- On rappelle l'intitulé de la question dans le tableau.

Figure 8.3

Adjectifs associés au rugby et au football.

Citez trois adjectifs pour qualifier le rugby

	Nb	
violent	**54**	17,6%
physique	**44**	14,3%
brutal	**39**	12,7%
collectif	**37**	12,1%
puissant	**28**	9,1%
force	**28**	9,1%
viril	**25**	8,1%
respectueux	**23**	7,5%
équipe	**20**	6,5%
rapide	**19**	6,2%
Total	**307**	

Citez trois adjectifs pour qualifier le football

	Nb	*% obs.*
technique	***40***	***13,0%***
populaire	*37*	***12,1%***
collectf	***30***	***9,8%***
médiatique	***29***	***9,4%***
argent	***21***	***6,8%***
passion	***19***	***6,2%***
spectacle	***19***	***6,2%***
tactique	***16***	***5,2%***
équipe	***14***	***4,6%***
convivial	***11***	***3,6%***
Total	***307***	

- On juxtapose les adjectifs associés au rugby et au football pour faciliter l'identification des dimensions spécifiques au rugby ; on observe par exemple que collectif et équipe ne sont pas propres au rugby.
- Pour le rugby, effectifs dans le tableau et pourcentages près du graphique évitent la redondance des chiffres.

Un public résolument masculin et moins diplômé...

- Intérêt, plaisir et passion pour le rugby sont corrélés.
- Les plus intéressés, ceux qui prennent plus de plaisir à regarder les matchs et les plus passionnés, sont des hommes.
- Le niveau de diplôme de ce public privilégié du rugby, matérialisé à droite sur la carte (voir figure 8.4), n'excède guère bac + 2.

Figure 8.4

Intérêt par rapport au rugby, sexe et diplôme.

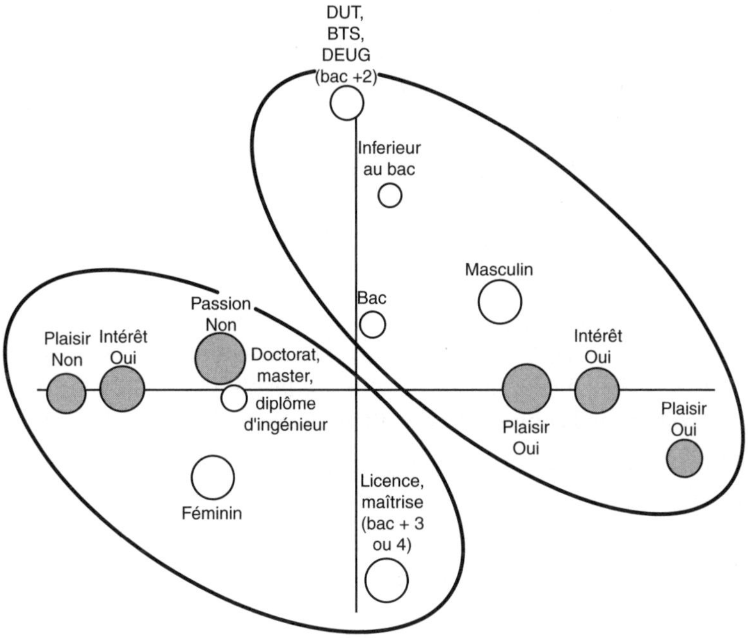

Note méthodologique :

Pour cette carte issue d'une analyse factorielle des correspondances, voici quelques consignes de lecture :

- La proximité signifie l'attraction. « Masculin » et « plaisir oui » sont proches, ce qui veut dire que les hommes prennent du plaisir à regarder le rugby. L'éloignement indique la répulsion : les femmes sont peu nombreuses à se passionner pour le rugby.
- Au centre, on retrouve les modalités non spécifiques, comme ici les titulaires du bac ; en périphérie, les catégories plus originales dans leurs réponses.

Justifications :

- Une carte d'AFC pour présenter les résultats croisés de sexe *x*, diplôme *x*, intérêt *x*, plaisir *x*, passion est beaucoup plus synthétique que plusieurs tris croisés redondants.
- Une note méthodologique est toutefois indispensable pour aider à une meilleure compréhension de la carte.
- Pour les variables Intérêt, Plaisir et Passion, pour plus de lisibilité, on a regroupé « tout à fait » et « plutôt oui » d'une part, ainsi que « pas du tout » et « plutôt non » d'autre part.
- On trace les groupes pour faciliter la lecture du *mapping* dans PowerPoint.
- On représente les variables d'identité dans une couleur différente.

Le niveau d'implication vis-à-vis du rugby n'affecte pas la notoriété de la Compagnie globale

Note méthodologique :

On a identifié trois segments grâce à une nouvelle variable, créée pour qualifier le niveau d'implication globale du répondant vis-à-vis du rugby. Elle est construite comme suit :

- « Non rugby » : ce segment inclut les répondants qui ne s'intéressent pas au rugby, ne suivent pas les retransmissions.
- « Oui rugby » : ils s'intéressent au rugby, aiment regarder les matchs, suivent surtout les matchs de l'équipe de France.
- « Passion rugby » : ils s'intéressent au rugby, se disent « passionnés », suivent les matchs de l'équipe de France, du Top 14 et l'émission *Jour de rugby*.
- On ne constate pas d'amélioration significative de la notoriété pour la Compagnie globale, ni sur les amateurs, ni sur les passionnés de rugby.
- La notoriété de la Compagnie globale comme 1re banque se situe toujours autour de 15 %, quel que soit le niveau d'implication vis-à-vis du rugby.

Justifications :

- Un graphique en histogrammes accolés permet de bien comparer les scores des banques sur les trois segments.
- On met la Compagnie globale en évidence dans le graphique, grâce à une couleur spécifique.

Figure 8.5

Notoriété des banques selon l'intérêt porté au rugby.

1ère banque citée par profil d'implication Rugby

	Non rugby	Oui rugby	Passion rugby
Crédit Rural	44,6%	52,3%	34,6%
Caisse d'Investissement	22,3%	12,3%	19,2%
Compagnie Globale	13,1%	16,9%	15,4%
BNR	10,8%	6,2%	19,2%
Poste bancaire	9,2%	12,3%	11,5%
Total	100,0%	100,0%	100,0%

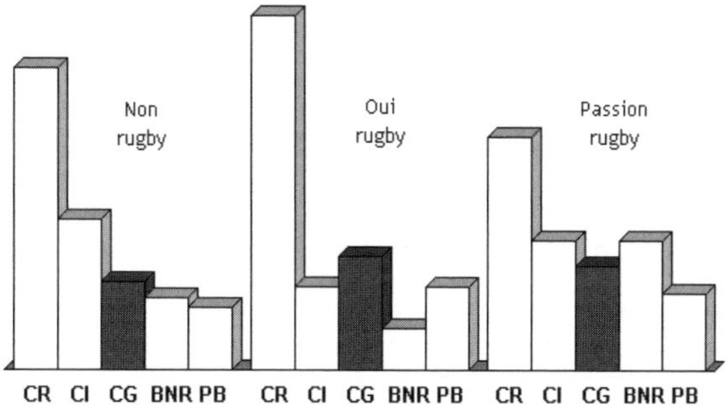

Préconisations

La dernière partie du rapport ou de la présentation est consacrée éventuellement à la formulation des **préconisations**, à destination du commanditaire de l'étude. La mission du chargé d'études n'englobe pas systématiquement cette phase : on lui demande souvent de se cantonner à la présentation des conclusions de l'enquête. Il est en effet rare que celui-ci soit en mesure de formuler des réflexions stratégiques à la seule lumière des résultats d'une enquête par questionnaire et sans disposer d'autres informations plus complètes ou sans connaître les enjeux réels.

Dans le cas de la Compagnie globale, l'enquête vise finalement à déterminer si les investissements en matière de parrainage pour le rugby produisent un effet positif sur la notoriété et l'image et, *in fine*, s'il faut les maintenir ou les remettre en cause. Le chargé d'études peut toujours formuler un point de vue. Dans notre exemple, il serait très court et très nuancé :

- Les actions de parrainage de la Compagnie globale sur le rugby produisent des effets positifs sur l'image de la banque, mais pas sur sa notoriété.
- Cet impact positif se manifeste surtout sur une cible particulière qui s'intéresse fortement au ballon ovale : plutôt des hommes jeunes, moyennement diplômés.
- Il serait intéressant d'élargir les cibles, par des actions de communication plus diversifiées (en direction d'un public plus féminin et plus diplômé par exemple), à l'égard duquel il est toutefois nécessaire d'améliorer l'image du rugby.

2 Quelle représentation pour quel résultat ?

2.1 La représentation des résultats à plat

La majorité des résultats fournis dans un rapport d'étude ou dans une présentation découle de traitements élémentaires, à plat et croisés. Il est donc important de disposer de quelques règles simples pour faciliter la communication de ce type de résultats.

Les tris à plat des réponses aux questions fermées uniques

Entre deux et cinq modalités de réponses :

- Représentation graphique : plutôt un graphique en secteurs ou sous forme de camembert ;
- Particularités : ne pas hésiter à insérer le taux de réponse à la question, en ne présentant pas les non-réponses.

Figure 8.6

Graphique en secteurs.

Votre sexe :

Taux de réponse : **100,0%**

	Nb
Féminin	**153**
Masculin	**154**
Total	**307**

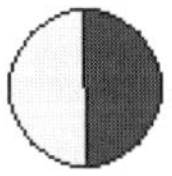

Plus de cinq modalités de réponses :

- Représentation graphique : plutôt un graphique en barres ou éventuellement un histogramme ;
- Particularités : insérer le taux de réponse et ordonner les modalités en fonction de la fréquence de citation.

Figure 8.7

Graphique en barres.

1ère banque citée

Taux de réponse : **94%**

	Nb	
Crédit Rural	**101**	35%
Caisse d'Investissement	**42**	14%
Compagnie Globale	**32**	11%
Banque du Peuple	**20**	7%
Credit coopérant	**19**	7%
BNR	**23**	8%
Poste bancaire	**23**	8%
LCW	**13**	4%
HSBC	**7**	2%
CIC	**6**	2%
UBS	**5**	2%
Total	**291**	

Les tris à plat des réponses numériques

Le dépouillement des données numériques nécessite une mise en classes des réponses (voir chapitre 5). En fonction du nombre de classes, le graphique présenté sera construit en secteurs ou en barres. On insérera la moyenne et éventuellement l'écart type pour indiquer la dispersion des réponses.

Figure 8.8

Mise en classes d'une variable numérique et graphique en barres.

Votre âge

Moyenne = **23,86** Ecart-type = **9,42**

	Nb	
Moins de 20	**87**	28%
De 20 à 24	**166**	54%
De 25 à 29	**16**	5%
De 30 à 34	**5**	2%
De 35 à 39	**3**	<1%
40 et plus	**30**	10%
Total	**307**	

Les questions à réponses multiples

Pour les résultats de ces questions, où, par définition, plusieurs réponses sont possibles, il est souvent utile de rappeler dans le tableau de restitution que la somme des fréquences est supérieure à 100, du fait des réponses multiples. Par ailleurs, on pourra présenter une carte des co-occurrences grâce à une AFC (voir chapitre 7), pour visualiser les modalités choisies simultanément par les répondants.

Figure 8.9

Représentation des résultats d'une question à réponses multiples.

Quelles sont vos activités principales dans la région (3 au maximum) ?

Taux de réponse : **100%**

Farniente	**271**	49%
Baignade	**233**	42%
Promenade à pied	**177**	32%
Visites	**172**	31%
Voiture	**144**	26%
Loisirs	**123**	22%
Vie locale	**68**	12%
Environnement	**57**	10%
Gastronomie	**51**	9%
Planche à voile	**49**	9%
Randonnée	**46**	8%
Bicyclette	**39**	7%
Tennis	**34**	6%
Rafting / Nage	**29**	5%
Pêche	**26**	5%
Caves / fromages	**23**	4%
Canoë-kayak	**21**	4%
Autre	**20**	4%
Equitation	**20**	4%
Vol à voile	**13**	2%
Total	**552**	

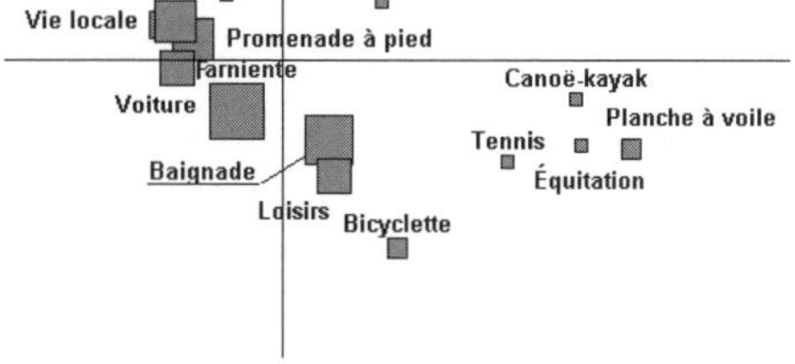

Les histogrammes illustrés

Pour certains sujets particuliers, il peut être pertinent de proposer des histogrammes illustrés, où l'on représente le phénomène étudié par un ou des pictogrammes. Attention tout de même à ne pas surcharger le rapport de représentations trop fantaisistes. L'une des difficultés de l'exercice consiste à conserver une cohérence entre les différents tableaux et graphiques sur l'ensemble du rapport.

Figure 8.10

Exemple d'histogramme illustré.

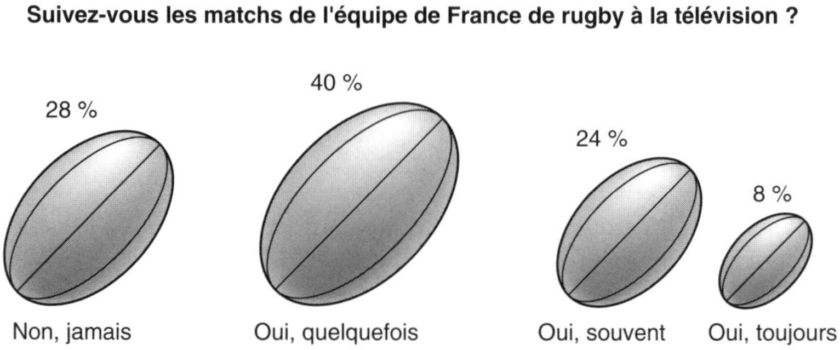

Les options graphiques de Sphinx

Dans les tableaux de bord, on accède facilement aux propriétés des variables avec un double-clic sur l'objet ou un clic droit puis en choisissant Modifier le format. L'onglet Graphique fournit un ensemble d'options de présentation. On dispose notamment d'un menu déroulant pour le choix du graphique souhaité. On peut modifier les couleurs dans la section correspondante ou encore éditer un quadrillage et des graduations.

Figure 8.11

Paramétrage des graphiques dans Sphinx.

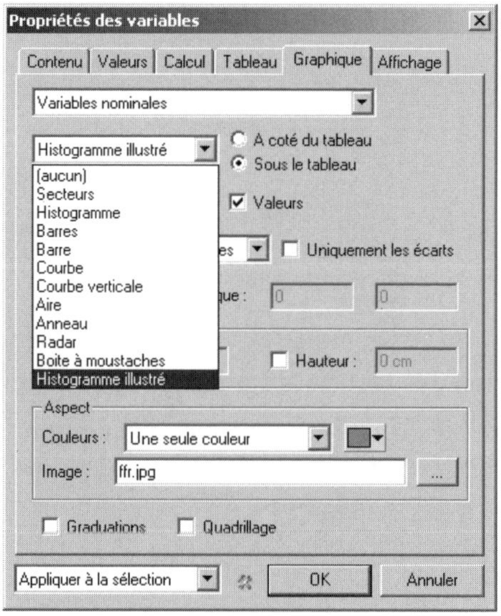

Les tableaux de groupes de questions

Très fréquemment, on devra restituer les résultats de questions qui contiennent les mêmes modalités de réponses, qui sont successives et qui se réfèrent au même sujet (voir chapitre 1). Dans ce cas, au lieu de présenter séparément le dépouillement de chaque question, on privilégiera une restitution simultanée sous la forme d'un « tableau de groupe ». Dans ce tableau, les questions sont en lignes et les modalités de réponse en colonnes.

On pourra éventuellement se dispenser du tableau en ne présentant que le graphique en barres accolées, lesquelles incluent les pourcentages. Il est important que les couleurs des barres suivent l'évolution sémantique des réponses : du clair pour « pas du tout d'accord » au foncé pour « tout à fait d'accord », ou du rouge pour « pas du tout satisfait » au vert pour « très satisfait » par exemple. Une légende est alors indispensable à côté du graphique.

Quand il s'agit de questions échelles portant par exemple sur la satisfaction, l'accord ou l'importance, on peut également représenter les réponses sous une forme numérique, en fournissant pour chaque question la « note moyenne », calculée en fonction du *barème* associé (voir chapitre 2, focus 1). On privilégiera une restitution sous la forme d'une note sur 10, plus facile à comprendre et à manipuler. On peut alors classer les différents attributs analysés du meilleur au moins bon. Bien entendu, on présente le barème utilisé dans une note méthodologique.

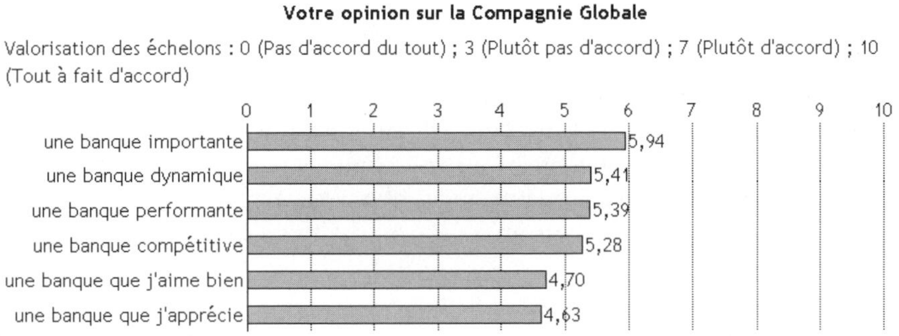

Figure 8.12

Résultats d'un groupe de questions par les moyennes.

La représentation des résultats sur les groupes de questions

Si l'enquête a été bien conçue, les groupes de questions ont été créés lors de la rédaction du questionnaire (voir chapitre 1). Ceux-ci sont alors disponibles depuis les tableaux de bord, dans le menu déroulant des variables, en haut à gauche de l'écran. Il suffit alors de cliquer-glisser le dossier sur la feuille de travail pour obtenir le tableau du groupe de questions. Pour un groupe de questions échelles, cas fréquent, on peut choisir dans l'onglet Calcul de « traiter les échelles en nombres » et obtenir ainsi les moyennes de ces variables, au lieu des effectifs sur chaque modalité.

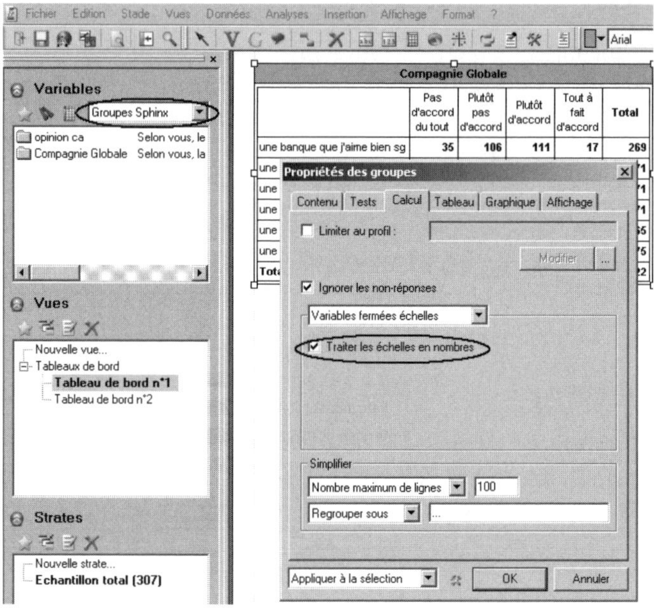

Figure 8.13

Paramétrage des résultats des groupes de questions dans Sphinx.a

2.2 La représentation des résultats croisés

Croisement des réponses à deux questions fermées

Dans ce type de restitutions, on a affaire à un tableau à deux entrées parfois difficile à consulter. On prendra garde de **bien positionner en ligne la variable explicative**, celle dont on pense qu'elle a un impact sur la seconde, la variable expliquée, placée alors en colonne. Pour être cohérent avec le choix précédent, on choisira d'éditer les **pourcentages en lignes**.

Dans le tableau ci-après (voir figure 8.14) issu d'une enquête touristique présentée dans les exercices du chapitre 5, on a placé la profession du répondant en lignes, car on suppose que c'est elle qui influence le type d'hébergement choisi (et non l'inverse !). Les pourcentages en lignes permettent alors de lire aisément le tableau croisé de la gauche vers la droite : 9 % des agriculteurs sont logés à l'hôtel, etc.

Il peut être pertinent d'associer un **graphique en barres accolées** sous le tableau, qui permet de visualiser la répartition des différentes catégories de la variable explicative, les professions, sur les différentes modalités de la seconde variable, les hébergements.

Enfin, discrètement, on peut fournir le résultat du **test statistique** correspondant, chi-deux, et surtout sa conclusion : la relation est-elle significative ou non ? Ici, on voit que le mode d'hébergement varie fortement en fonction de la catégorie socioprofessionnelle, la relation étant très significative (TS).

Dans certains cas, en fonction de la « sensibilité » du commanditaire – selon qu'il est accoutumé ou non à ce type de représentations –, on peut choisir la représentation de ces mêmes résultats sous la forme d'un *mapping*, carte factorielle issue d'une AFC. Celui-ci permet de visualiser les correspondances entre les catégories, selon des principes que

Figure 8.14

Représentation des résultats d'un tri croisé par tableau et graphique.

P.C.S. x Mode d'hébergement	Hôtel	Camping	Location / gîte	Famille / amis
Agriculteur	9%	18%	18%	55%
Patr indust commerce	39%	9%	23%	30%
Profession libérale/cadre	29%	8%	33%	30%
Cadre moyen	14%	20%	29%	37%
Employé	9%	30%	27%	33%
Ouvrier	16%	45%	18%	20%
Personnel de service	0%	36%	9%	55%
Retraité	28%	20%	22%	30%

p = <1% ; chi2 = **68,88** ; ddl = **21** (TS)
La relation est très significative.

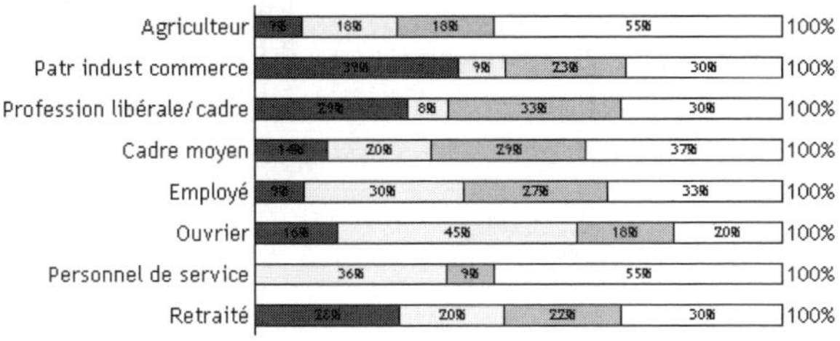

nous avons présentés au chapitre 7 (voir section 2.2). Quoi qu'il en soit, le recours à des représentations en cartes factorielles nécessite la rédaction d'une courte note méthodologique (voir par exemple la section 1.4). Si l'on a affaire à un commanditaire peu familiarisé aux techniques d'enquête, les cartes factorielles sont à proscrire. Au contraire, si celui-ci est un expert, il sera étonné de ne pas se voir proposer de telles représentations…

Croisement des réponses d'une question fermée et d'une question numérique

La représentation du croisement des réponses d'une question fermée et d'une question numérique est sans doute plus facile. Il s'agit de placer la variable explicative en ligne et la *moyenne* de la variable numérique expliquée en colonne. Souvent, on représentera ces résultats grâce à un graphique en barres. On fournira également le résultat du test statistique correspondant, test de Fisher, et surtout sa conclusion en vue d'établir s'il est significatif ou non. Les graphiques utilisés peuvent être des barres ou plutôt des courbes si l'on doit représenter une évolution dans le temps.

Figure 8.15

Représentation des résultats d'un tri croisé entre une question fermée et une question numérique par un graphique en courbe.

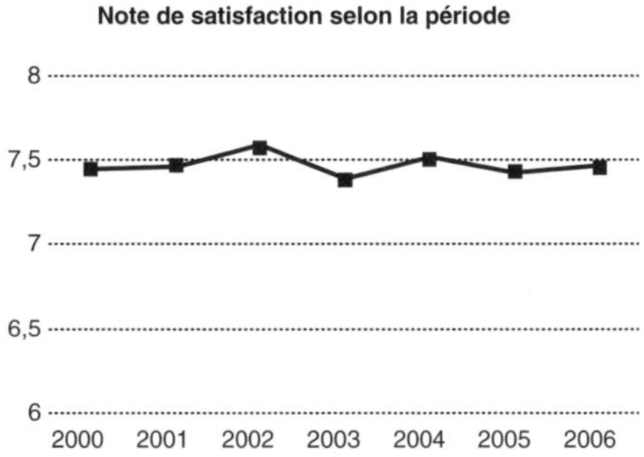

2.3 La représentation des analyses multivariées

La mise en œuvre de ce type d'analyses est somme toute assez rare dans les enquêtes de niveau standard. C'est sur ce type d'analyses en particulier qu'une phase de vulgarisation est indispensable pour transformer les résultats statistiques, souvent nombreux et complexes, en une information claire, simple et opérationnelle. C'est ce qui a contribué par exemple à la popularité de la matrice importance-performance (voir chapitre 7).

Pour illustrer ce point, reprenons l'exemple de la **typologie des touristes** décrite longuement au chapitre 7. Au-delà des données statistiques, les résultats issus des logiciels de traitements d'enquête peuvent nécessiter une phase de mise en forme finale, afin de communiquer l'information sous une forme plus illustrée, voire plus « ludique ». C'est cette forte capacité de vulgarisation qui a contribué sans doute au succès des « styles de vie » ou « sociostyles » introduits en France dans les années 1980 et 1990 par Bernard Cathelat et le CCA (voir l'ouvrage *Socio-styles système*, de B. Cathelat, paru aux éditions d'Organisation en 1990).

L'exemple ci-dessous présente un exercice similaire.

Figure 8.16

Typologie présentée dans le rapport d'étude.

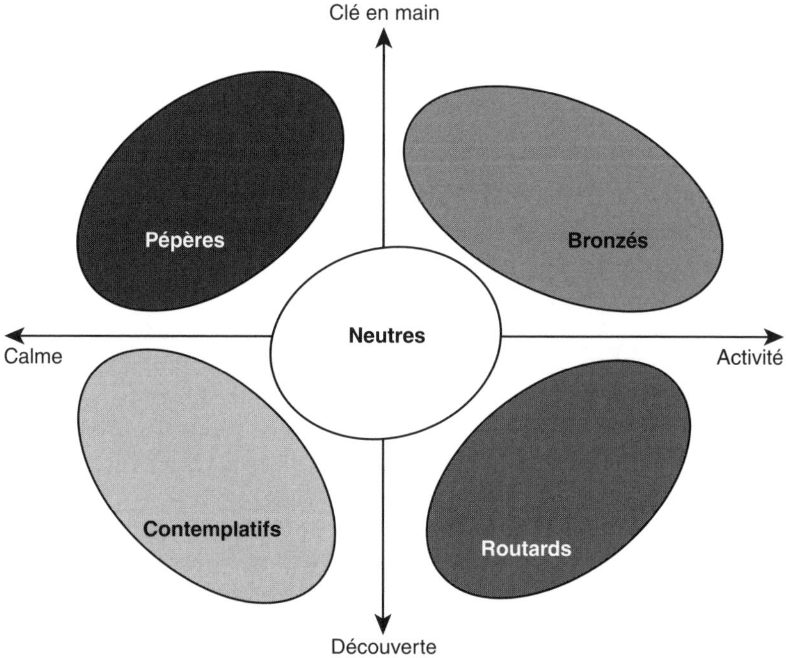

Note : Toute « trace » statistique a été effacée. La délimitation des groupes est simplifiée. Des illustrations sont ajoutées pour mieux qualifier les segments de clientèle identifiés.

2.4 L'agencement du texte et des représentations visuelles

Plusieurs formats dans la rédaction des résultats sont possibles. Ceux-ci varient notamment en fonction de l'agencement du texte et des visuels.

1. Un échantillon de touristes très diversifié

- L'échantillon des touristes se compose en majorité d'hommes qui comptent pour près de 60% des répondants

- Les modes d'hébergement sont répartis d'une manière assez homogène.
- Les touristes logent surtout chez des connaissances : famille ou amis
- Les locations et gîtes hébergent 1 touriste sur 4.
- Campings et hôtels captent chacun une part de marché de 20% environ

2. Des touristes fidèles et connaisseurs

- Les modes d'hébergement sont répartis d'une manière assez homogène.
- Les touristes logent surtout chez des connaissances : famille ou amis
- Les locations et gîtes hébergent 1 touriste sur 4.
- Campings et hôtels captent chacun une part de marché de 20% environ

-Comme je descendais des Fleuves impassibles,
-Je ne me sentis plus guidé par les haleurs :
-Des Peaux-Rouges criards les avaient pris pour cibles,
-Les ayant cloués nus aux poteaux de couleurs.

-J'étais insoucieux de tous les équipages,
-Porteur de blés flamands ou de cotons anglais.
-Quand avec mes haleurs ont fini ces tapages,
-Les Fleuves m'ont laissé descendre où je voulais.

Figure 8.17

Extrait d'un rapport à dominante textuelle.

Une première solution, un peu extrême, consiste à ne présenter que du texte dans le corps du rapport et à placer les tableaux, les graphiques et les éventuelles cartes en annexes. Cette option présente l'avantage de focaliser la lecture sur les conclusions de l'enquête, sans risquer une dispersion de l'attention sur tel ou tel détail « secondaire » d'un tableau ou d'un graphique. Dans les résultats des analyses croisées notamment, les tableaux et les graphiques contiennent beaucoup de données, lesquelles ne sont pas toutes pertinentes. En rédigeant le rapport de cette manière, on se concentre sur l'essentiel. Si le lecteur veut en savoir plus, il consultera les annexes…

1. Un échantillon de touristes très diversifié

- L'échantillon des touristes se compose en majorité d'hommes qui comptent pour près de 60% des répondants

Quel est votre sexe ?

Taux de réponse : **100,0%**

Homme	324	58,7%
Femme	228	41,3%
Total	552	100,0%

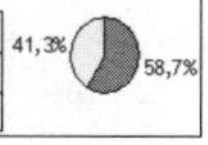

- Les modes d'hébergement sont répartis d'une manière assez homogène.
- Les touristes logent surtout chez des connaissances : famille ou amis
- Les locations et gîtes hébergent 1 touriste sur 4.
- Campings et hôtels captent chacun une part de marché de 20% environ

Quel est votre mode d'hébergement ?

Taux de réponse : **97,1%**

Hôtel	104
Camping	113
Location / gîte	140
Famille / amis	179
Total	536

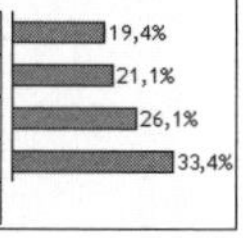

Figure 8.18

Extrait d'un rapport alternant textes et graphiques.

Une deuxième solution plus classique revient à alterner le texte et les visuels, en format A4/portrait. Chaque paragraphe contient un titre parlant, qui résume les informations qui y seront développées. Les conclusions de l'analyse sont introduites par des tirets. Puis, un tableau et/ou son graphique correspondant sont adjoints en dessous, en guise d'illustration et de complément d'information.

Cette solution permet de bien alterner le discours entre textes et représentations visuelles. Le lecteur peut évaluer, vérifier, voire approfondir, les conclusions présentées, qui n'en retirent ainsi que plus de force et de capacité de conviction. À condition bien sûr que tableaux, graphiques ou cartes aient été bien construits et que les bonnes options de présentation aient été choisies… (voir sections 2.1, 2.2 et 2.3).

La troisième solution est relativement comparable à la deuxième. Elle revient à placer le texte et le visuel en vis-à-vis, sur un support de format A4/paysage. Nous la préconisons car elle combine bien les avantages des deux premiers scénarios :

- une consultation concentrée uniquement sur le texte est possible en feuilletant le rapport ;
- la confrontation des conclusions aux résultats bruts est possible et s'en trouve même facilitée par le procédé du vis-à-vis.

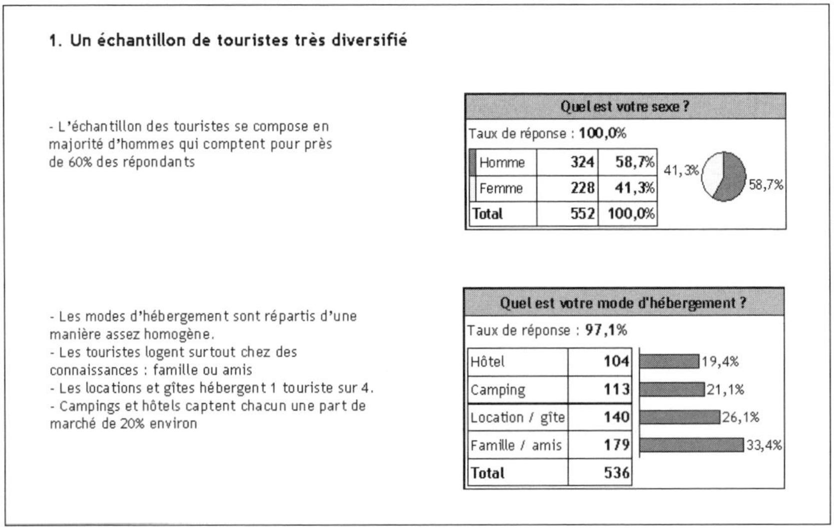

1. Un échantillon de touristes très diversifié

- L'échantillon des touristes se compose en majorité d'hommes qui comptent pour près de 60% des répondants

Quel est votre sexe ?
Taux de réponse : **100,0%**

Homme	324	58,7%
Femme	228	41,3%
Total	552	100,0%

- Les modes d'hébergement sont répartis d'une manière assez homogène.
- Les touristes logent surtout chez des connaissances : famille ou amis
- Les locations et gîtes hébergent 1 touriste sur 4.
- Campings et hôtels captent chacun une part de marché de 20% environ

Quel est votre mode d'hébergement ?
Taux de réponse : **97,1%**

Hôtel	104	19,4%
Camping	113	21,1%
Location / gîte	140	26,1%
Famille / amis	179	33,4%
Total	536	

Figure 8.19

Extrait d'un rapport alternant textes et graphiques en vis-à-vis.

L'exportation des tableaux et graphiques dans les outils bureautiques

Depuis les tableaux de bord, on peut exporter les résultats de deux manières :

- La première consiste à réaliser des **copier-coller**, objet par objet, afin d'insérer chaque élément exactement à l'endroit souhaité, dans le traitement de textes ou le logiciel de gestion des diaporamas.
- La seconde permet d'exporter les résultats d'un seul coup, à l'aide de Fichier, Enregistrer dans Office. Plusieurs cas de figure sont envisageables :
  - Pour Word : on peut choisir d'envoyer chaque page des tableaux de bord comme une **image**, qu'il sera ensuite impossible de modifier, ou d'exporter les tableaux en **format Word**, modifiables dans le traitement de textes.
  - Pour Excel : les données des tableaux sont transférées dans le tableur et sont alors modifiables.
  - Pour PowerPoint : une page dans les tableaux de bord correspond à une image non modifiable dans le diaporama.

Figure 8.20

Exportation des résultats de Sphinx vers les logiciels de la suite Office.

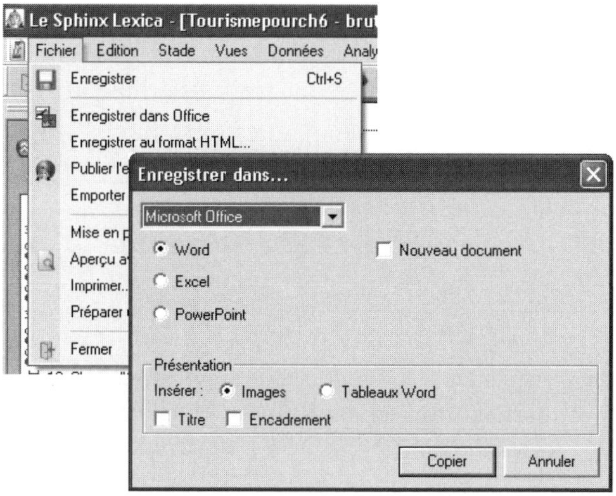

2.5 Quelques conseils généraux de mise en forme

Afin d'assurer une cohérence d'ensemble du rapport ou de la présentation :

- N'utilisez pas plus de deux polices de caractère et essayez de privilégier des polices peu répandues : évitez le Times ou l'Arial, préférez-leur le Tahoma ou le Trébuchet par exemple.
- N'utilisez pas plus de deux ou trois couleurs, qui risqueraient de donner un aspect trop fantaisiste à votre travail ; la bichromie ou trichromie véhiculent une image plus sobre et plus professionnelle. Privilégiez la ou les couleur(s) de l'organisme commanditaire.
- N'hésitez pas à insérer quelques illustrations : logos, visuels, pictogrammes afin d'agrémenter la lecture.
- Pensez à arrondir certains chiffres présentés dans les tableaux, les graphiques ou les cartes, ce qui accroît leur lisibilité.

Résumé

Quelles que soient la puissance et la convivialité du logiciel utilisé par le chargé d'études pour dépouiller les réponses à l'enquête, il sera souvent nécessaire de consacrer une ultime étape à la mise en forme des résultats. L'activation des bonnes options dans les tableaux, le choix du bon graphique, la production de la bonne carte ou de la matrice adéquate sont des savoir-faire indispensables qui viennent compléter la panoplie du parfait chargé d'études.

Exercices

Exercice 1. Plan de dépouillement de l'enquête « Young »

L'objectif de l'enquête « Young » est d'étudier les comportements de consommation chez les jeunes, afin d'identifier les éléments qui les influencent dans leurs acquisitions et les facteurs importants qui interviennent dans leurs décisions d'achat. On veut savoir si ces modes de consommation varient en fonction du produit acheté, mais aussi des caractéristiques du répondant (âge, niveau de diplôme, etc.). À partir de ce court descriptif et du questionnaire inclus dans le dossier Young, sur le CD-Rom joint à cet ouvrage, proposez un plan général pour la présentation des résultats.

Solution

Le plan ci-dessous peut constituer une première base de travail, pas forcément exhaustive mais qui donne la direction dans laquelle les analyses doivent s'orienter.

1. Données générales :
   a. la présentation des caractéristiques de l'échantillon : dépouillement à plat des réponses aux questions d'identité (Q33 à Q40) ;
   b. les produits pris en compte dans l'enquête : dépouillement de la 1re question textuelle après recodage.
2. Influences importantes dans le comportement d'achat des jeunes :
   a. les déterminants de la décision à l'aide d'un tableau de groupe de questions (Q2 à Q8) ;
   b. l'image et l'impact de la publicité : analyse textuelle de la question Q9 à l'aide d'une analyse de contenu ou lexicale par regroupement thématique ;
   c. les « influenceurs » à l'aide d'un tableau de groupe de questions (Q10 à Q16 + dépouillement de la variable textuelle Q17 zoomant sur l'influence de la famille).
3. Valeurs personnelles :
   a. les valeurs importantes pour les jeunes à l'aide d'un tableau de groupe de questions (Q23 à Q32) ;
   b. les sentiments d'appartenance à la communauté de la jeunesse à l'aide d'un tableau de groupe de questions (Q19 à Q22 + dépouillement de la variable textuelle Q18 sur l'emblème de la jeunesse) ;
   c. les valeurs, intérêts et consommation : croisement des valeurs, produits possédés (Q39) et centres d'intérêt (Q40).

4. Différents schémas de consommation en fonction du type de produit :
   a. la réalisation d'une typologie des styles de consommation pour synthétiser les grandes parties du questionnaire, à partir de deux ACP sur les déterminants de la décision + les « influenceurs » ;
   b. le croisement de la variable issue de la typologie avec le type de produit recodé et regroupé.
5. Impact des caractéristiques du répondant sur le style de consommation : croisement des variables d'identité avec la variable issue de la typologie.

Les détails des analyses présentées ci-dessus sont disponibles sur **www.suristat.fr/rubrique29.html**.

Exercice 2. Analyse des influences sur la consommation des jeunes

Grâce à cette enquête, on souhaite notamment :

- repérer les influences (Q10 à Q16) les plus importantes auprès des jeunes consommateurs interrogés ;
- déterminer si ces influences varient en fonction de la classe d'âge et du sexe du répondant.

Présentez vos conclusions sous la forme qui vous paraît la plus pertinente.

Solution

On aura préalablement appliqué à cet ensemble de questions le barème suivant :

Pas du tout : 0 point ; Un peu : 2,5 points ; Oui : 7, points ; Oui beaucoup : 10 points.

Un graphique en barres avec graduations de 0 à 10 permet ensuite de bien situer et de classer les critères les plus importants. On voit que globalement les influences déclarées sont assez faibles. L'entourage proche des jeunes semble jouer un rôle légèrement plus important, à commencer par le (la) petit(e) ami(e) ou les amis en général.

Pour croiser l'importance des influences en fonction du sexe par exemple, on aura recours à des courbes, chacune d'entre elles représentant une modalité de la variable explicative, ici le sexe. On voit ci-dessous que les influences du petit ami et des parents sont plus fortes chez les filles, tandis que celle des experts est plus marquée chez les garçons. Les tests statistiques correspondants permettent de valider ou non le caractère significatif de ces différences – F de Fisher puis *t* de Student (voir chapitre 5).

Figure 8.21

Importance des influences en fonction du sexe du répondant.

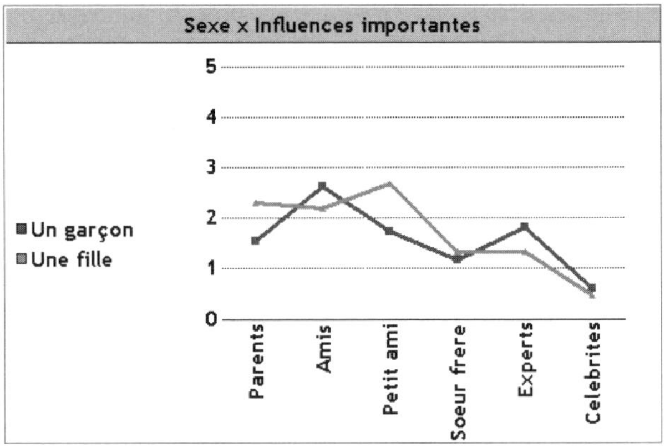

Exercice 3. analyse du système de valeurs personnelles

On veut voir si le système de valeurs personnelles (Q23 à Q32) de ces jeunes personnes peut être simplifié, résumé sur deux dimensions. On veut ensuite vérifier si les valeurs personnelles correspondent aux centres d'intérêt (Q40) qu'ils ont déclarés.

Solution

L'analyse en composantes principales (voir chapitre 7) menée sur les valeurs personnelles des jeunes donne les résultats suivants :

Tableau 8.1 : Contribution des variables étudiées aux deux premières composantes des valeurs

Axe 1 (+24 %)		Axe 2 (+16 %)	
CONTRIBUTIONS POSITIVES			
Égalité	+20 %	Pouvoir	+37 %
Paix	+19 %	Compétence	+18 %
Vérité	+17 %	Autonomie	+7 %
Sécurité	+11 %	Plaisir	+5 %
Groupe	+9 %	Groupe	+3 %
CONTRIBUTIONS NÉGATIVES			
		Égalité	–11 %
		Paix	–7 %
		Vérité	–7 %

La première composante représente *l'universalisme* et la seconde *l'individualisme* peut-être.

On réalisera une typologie sur ces deux dimensions pour identifier plusieurs groupes de jeunes représentatifs de courants différents sur les valeurs qu'ils partagent. Le détail de la construction de celle-ci est présenté sur le lien **www.suristat.fr/rubrique29.html**. On croise ensuite la variable constituée à partir de la classification avec les centres d'intérêts. La meilleure représentation est sans doute une carte factorielle. On constate notamment que :

- Les sorties entre amis et la musique, placées au centre, constituent des centres d'intérêts partagés par tous les jeunes.
- Les « activistes » aiment le shopping et s'intéressent à leur avenir professionnel.
- Les « ambitieux » privilégient l'ordinateur et les jeux vidéo.
- Les « désimpliqués » regardent la télévision…

Exercice 4. Résumé managérial de l'enquête « Young »

Rédigez le résumé managérial de l'enquête en vous limitant dans un premier temps aux conclusions portant sur les influences (Q10 à Q16).

Solution

Globalement les **influences** déclarées par les jeunes consommateurs sont assez **faibles**.

- *L'entourage proche* joue un rôle plus important, à commencer par le (la) petit(e) ami(e) ou les amis en général.
- Les célébrités auraient un impact pratiquement nul.

Quelques **différences** sont à noter en fonction des caractéristiques du répondant :

- Les filles se déclarent plus influencées par leurs parents.
- Les consommateurs âgés de plus de 24 ans sont moins sensibles aux conséquences sociales de leur consommation.

Exercice 5. Plan de dépouillement de l'enquête « Télé »

À partir du questionnaire inclus dans le dossier Télé, sur le CD-Rom joint à cet ouvrage, proposez un plan général pour la présentation des résultats de cette enquête

Solution

Le plan général de présentation des résultats dépend des objectifs de l'enquête. Jusqu'où souhaite-t-on aller ? On fera l'hypothèse ici – au-delà des aspects purement descriptifs – qu'on souhaite identifier les déterminants de l'opinion vis-à-vis de la télévision.

1. présentation des caractéristiques de l'échantillon (Q31 à Q35) ;
2. comportements télévisuels (Q1 à Q5) ;
3. chaînes et émissions préférées (Q6 à Q8) ;
4. opinion sur la télévision en général (Q10 à Q20, puis Q21 à Q30, analyse de question ouverte pour Q9) ;
5. opinions sur les différentes chaînes du PAF (croisement de Q9 à Q20 en fonction de Q8, la chaîne choisie) ;
6. Profil d'opinion en fonction de l'identité du répondant :
   a. analyses multivariées nécessaires dans cette partie, afin de synthétiser le bloc de questions d'opinion : ACP puis typologie ;
   b. croisement des variables de synthèse, par exemple les groupes issus de la typologie, avec les questions d'identité.

Exercice 6. Opinion des Français à l'égard de la télévision

Vous devez présentez les résultats visant à évaluer l'opinion des Français à l'égard de la télévision (Q21 à Q30). Outre le point de vue global de l'ensemble de la population interrogée, on cherchera à mettre en évidence d'éventuelles différences en fonction des caractéristiques du répondant : sexe, âge, etc. Comment procéder ?

Solution

1. On pourrra restituer le **point de vue global** grâce à un tableau de groupe de questions, à partir d'un barème associé à toutes les questions échelles : Pas d'accord du tout : 0 point ; Plutôt pas d'accord : 2,5 points ; Plutôt d'accord : 7,5 points ; Tout à fait d'accord : 10 points.

Figure 8.22

Moyennes sur les questions portant sur l'opinion à l'égard de la télévision.

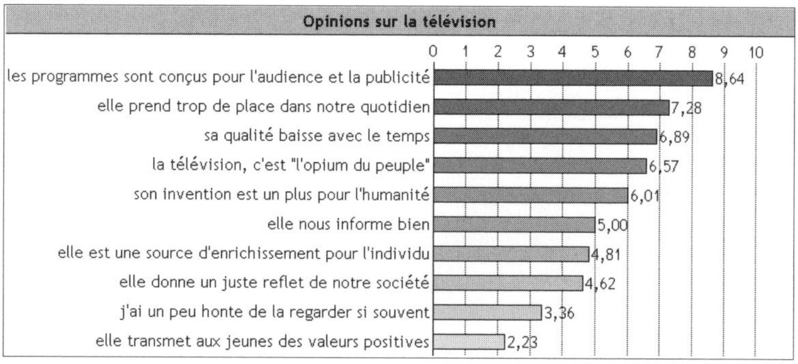

2. Différences en fonction des caractéristiques des répondants : pour une vision plus simple et plus synthétique, il sera sans doute nécessaire d'utiliser l'analyse multivariée. Une ACP sur les dix questions d'opinion permet d'identifier facilement deux facteurs, puis de créer plusieurs groupes d'opinion. On croise ces groupes ensuite grâce à des graphes de relation, afin d'identifier les variables d'identité qui sont les plus significatives.

Le détail des analyses présentées ci-dessus est disponible sur **www.suristat.fr/rubrique29.html**.

Bibliographie

GRÉMY J. P., 1987, « Les expériences françaises sur la formulation des questions d'enquête. Résultats d'un premier inventaire », *Revue française de sociologie*, 28, 4, p. 567-599.

GROVES R., CIALDINI R. et COUPER M., 1992, « Understanding the Decision to Participate in a Survey », *Public Opinion Quarterly*, 56, p. 475-495.

GROVES R. M., FOWLER F. J., COUPER M. P., LEPKOWSKI J. M., SINGER E., TOURANGEAU R., 2004, *Survey Methodology*, Wiley-Interscience.

HELME-GUIZON A. et GAVARD-PERRET M. L., 2004, « L'analyse automatisée de données textuelles en marketing : comparaison de trois logiciels », *Décisions marketing*, 36, p. 75-90.

http://www.websm.org : site international consacré à la méthodologie des enquêtes *via* l'Internet.

ILIEVA J., BARON S. et HEALEY N. M., 2002, « Online Surveys in Marketing Research : Pros and Cons », *International Journal of Market Research*, n° 44-3, p. 362-380.

JENNY J., 2000, « Quelles logiques de recherche ? » in *L'Analyse des trajectoires : ressources qualitatives et quantitatives*, L'Harmattan.

JOLIBERT A. et JOURDAN P., 2006, *Market Research*, Dunod.

LEBART L. et SALEM A., 1988, *Analyse statistique des données textuelles*, Dunod.

LOZAR MANFREDA K. et Vehovar V., 2002, « Survey Design Features Influencing Response Rates in Web Surveys », *International Conference on Improving Surveys*, University of Copenhagen, Denmark.

MACER T., 2003, « The Next Challenge : Efficient and Effective Mixed- and Multi-Mode Research », *Dutch MRA Conference*.

MALHOTRA N., 2004, *Études marketing avec SPSS*, Pearson Education France.

Marketing Magazine, 2006, « Études : Internet a acquis ses lettres de noblesse », n° 104, mai.

MOSCAROLA J., 1990, *Enquêtes et Analyse de données*, Vuibert.

MOSSHOLDER K. W., SETTOON R. P., HARRIS S. G. et ARMENAKIS A. A., 1995, « Measuring Emotion in Open-ended Survey Responses : an Application of Textual Data Analysis », *Journal of Management*, 21, p. 335-355.

PAYNE S., 1951, *The Art of Asking Questions*, Princeton University.

PORTER S., 2004, « Raising Response Rates : What Works ? », *New Directions for Institutional Research*, 121.

REVAT R., 2005, « La rédaction du questionnaire : quelques expériences », *Colloque francophone des sondages*, Université de Laval, Canada.

SAUNDERS M., THORNHILL A. et LEWIS P., 2006, *Research Methods for Business Students*, Pearson Education.

SCHMIDT M. C. et HOLLENSEN S., 2006, *Marketing Research : an International Approach*, Pearson Education.

SCHONLAU M., FRICKER Jr R. D. et ELLIOT M. N., 2002, *Conducting Research Surveys via E-mail and the Web*, Rand.

TENENHAUS M., 2006, *Méthodes statistiques en gestion*, Dunod.

TOURANGEAU R., RIPS L. et RASINSKI K., 2000, *The Psychology of Survey Response*, Cambridge University Press.

WEBER R. P., 1990, *Basic content analysis*, Sage University Press.

WINDAL P. et DESMET P., 2000, « Les méthodes de mesure de l'importance des critères de satisfaction », *Revue française de marketing*, 179-180, p. 205-220.

YU J. et COOPER H., 1983, « A Quantitative Review of Research Design Effects on Response Rates to Questionnaires », *Journal of Marketing Research*, 20, p. 36-44.

ZMUD J., 2001, « Designing Instruments to Improve Response : Keeping the Horse before the Cart », *International Conference on Transport Survey Quality and Innovation*, Kruger National Park, South Africa.

Index

F

G

H-I

L

M

Dépôt légal : juillet 2009
IMPRIMÉ EN FRANCE

Achevé d'imprimer le 1er juillet 2009
sur les presses de l'imprimerie « La Source d'Or »
63039 Clermont-Ferrand
Imprimeur n° 10477

Dans le cadre de sa politique de développement durable,
La Source d'Or a été référencée IMPRIM'VERT® par son organisme consulaire de tutelle.
Cet ouvrage est imprimé - pour l'intérieur - sur papier offset "Tauro" 90 g
des papeteries Sappi Fine Paper Europe, répondant à la certification forestière "FSC"
(Forest Stewardship Council - Chain of Custody) N° 40-004 et 40-005
et dont les usines ont obtenu les certifications environnementales
ISO 9001, ISO 14001 et OHSAS 18001.